Hans-Jürgen Fründt
Insel Sylt

„Rüm Hart, klaar Kiming"
„Geräumiges Herz, klarer Horizont"

Sylt-friesischer Stolz

Impressum

Hans-Jürgen Fründt
Insel Sylt
erschienen im
Reise Know-How Verlag Peter Rump GmbH
Osnabrücker Str. 79, 33649 Bielefeld

3., komplett aktualisierte Auflage 2004

Gestaltung
Umschlag: M. Schömann, P. Rump (Layout)
Günter Pawlak (Realisierung)
Inhalt: Günter Pawlak (Layout)
Michele Caputo (Realisierung)
Karten: Catherine Raisin, der Verlag
Fotos: Hans-Jürgen Fründt, Susanne Muxfeldt

Lektorat (Aktualisierung): Barbara Bossinger

Druck: Wilhelm & Adam, Heusenstamm
Bindung: Buchbinderei Keller, Fulda

ISBN 3-8317-1286-7
Printed in Germany

Dieses Buch ist erhältlich in jeder Buchhandlung der BRD, der Schweiz, Österreichs, Belgiens und der Niederlande. Bitte informieren Sie Ihren Buchhändler über folgende Bezugsadressen:

BRD
Prolit GmbH, Postfach 9, D-35461 Fernwald (Annerod)
sowie alle Barsortimente

Schweiz
AVA-buch 2000, Postfach, CH-8910 Affoltern

Österreich
Mohr Morawa Buchvertrieb GmbH, Sulzengasse 2, A-1230 Wien

Niederlande, Belgien
Willems Adventure, Postbus 403, NL-3140 AK Maassluis

Wer im Buchhandel trotzdem kein Glück hat, bekommt unsere Bücher auch direkt über den Verlag oder unseren **Büchershop im Internet:**
www.reise-know-how.de

Hans-Jürgen Fründt

Insel Sylt

Reise Know-How im Internet

Aktuelle Reisetipps und Neuigkeiten
Ergänzungen nach Redaktionsschluss
Büchershop und Sonderangebote
Weiterführende Links zu über 100 Ländern

www.reise-know-how.de
info@reise-know-how.de

Wir freuen uns über Anregung und Kritik.

Vorwort

Wind, überall Wind! Nichts spürt der gerade Angekommene deutlicher. Kaum den Hindenburgdamm passiert, wird man von einer frischen Brise empfangen – oder von einem kühlen Lüftchen – oder von einem steifen Nordwest, je nachdem.

Der Wind belebt die Gemüter, pustet Abgase und schlechte Laune weg, befreit vom Alltagsstress. Auf die Frage, warum gerade Sylt als Urlaubsziel gewählt wurde, kommt als häufigste Antwort: „Die Luft, das Klima". So richtig einmal durchatmen und mit Muße den Wolken auf ihren Bahnen zuschauen.

Sylt, das ist das Zusammenspiel von Wellen und Strand, Natur und Klima. Sylt, das bedeutet endlose Strandspaziergänge und Herumlümmeln im Strandkorb. Sylt heißt aber auch Scampis und Fischbrötchen, Radtouren und Promis-gucken. Und immer das Wetter genießen. Meist ist es besser als auf dem Festland, aber nicht so beständig. Wolken und Sonnenschein wechseln ruck, zuck. Wer am Strand liegt, muss sich drauf einstellen, erfahrene Sylt-Urlauber kennen das Spiel: Sonne da – Plünnen runter, Sonne weg – Plünnen anziehen.

Doch Sylt begeistert nicht nur im Sommer. Gerade im Herbst oder auch zur Jahreswende zieht es viele Fans hoch nach Sylt. Die Elemente locken dann erst recht! Die anrollende Nordsee, das Tosen der sich brechenden Wellen, der sich im Wind wiegende Strandhafer und natürlich die eindrucksvolle Dünenlandschaft.

Neben den Naturschönheiten bietet Sylt ein buntes Panoptikum von schrillen Lokalen, urigen Friesenhäusern, stillen Dörfern und Westerländer Beton, wo jeder seinen ganz speziellen Traumplatz finden kann.

Ich wünsche Ihnen, dass auch Sie sich von der Sylter Luft gefangen nehmen lassen, die, wie jemand mal formulierte, prickelnd wie Champagner sein kann.

Inhalt

Allgemeine Reisetipps

Die Natur

Die Nordfriesen

Insel-Info A–Z

Die Orte

Sylter Essays

Anhang

Exkurse zwischendurch

001sy Foto: hjf

Allgemeine
Reisetipps

Infostellen

Jeder Ort auf Sylt hat eine eigene touristische Auskunftsstelle, die genaue Adresse wird unter der jeweiligen Ortsbeschreibung genannt. Wer sich zunächst nur einen Überblick verschaffen möchte, bekommt von der Bädergemeinde Sylt Informationen.

● **Sylt Marketing GmbH**
Stephanstr. 6, 25980 Westerland
Tel. (04651) 82 02 0
Fax (04651) 82 02 22, e-mail: info@sylt.de,
Internet: www.sylt.de

Eine Übersicht zu speziellen Internet-Adressen finden Sie im Anhang.

Weitere telefonische Informationsstellen:

● Die Bahn gibt über ein spezielles Servicetelefon Auskünfte zum **Sylt Shuttle:**
Terminal Niebüll: Tel. (04661) 93 45 67
Terminal Westerland: Tel. (04651) 99 50 565
www.syltshuttle.de

● **Veranstaltungshinweise** können über folgende Nummer erfragt werden: Tel. (04651) 64 65.

● Einen Überblick zur **aktuellen Wetterlage** gibt die Wetterstation List unter Tel. (04651) 87 10 98 als Bandansage, auch für Segler und Surfer oder das Internet unter: www.sylt-wetter.de

Anreise

Wie gelangt man nach Sylt? Ganz einfach: zunächst nach Norden, und dann (ab Hamburg) immer geradeaus. Aber wie immer liegen die Schwierigkeiten im Detail.

Per Bahn

Es gibt Direktverbindungen aus dem westdeutschen Raum und aus Süddeutschland per **IC** und

150sy Foto: hjf

sogar zwei Verbindungen aus Berlin. Ohne Umsteigen gelangen Sie so aus Frankfurt/Main, Karlsruhe, Köln, Dortmund, Aachen oder Berlin hoch auf die Insel. Infos: Tel. (04651) 11 861 oder www.bahn.de

Wer nicht eine direkte Verbindung nehmen kann, reist zunächst bis **Hamburg-Altona** (nicht Hamburg Hauptbahnhof!) und steigt dort um. Wer eine Auskunft bekommt, bis Hamburg Hauptbahnhof zu reisen und dort umzusteigen, muss ein weiteres Mal den Zug wechseln, nämlich 20 Minuten später in Elmshorn. Unnötig, da praktisch alle Fernzüge sowieso in Altona enden. Alle 2 Stunden startet in Altona ein Zug, der etwa 2 ½ Stunden später die Insel erreicht.

Kleiner Hinweis: In den Sommermonaten an den Wochenenden waren bisher diese Züge immer **brechend voll,** jedenfalls die Vormittagszüge nach Sylt und die Abendzüge zurück. Warum? An sonnigen Tagen nutzten viele Hamburger und Schleswig-Holsteiner das so genannte „Schöne-Wochenend-Ticket" der Bahn und gönnten sich einen Tagesausflug. Manche Züge waren dann

Zugfahrt über den Hindenburgdamm

derart überfüllt, dass die Bahn im Minutenabstand einen zweiten Zug vorausschickte. Also, wenn möglich, diese Verbindung meiden oder ab Hamburg mit einem der eingangs erwähnten IC-Züge weiterfahren, denn in diesen Zügen gilt das „Schöne-Wochenend-Ticket" nicht.

Ende des Jahre 2005 tritt eine wichtige Änderung in Kraft, denn von Dezember an wird die privat betriebene Bahngesellschaft **Nord-Ostsee-Bahn (NOB)** ausschließlich zwischen Hamburg und Sylt verkehren. Die Deutsche Bahn fährt noch weiterhin ihre Intercity-Züge und die Autozüge nach Sylt, aber keine Regionalzüge mehr. Die NOB plant dann eine stündliche Verbindung. Es sollen auch die beliebten Schleswig-Holstein-Tickets, sowie das Schöne-Wochenend-Ticket weiterhin Gültigkeit haben, was aber bei Redaktionsschluss dieses Buches noch nicht endgültig war. Ebenso war unklar, ob die Züge vom Hauptbahnhof in Hamburg starten, oder wie gewohnt in Hamburg-Altona.

Per Auto

Bis Niebüll

Alle Wege führen zunächst nach **Hamburg,** durch den Elbtunnel. Danach hat der angehende Sylt-Urlauber allerdings zwei Varianten zur Auswahl. Etwa fünf km nach dem Passieren des Elbtunnels gabelt sich die Autobahn. Geradeaus führt die A 7 in Richtung Kiel/Flensburg, während der rechte Autobahnarm zur A 23 nach Heide/Husum führt.

Die **A 23** ist die Westküstenstrecke, die Autobahn endet bei Heide. Sie geht in die Bundesstraße 5 über, die bestens ausgebaut bis nach Niebüll führt. Früher war auf dieser Strecke die Stadt Husum ein Nadelöhr – das ist vorbei, die B 5 führt großzügig außen herum.

Problem Elbtunnel

Es ist immer dasselbe! Montag morgen, Verkehrsmeldungen im Radio auf NDR 2: „Elbtunnel in Richtung Süden 9 km Stau, am Elbtunnel in Richtung Norden 6 km Stau ..." Hindernis Elbe: Wie eine natürliche Grenze schirmt sie Schleswig-Holstein nach Süden ab, lässt Neugierige nur an wenigen Stellen passieren. Die wichtigste Passage ist der Elbtunnel in Hamburg im Zuge der A 7. Meist fließt der Verkehr problemlos, und ruck, zuck hat man die 3,6 km lange Röhre passiert. Aber manchmal gibt es eben doch **kilometerlange Staus** vor dem Elbtunnel in Hamburg. Das kommt verstärkt an Wochenenden vor, wenn Ferien beginnen oder enden, vielleicht obendrein in Skandinavien Sommerferien sind, der Schwerlastverkehr noch schnell vor dem drohenden Sonntagsfahrverbot die dänische Grenze erreichen will und die NATO-Ralley einsetzt. Die NATO-Ralley ist ein Relikt aus dem Kalten Krieg. Schleswig-Holstein ist gespickt mit Kasernen, aber so viele junge Männer, um all diese Kasernen zu füllen, leben im nördlichsten Bundesland nun mal nicht. Also mussten und müssen Zehntausende von Wehrpflichtigen aus Regionen südlich der Elbe zur Landesverteidigung ins platte Land einrücken. Und die fahren am Freitag in die Heimat und Sonntagnacht zurück, NATO-Ralley eben. Wenn all diese Faktoren zusammentreffen, ist die Staugefahr vor Hamburgs Nadelöhr ziemlich hoch.

Zwei Möglichkeiten gibt es, den **Elbtunnel zu meiden.** Kann man dabei Zeit gewinnen? Wahrscheinlich nicht allzu viel oder überhaupt nicht, aber man erspart sich quengelnde Kinder, genervte Fahrer und gestresste Beifahrer, wenn es quälend langsam voran geht. Und das alles nach einer schon mehrstündigen Fahrt, vielleicht noch unter stechender Sonne, die es ja auch manchmal im Norden gibt. Dann lieber doch gleich ausweichen. Also: Rechtzeitig im Autoradio die aktuellen Stau-Durchsagen verfolgen.

Eine Variante führt östlich an Hamburg vorbei, dabei muss nur rechtzeitig auf die A 1 gewechselt werden in Richtung Lübeck und Fehmarn. Fahren Sie auf der A 1 bis zur Autobahnabfahrt „Bargteheide", hier wird die A 1 wieder verlassen, und es geht jetzt auf der B 404 in Richtung Bad Segeberg weiter. Diese Strecke ist bestens ausgebaut und führt an der Stadt Bad Segeberg vorbei, die also nicht durchquert werden muss. Kurz hinter Bad Segeberg zweigt die B 205 ab und verläuft in Richtung Neumünster, dort erreicht man wieder die A 7 und hat sich somit den Elbtunnel erspart.

Die **zweite Variante** ist etwas für Genießer, die die Anreise schon unter Erlebniswerten sehen, sie eignet sich vor allem für Reisende, die über die A 1 aus Richtung Bremen kommen. Diese Strecke führt westlich an Hamburg vorbei, durch das Obstanbaugebiet „Altes Land", und schließlich wird auf einer Fähre die Elbe überquert. Wem diese Möglichkeit zusagt, der verlässt die A 1 über die Abfahrt „Sittensen" und fährt über die Landstraßen nach Stade (39 km). Von dort führt die so genannte „Grüne Küstenstraße" teilweise direkt am Elbdeich entlang bis Wischhafen. Hier pendelt eine Autofähre wenigstens einmal pro Stunde zum gegenüberliegenden Ort, nach Glückstadt. Die letzte Fähre legt gegen 22.30 Uhr ab. Wer nachfragen will: Fremdenverkehrsamt Glückstadt Tel. (04124) 5131, am Wochenende von 11.00 bis 13.00 Uhr besetzt. Die Überfahrt dauert etwa 30–40 Min.

003sy Foto: hjf

Jetzt hat man die Wahl, entweder einen kleinen Spaziergang durch Glückstadts netten Ortskern zu machen (tolle Restaurants am Marktplatz) oder gleich weiterzufahren. Dazu folgt man der Ausschilderung nach Itzehoe, sollte aber bedenken, dass der Weg über die B 431 den Fluss Stör kreuzt. Bei dem Ort Borsfleth führt die Bundesstraße über das Stör-Sperrwerk, eine Art riesiges Fluttor. Meist ist dieses Tor für Autofahrer problemlos passierbar, aber zu bestimmten Zeiten haben die Segler Vorfahrt, und dann wird die Brücke hochgeklappt, die Autofahrer müssen warten. Ab Itzehoe geht's dann wieder über die Autobahn weiter nach Norden.

Aber auch für diejenigen, die **auf der A 7 bleiben,** hier noch ein paar Tipps. Kurz vor dem Erreichen des Elbtunnels wird die Beschilderung etwas verwirrend. Ignorieren Sie alles und folgen Sie immer den Hinweisen „Flensburg/Kiel" bzw. „Heide/Itzehoe". Nach dem Passieren des Elbtunnels verläuft die A 7 zunächst weiterhin dreispurig, nach etwa 4–5 km verbreitert sie sich auf vier Spuren, und jetzt heißt es aufpassen. An dieser Stelle liegt die Autobahnauffahrt „Stellingen". Hier rollt der Pendelverkehr nach Schleswig-Holstein von Hamburgs dichtest befahrener Straße auf die Autobahn. Nach nicht ganz drei Kilometern ist das Autobahndreieck Nordwest erreicht, hier gabeln sich die Verkehrsströme. Reisende in Richtung Nordsee folgen der Beschilderung „Pinneberg – Itzehoe – Heide". Die Autobahn wird bei Stellingen für wenige Kilometer vierspurig, wer zur Nordsee will, bleibt auf einer der beiden rechten Spuren.

Stau vor Itzehoe

Einen Nachteil hat die Strecke entlang der Westküste, vor dem Ort Itzehoe kommt es leider auch immer wieder zu Staus. Die Autobahn wird an einer bestimmten Stelle für wenige Kilometer zur **einspurigen Bundesstraße,** nämlich dort, wo aus-

Das kann nur im Winter passieren

gerechnet auf einer weitgeschwungenen Brücke der Fluss Stör überquert wird. Hier bauen sich speziell an sommerlichen Wochenenden schnell Staus auf, wenn halb Hamburg an die Nordsee flüchtet. Also Autoradio anschalten und genau zuhören.

Eine **Ausweichmöglichkeit** ist: Abfahrt 10 „Itzehoe-Süd" nutzen und runter von der Autobahn, nach Itzehoe reinfahren. Die Stör wird auf einer kleinen Brücke überquert, dann der Bahnhof passiert. Es geht immer geradeaus. Folgen Sie der Beschilderung B 77 oder B 206 (Lübeck). Mitten im Ort weisen diese Schilder dann einmal scharf nach rechts, geradeaus weist ein anderes Schild zur B 5 (Heide). Diesem folgen Sie jetzt und erreichen nach wenigen hundert Metern einen Kreisverkehr. Dort aufpassen und den richtigen Arm nehmen (immer Richtung B 5). Nach abermaligen wenigen hundert Metern weist schon ein Schild wieder zur Autobahn (die Auffahrt Nr. 8 „Itzehoe-Nord"). Kurz vor Erreichen kann man die weitgeschwungene Brücke erkennen und vielleicht auch den Stau.

Wer die ganze Zeit Autobahn fahren möchte, wählt die **A 7** in Richtung Flensburg. Kurz vor der dänischen Grenze wird die Abfahrt Harrislee genommen, und dann geht es noch über 36 km auf der B 199 rüber nach Niebüll.

Meiner Meinung nach gibt es für keine der beiden Strecken einen echten Vorteil. Der Weg über die A 7 zählt mehr Kilometer, dafür bleibt man fast die ganze Zeit auf der Autobahn. Der andere Weg führt über die Autobahn zunächst bis Heide, der Rest bis Niebüll (81 km) verläuft über eine Bundesstraße, aber da hier oben kaum Verkehr herrscht, kommt man auch flott voran (es sei denn, die Bauern rücken mit ihren Treckern zur Ernte aus ...).

Sylt Shuttle von Niebüll

In Niebüll glücklich angekommen, reiht sich jeder ein in die Schlange bei der Autoverladestation. Denn auf die Insel geht's nur per Bahn. Der **Sylt-Shuttle von Niebüll nach Westerland** benötigt

170sy Foto: sm

knapp 30 Minuten. Reservierungen sind nicht möglich, hinten anstellen und dann rauf auf den Zug. Es gibt zehn Fahrspuren, an neun von ihnen kann das Bahnticket mit EC-Karte gekauft werden. Die Passagiere bleiben übrigens im Auto sitzen und schaukeln so durchs Watt. Wer oben sitzt, hat die besten Ausblicke.

Preise (inklusive Insassen):

- einfache Fahrt: 42,00 €
- Hin- und Rückfahrt: 78,00 €

Wer in der Woche reist, kann noch etwas sparen. Dienstags, mittwochs und donnerstags gilt die verbilligte **DiMi-Do-Fahrkarte** zum Preis von 65 € für die Hin- und Rückfahrt.

Im Preis eingeschlossen ist die kostenlose Benutzung des Stadtbus Westerland für 21 Tage.

Informationen:

- Bahnhof Niebüll, Tel. (04661) 93 45 67
- Bahnhof Westerland, Tel. (04651) 99 50 565 oder www.syltshuttle.de

Fahrplan:

Mindestens einmal stündlich zwischen 5.00 und 21.00 Uhr verkehrt ein Autozug jeweils vom Festland wie auch von Sylt.

Autofähre von Havneby

Immer mehr Autofahrer wählen diese zweite Variante, sie führt über die **dänische Insel Rømø** zum Hafen Havneby. Zu erreichen ist Rømø sowohl über die B 5 als auch über die A 7. Wer die Bundesstraße wählt, wechselt nach dem Passieren der Grenze auf die dänische Fernstraße 11. Nach 34 km zweigt links eine Straße nach Rømø ab, die Insel wird über einen 10 km langen Damm erreicht.

Anreisende über die A 7 überqueren erst die Grenze, verlassen aber kurz danach die Autobahn und fahren die 37 km über die dänische Straße Nr. 8 nach Tønder. Dann geht's weiter wie eben beschrieben. Von Havneby pendelt etwa acht- bis zwölfmal pro Tag eine **Autofähre nach List auf Sylt,** Fahrtzeit: eine knappe Stunde. Wer eine Überfahrt fest gebucht hat und sich verspätet, kann unter folgender Telefonnummer auf eine spätere Fähre umbuchen: Tel. (0180) 310 30 30 (0,09 €/Min.).

Fahrpreise (Kfz inkl. Insassen):

- Pkw (bis 4,39 m Länge): einfach 37,00 €
- Hin- und Rückfahrt: 55,50 €
- Pkw (über 4,40 m Länge): einfach 39,00 €
- Hin- und Rückfahrt: 60,50 €
- Wohnmobile (bis 5,99 m Länge): einfach 41,50 €
- Hin- und Rückfahrt: 64,50 € (Bei größeren Fahrzeugen wird es je nach Länge und Gewicht teurer.)

005sy Foto: hjf

Tagesrückfahrkarte:
- Pkw (bis 6 m) Hin- und Rückfahrt: 49,90 €
- Fahrrad: einfach 4,00 €, hin und zurück 5,75 €
- Personen: Jan.–Apr. und Okt.–Dez.: 4,75 €, Mai–Sept.: 6,50 € jeweils hin und zurück.

Platzreservierung:
- List: Tel. (0180) 310 30 30, (0,09 €/Min.) oder auch über Tel. (0461) 86 46 01, Fax (0461) 8 64 30
- Internet: www.syltfaehre.de

DB Auto-Zug

Ganz bequem kann **von vier deutschen Orten** aus per Autozug direkt nach Sylt gefahren werden: von Stuttgart/Kornwestheim, Frankfurt/Neu-Isenburg, Düsseldorf und von Dortmund. Während von Frankfurt und Stuttgart aus über Nacht gereist wird, fahren die Züge von Dortmund und Düsseldorf am Vormittag. Der Preis richtet sich nach bestimmten Saisonzeiten und der Anzahl der Personen sowie der gewünschten Komfortklasse.

- **Servicetelefon:** Tel. (0180) 5 24 12 24, (0,12 €/Min.) täglich 8.00–22.00 Uhr.
- **Internet:** www.dbautozug.de

Per Flugzeug

Gern wird kolportiert, dass die Freitagskonferenzen in den Hamburger Redaktionsstuben unter einem gewissen Termindruck stehen: „Ich muss noch meinen Flieger nach Sylt kriegen". Verbindungen werden aber nicht nur von Hamburg angeboten, sondern auch **von folgenden Orten:** Berlin, Bremen, Dortmund, Düsseldorf, Frankfurt/M., Hamburg, Köln/Bonn, München.

Informationen

- **Sylter Flughafen,** Tel. (04651) 92 06 12, Fax 92 06 55. Der Central Counter am Flugplatz ist täglich 8.00–20.00 Uhr besetzt. Internet: www.flughafensylt.de

Unterkunft

Auswählen und Buchen

Die erste Überlegung muss sein, den richtigen **Ferienort auszuwählen.** Lieber das etwas quirlige Westerland? Oder das ruhigere Wenningstedt? Oder gar das mondäne Kampen?

Dann ein Quartier suchen. Sollten die in diesem Buch vorgestellten Unterkünfte nicht ausreichen, bleibt nur, die jeweilige **Tourismusinformation** anzusprechen. Von dort erhält man Unterkunftsverzeichnisse, die teilweise über 100 Seiten dick sind. Aufgelistet sind dort Hotels, Ferienhäuser, Ferienwohnungen und Privatunterkünfte des jeweiligen Ortes.

Gebucht werden können die Unterkünfte in der Regel nicht über die Kurverwaltung. Ausnahmen gibt's natürlich immer, in Rantum beispielsweise sind diese Unterkünfte im Prospekt mit einem Seepferdchen gekennzeichnet. Eine Anfrage muss also in der Regel gezielt an den angegebenen **Vermieter** gerichtet werden. Der kann, muss aber nicht auf Sylt wohnen, falls letzteres der Fall ist, muss die Frage der Schlüsselübergabe und der Nebenkostenverrechnung geklärt werden.

Weiterhin bieten spezielle **Vermietungsagenturen** eigene Prospekte an. Diese Agenturen verwalten und vermieten stellvertretend für die Besitzer eine Reihe von Ferienwohnungen, Adressen dieser Anbieter sind unter den jeweiligen Orten zu finden. Der Vorteil dieser Büros liegt darin, dass ein Interessent gleich mehrere Objekte nachfragen kann und sich nicht mühsam von einer Adresse zur nächsten durchtelefonieren muss. Tauchen diese Ferienwohnungen im Unterkunftsverzeichnis auf, wird auch immer auf das Vermietungsbüro verwiesen.

Und auch dies muss beachtet werden: Nicht jeder Eigentümer wünscht **Hunde** oder **Katzen** im Haus, auch spezielle **Nichtraucherwohnungen** sind keine Ausnahme mehr. Also vorsichtshalber gezielt nachfragen!

006sy Foto: hjf

Miet-vertrag

Hat nun der zukünftige Feriengast eine adäquate Unterkunft ausgewählt und bestätigt der Vermieter, dass der angestrebte Termin frei sei, wird ein Mietvertrag geschlossen. Dieser ist bindend und kann nicht einseitig aufgekündigt werden.

Nimmt der Gast die Unterkunft nicht in Anspruch, muss er trotzdem den vereinbarten Preis zahlen, Gründe für die **Absage** spielen keine Rolle. Der Anspruch auf Bezahlung erstreckt sich dabei auf die gesamte vereinbarte Zeitdauer, es sei denn, der Gastgeber kann die Unterkunft noch

„Zimmer frei!"

anderweitig vermieten. Dazu ist der Vermieter nach Treu und Glauben verpflichtet. Auch wenn der Gast vorzeitig abreist, bleibt er verpflichtet, den vollen Preis zu zahlen.

Und umgekehrt? Was passiert, wenn der Vermieter mal **einen Gast „ausbucht"?** Weil beispielsweise eine Ferienwohnung versehentlich doppelt vermietet wurde (selbst zweimal erlebt)? Dann muss adäquater Ersatz gestellt werden, wobei „gleichwertig" eben relativ ist. Aber abspeisen lassen muss sich jedenfalls niemand. In den einzelnen Mietverträgen steht es so explizit selten, aber in allen Unterkunftsverzeichnissen ist es zu finden, wenn auch manchmal arg klein gedruckt: „Die Rechte und Pflichten aus dem Gastaufnahmevertrag". Eine der Passagen lautet: „Der Hotelier oder Vermieter ist verpflichtet, bei Nichtbereitstellung des Zimmers oder der Wohneinheit Schadenersatz zu leisten."

Preise

Die Preise schwanken teilweise ganz erheblich je nach Saison. In diesem Buch sind immer die Angaben für den **Sommer** zu finden, naturgemäß sind in dieser Jahreszeit die Preise am höchsten. Die Sommersaison erstreckt sich grob von Mitte Juni bis Ende August, außerhalb dieser Zeit fallen die Preise teilweise um die Hälfte. Leider existiert keine inselweit allgemeingültige Regelung für den Terminus „Hochsaison".

Viele Vermieter, aber längst nicht alle, haben sich auf eine einheitliche **Sylt-Saison** verständigt:
A= 10.12.–5.1. und 26.6.–11.9.
B= 3.4.–25.6. und 12.9.–30.10.
C= 6.1.–2.4. und 31.10.–19.12.

Zu den Preisen addieren sich immer noch Extrakosten für die so genannte **Endreinigung.** Diese muss im Vertrag aufgeführt sein und schwankt etwa zwischen 25 und 75 € (letzteres selbst erlebt). Wer möchte, kann auch ein **Wäschepaket** bestellen, das enthält Handtücher und Bettwäsche, der Preis liegt bei etwa 15 € pro Person. Die Preisangaben wurden in diesem Buch in folgende Kategorien zusammengefasst:

Hotels Pensionen, Privatzimmer

€	bis 30 Euro
€€	30–50 Euro
€€€	50–70 Euro
€€€€	70–100 Euro
€€€€€	über 100 Euro

Der Preis bezieht sich auf ein Doppelzimmer in der Hauptsaison.

Ferienwohnungen und Ferienhäuser

€	bis 50 Euro
€€	50–75 Euro
€€€	75–100 Euro
€€€€	100–125 Euro
€€€€€	über 125 Euro

Der Preis bezieht sich auf die Hauptsaison.

007sy Foto: hjf

Bei einigen preislichen „Rausreißern" wird zusätzlich der exakte Preis angegeben.

Anreise

Meist wünschen die Vermieter, dass der Gast zum frühen Nachmittag **anreist** bzw. bis etwa 10.00 Uhr **abreist.** Die Zwischenzeit wird dann genutzt, um die Unterkunft zu „endreinigen".

Angaben im Buch

Die in diesem Buch empfohlenen Häuser beruhen ausschließlich auf **persönlicher Auswahl des Autors.** Dabei wurde getreu der alten Makler-Weisheit vorgegangen, nach der nur drei Dinge für eine Immobilie zählen: die Lage, die Lage und die Lage. Ein schnuckeliges Reetdachhaus an einer lauten Durchgangsstraße wird deshalb nur im Ausnahmefall genannt werden.

Sollten sich in einer Straße die Häuser allzu sehr ähneln, wird auch nur pauschal darauf verwiesen. So gibt es in einigen Orten bestimmte Straßen, in denen wohl jeder Hausbesitzer ein Zimmer, eine Ferienwohnung vermietet. Wo anfangen? Nach welchen Kriterien auswählen? Da kann dann nur der Rat gegeben werden, sich persönlich mit dem Vermieter in Verbindung zu setzen.

Und noch eine Anmerkung: **Einige Häuser** liegen derart exponiert, dass sie sofort jedem Spaziergänger ins Auge stechen. Da wird man dann neugierig, schaut vielleicht in einem Unterkunftsverzeichnis nach und stellt erstaunt fest, dass das eben gesehene Ferienhaus gar nicht aufgelistet wird. Die Kurverwaltung gibt dazu nur die lapidare Auskunft, dass die Vermieter seit Jahren ihre Stammkunden hätten, teilweise nicht unter 14 Tage vermieten und es nicht nötig hätten, im Katalog zu erscheinen. Wie schön. Nachfragen bei einigen dieser Vermieter ergaben, dass manche eine Veröffentlichung in unserem Reiseführer völlig ablehnten, andere wiederum die Bedingungen diktieren wollten, weshalb wir lieber ganz darauf verzichten.

008sy Foto: hjf

Unterkunftskategorien

Hotels

In jedem Ort stehen einige Hotels, die meisten in Westerland. In der Gesamtheit der Unterkünfte bleiben sie aber in einer deutlichen **Minderzahl.** Viele Hotels haben einen hohen **Standard,** speziell im Zentrum der Insel in Westerland, Wenningstedt und Kampen, aber es gibt auch einige ganz familiäre Häuser. Generell liegen die Preise im

Hotel Stadt Hamburg in Westerland

oberen Bereich. Es gibt sogar Häuser, die verlangen tatsächlich 20 % Aufschlag von Gästen, die nur eine oder zwei Nächte bleiben.

Ferienhäuser

In Dänemark sind die einzeln stehenden Häuser eine Selbstverständlichkeit, nicht selten mit einem 1000 qm großen Grundstück. Auf Sylt sind derartige Unterkünfte die **Ausnahme** und teilweise für ein Jahr im voraus ausgebucht. Einige dieser Filetstücke tauchen nicht einmal in den Unterkunftsverzeichnissen auf. Einzeln stehende Häuser sind die teuersten Objekte, einige liegen aber auch derart idyllisch, dass man beinahe gewillt ist, jeden Preis zu zahlen.

Ferienwohnungen

Ferienwohnungen werden im vorliegenden Buch **Fewo** bzw. **Fewo's** abgekürzt. Größere Wohnblocks im Wolkenkratzerstil stehen nur in Westerland und bilden auch dort die Ausnahme. Die überwiegende Anzahl der Unterkünfte ist in relativ kleinen Häusern untergebracht. Vier bis acht Einheiten in einem **Gebäude** sind der Normalfall. Genügend Vermieter bieten aber auch noch FeWo's bzw. einzelne Zimmer im eigenen Haus an. Wen diese Nähe nicht stört, der kann so teilweise erstaunlich günstige Angebote finden.

Auf Sylt gibt es Tausende von Ferienwohnungen, einen kompletten Überblick kann niemand geben. Unsere **Auswahl der Unterkünfte** stellt die Bandbreite von absoluter Luxuswohnung bis Zimmer mit Etagendusche dar. Entsprechend schwanken die Preise, von 250 € bis 30 € ist alles möglich.

Privatunterkunft

Zimmer mit Kochgelegenheit, so hieß es mal in den Anfängen. Ein wenig aus dieser Zeit ist noch zu finden, wenn einige Vermieter zwei, drei Zimmer anbieten. Zwar meist ohne Kochgelegenheit, aber überwiegend mit Frühstück. Wem dies genügt, der kann zu einem unschlagbaren Preis sogar auf Sylt unterkommen.

Camping-platz

Insgesamt **sieben Plätze** gibt es, hübsch verteilt über die ganze Insel. Bis auf die Plätze in Tinnum und Morsum liegen sie alle am Meer an der Westseite, nur ein paar Schritte durch die Dünen sind es dort bis zum Strand. Allzu groß fällt keiner aus, deshalb muss sich ein angehender Sylt-Camper rechtzeitig seinen Platz reservieren lassen.

Bei Westerland befindet sich eine ganz besondere Einrichtung, der **Jugendzeltplatz** Dikjen-Deel. Hier werden nur Jugendliche bis 18 Jahren zugelassen, umgekehrt werden sie auf den anderen Plätzen als Einzelreisende nicht aufgenommen.

Jugend-herberge

In List, Westerland und in **Hörnum** steht jeweils eine Herberge, die Lister liegt etwa 2–3 km außerhalb des Ortes, die Hörnumer zirka 1 km. Direkt vor der Tür beider Herbergen hält ein Linienbus, so dass die Lage keine Hürde darstellt.

011sy Foto: hjf

Die Natur

Die Nordsee

Klare Sache, **Nordseewellen,** die sich krachend brechen, gischtsprühend einem die Füße wegziehen, das dürfte das schönste Strandvergnügen sein. Schon *Thomas Mann* verglich die Nordseewellen mit „Prankenschlägen, nach denen er sich das ganze Jahr zurücksehnt". Wo sonst kommt man mit den Elementen so unmittelbar in Kontakt, wird sich der eigenen Nichtigkeit angesichts der Urkraft des Wassers bewusst? An der Nordsee eben.

Entstehung

Entstanden ist die Nordsee vor langer Zeit, etwa vor 10.000 Jahren. Damals war sie noch klein und flach, England und Nordeuropa bildeten noch eine Einheit, und die heutigen nordfriesischen Inseln gab es noch nicht. Aber dann schmolzen die Gletscher der letzten **Eiszeit** langsam ab, wodurch der Nordseepegel stieg. Landmassen erhoben sich, vom Druck des Eises befreit, niedrig gelegenes Land versank in den Fluten, und Inseln entstanden.

Der Wasserpegel stieg langsam. Vor ungefähr 5000 Jahren lag der Wasserstand gut 10 m unter dem heute gültigen Normalnull.

012sy Foto: hjf

Knapp 1000 Jahre später entstanden dann die ersten **Watten,** der gestiegene Wasserpegel staute schließlich auch die Flüsse, und ein breiter, schlammiger Streifen bildete sich. Hier lagerten sich im Laufe der Jahrtausende viele Sinkstoffe ab, Nährboden für Kleinstlebewesen aller Art. Durch die Gezeiten fielen diese Gebiete periodisch trocken und wurden ebenso regelmäßig wieder überschwemmt. Kleine Inseln entstanden, hier siedelten die Menschen.

Sturmfluten

Am 16. Januar 1362 kam es zu einer vernichtenden Sturmflut, die **Marcellusflut** ging als „Grote Mandrenke" in die Geschichte ein. Sie überschwemmte alles Land, Deiche brachen, Orte wurden überflutet. Das Wasser riss ganze Landstriche auseinander, die sagenhafte Insel Rungholt verschwand von der Karte, Husum wurde quasi über Nacht zur Hafenstadt, und auch auf Sylt wurden ganze Orte (Eidum) verschluckt. In der Nacht vom 11. auf den 12. Oktober **1634** schlug die Nordsee abermals zu, die Insel „Strand" wurde in drei Teile auseinander gerissen: Pellworm, Nordstrand und die Hallig Nordstrandischmoor entstanden. Beide Fluten haben weite Teile des ehemaligen Nordfriesland dauerhaft unter Wasser gesetzt und auch mit für die Entstehung und Form der nordfriesischen Inseln gesorgt.

Darüber hinaus gab es **weitere schwere Sturmfluten,** die viele Opfer forderten, z.B. die Julianenflut 1164, die Luciaflut 1487, die Burchardiflut 1638, die Weihnachtsflut (12.000 Tote), die Sturmflut von 3. bis 4.2. 1825 mit 800 Toten und nicht zuletzt die Flut vom Februar 1962, die speziell im Hamburger Raum 300 Tote forderte.

Ebbe und Flut

Die Nordsee wird durch die Gezeiten geprägt, Tiden genannt. Fließt das Wasser ab, spricht man von **Ebbe,** auflaufendes Wasser wird **Flut** genannt, **Hochwasser** ist der höchste Stand des Wassers. Hat das ablaufende Wasser seinen tiefsten Punkt erreicht, so heißt das **Niedrigwasser.** Wenig später beginnt das Wasser wieder aufzulaufen. Der kurze Zeitraum dazwischen wird **Stauwasser** genannt, hier „steht" das Wasser.

Sechs Stunden läuft das Wasser auf, dann läuft das Wasser wieder sechs Stunden ab, und erneut geht's von vorn los. Nach exakt 12 Stunden und 25 Min. wird dann wieder Hochwasser erreicht. Dieses Phänomen kann weltweit beobachtet werden und hängt mit dem **Mond** zusammen. Ein kompliziertes Zusammenwirken der Anziehungskräfte und der Fliehkraft des Mondes und der Erde erzeugt ein Ansteigen und Absinken des Wasserstandes, an den Küsten als Ebbe und Flut spürbar.

Bei Neu- oder Vollmond verstärken sich die Gezeiten, bedingt durch die Stellung von Sonne und Mond zueinander, zu kräftigen **Springtiden.** Das Gegenteil wäre eine **Nipptide.** Bei Halbmond heben sich die Kräfte von Sonne, Mond und Erde weitestgehend auf, die Flut nippt nur schwach ans Ufer.

Genaue Tiden können im **Gezeitenkalender** nachgelesen werden, der auch in den Kurverwaltungen ausliegt.

Gefahren beim Baden

Strömungen

Gibt es etwas Schöneres als in der Brandung zu toben? Mit den Wellen zu kämpfen, wenn sie anrollen und sich überm Kopf brechen? Ja, das ist schon toll, gehört zu einem Nordsee-Urlaub einfach dazu. Aber jeder sollte auch die Gefahren kennen. Zunächst darf die Strömung nicht unterschätzt werden. Besonders **bei ablaufendem Wasser** wird

013sy Foto: hjf

der Badende unweigerlich weggetrieben, bei starker Strömung haben selbst geübte Schwimmer Schwierigkeiten, wieder an Land zu kommen. Kinder dürfen deshalb nie allein gelassen werden, selbst wenn sie nur am Ufer planschen. Die Wellen brechen sich nicht immer an der gleichen Stelle, manche rollen weiter aus und können eine unglaubliche **Sogwirkung** entwickeln, wenn sie zurückfließen. Das kann einem kleinen Menschen glatt die Beine wegreißen. Wer es nicht glaubt, braucht sich nur mal bei etwas stärkeren Wellen bis zu den Knien ins Wasser stellen, das genügt meist schon für einen bleibenden Eindruck.

Ebbe

Windstärken

nach Beaufort (=Bft)

Bft	**km/h**	**Wind und Zustand der See**
0	0-1	still, es herrscht Windstille, Rauch steigt senkrecht auf, das Meer ist glatt.
1	1-5	leiser Luftzug, leichte Kräuselung der See.
2	6-11	leichte Brise, leichter Wind spürbar.
3	12-19	schwache Brise, vereinzelte Schaumköpfe auf dem Meer, Fahnen stehen im Wind gestreckt.
4	20-28	mäßige Brise, vermehrt Schaumköpfe auf dem Meer.
5	29-38	frische Brise, überall Schaumköpfe auf dem Meer.
6	39-49	starker Wind, große Wellen entstehen, etwas Gischt wird gebildet.
7	50-61	steifer Wind, Wellen türmen sich, weißer Schaum in Windrichtung, ganze Bäume schwanken.
8	62-74	stürmischer Wind, relativ hohe Wellenberge, gegen den Wind gehen fällt schwer.
9	75-88	Sturm, hohe Wellenberge entstehen, Dachziegel können abgeweht werden.
10	89-102	schwerer Sturm, sehr hohe Wellenberge, weißer Schaum auf dem Meer, Bäume können entwurzelt werden.
11	103-117	orkanartiger Sturm, sehr hohe Wellenberge.
12	118 und mehr	Orkan, das Meer ist vollständig weiß, die Luft ist mit Gischt durchsetzt.

Wellenkräfte

Wellen entwickeln unglaubliche Kräfte, können auch Erwachsene glatt **zu Boden schleudern.** Schürfwunden sind da noch das Harmloseste, schlimmer wäre es, die Besinnung zu verlieren und von der Strömung ins Meer hinausgetragen zu werden. Je höher die Wellen sich aufbauen, desto stärker ist auch der Rückfluss und damit der Sog.

An den Stränden

An den Stränden gibt es immer **bewachte Zonen,** hier passen erfahrene Rettungsschwimmer auf, die ihre Pappenheimer sowieso kennen. Rigoros pfeifen sie mit ihren Trillerpfeifen oder Tröten Unbelehrbare zurück. Erscheint den Rettungsschwimmern das Baden als zu gefährlich, ziehen sie einen roten Ball als **Warnzeichen** auf. Das bedeutet, dass nur im bewachten Strandabschnitt gebadet werden darf und dass es generell nicht ungefährlich ist. Bei zwei roten Bällen gilt absolutes Badeverbot.

014sy Foto: hjf

Das Wattenmeer

Es quatscht und matscht, es schmatzt und saugt, bei jedem Schritt, bei jedem Tritt. Aber nur wer barfuß läuft, spürt es so richtig, das beinahe Unbeschreibliche. Kurz nur saugt sich der **Schlick** am Fuß fest, mag gar nicht recht loslassen. Dann muss er doch, – die Kräfte des Wanderers sind stärker, und – schmatz – zieht dieser den Fuß heraus aus dem Schlick, und – platsch – setzt er ihn schon wieder auf.

Eine graue Schlickwüste, ein Nichts aus Schlamm, Wasserresten und Muscheln, so mag der erste, oberflächliche Eindruck ausfallen. Das Watt lebt aber, und wie! Länderübergreifend wurde das Wattenmeer zum **Nationalpark** erklärt. Entlang der Nordseeküste erstreckt sich der Nationalpark Wattenmeer über etwa 450 km zwischen dem dänischen Esbjerg und dem holländischen Den Helder, es ist damit das größte zusammenhängende Wattgebiet der Welt. Insgesamt misst es etwa 7300 km², der Anteil von Schleswig-Holstein beträgt 441.000 ha.

Das Watt lebt von den **Gezeiten,** alle 6,13 Stunden wird es überflutet, knapp sechs Stunden spä-

015sy Foto: hjf

ter liegt es wieder trocken. Es wird von unzähligen **Prielen** durchzogen, schmalen Wasserläufen, die auch bei Ebbe nur teilweise trockenfallen. Diese Priele kanalisieren die Gezeitenströme, die den Schlick heranführen.

Der blauschwarze **Boden** wird so ständig angereichert durch Mikroorganismen, von denen sich Wattwürmer, Muscheln und Krebse ernähren. Das wiederum lockt Wattvögel an, die, Beute pickend, im Watt herumstolzieren. Etwa **250 endemische Tierarten** leben hier, also Tiere, die nirgendwo sonst auf der Welt vorkommen.

Tierwelt im Watt

Würmer, Muscheln, Schnecken

Das Watt ist Lebensraum einer großen Zahl von Tierchen. In einem Quadratmeter Watt können bis zu 50 Wattwürmer oder 20.000 Herzmuscheln oder gar 100.000 Wattschnecken leben, unvorstellbar!

Ein Wattwanderer wird sicherlich die vielen kleinen Häufchen bemerken, Kothäufchen, wo sich ein **Wattwurm** (Pierwurm) einen Gang gegraben hat.

Ebenfalls **unterirdisch** leben Sandklaffmuschel, Plattmuschel, Schlickkrebs und Pfeffermuschel. Auffällig ist auch der Bäumchenröhrenwurm, dessen kunstvoll zusammengeklebte Röhre ein Stückchen aus dem Boden schaut. Durch diese wird Wasser angesaugt, Nahrungspartikel aufgenommen und dann wieder ausgestoßen.

Es quatscht und matscht das Watt…

016sy Foto: hjf

Andere Tiere, hauptsächlich Schnecken, Krebse und einige Muschelarten, leben **oberirdisch,** sie entwickelten einen harten Panzer gegen das Austrocknen und als Schutz gegen Vögel.

Miesmuscheln dagegen leben nicht eingegraben, sondern schließen sich oberirdisch zu großen Gruppen zusammen, so dass Muschelbänke entstehen.

Schon am Strand sind sie ständig zu finden, die hellen **Herzmuscheln.** Im Watt leben sie knapp unter der Oberfläche des Bodens. Sie filtern durch ein Röhrchen Plankton über das Wasser ein, durch ein zweites Röhrchen wird das Wasser wieder ausgestoßen. Wattführer zeigen gern einen Trick, den sie den Möwen abgeschaut haben: Die Vögel trampeln mit ihren Füßchen auf dem weichen Wattboden, dadurch kommen die Muscheln an die Oberfläche und sind eine sichere Beute für die Trampler.

Die **Sandklaffmuschel** lebt im Wattboden in einer Tiefe von 15 bis 25 cm. Auch sie filtert durch ein Röhrchen Wasser in ihren Körper hinein und durch ein zweites wieder hinaus.

Ähnlich leben die **Pfeffermuschel** und die **Plattmuschel,** beide in etwa 7–12 cm Tiefe.

Quallen

Quallen möchte wohl jeder Badende aus dem Weg schwimmen. Besonders bei Ostwind treten sie verstärkt auf, sie schwimmen nämlich gegen die Strömung. Bei Westwind, der meist auf Sylt vorherrscht, tummeln sie sich also in der offenen Nordsee. Manche dieser zu 98 % aus Wasser bestehenden Tiere haben Tentakeln, die um einiges größer sind als ihr eigener Körper. Vor allem die **Nesselqualle** kann das typische Brennen erzeugen, das ein Mensch bei Berührung mit den Nesselzellen erleidet. Etwa 20 cm im Durchmesser und leicht bläulich bzw. violett gefärbt, wird sie auch Feuerqualle genannt. Diesen Namen gab der Volksmund auch der **Kompassqualle,** die ebenfalls mit ihren Nesselkapseln für Brennen auf der Haut sorgen kann. Zur Unterscheidung: Die Kompassqualle weist braune Streifen auf, die vom Zentrum an die äußeren Ränder laufen. Auch häufig zu sehen ist die **Ohrenqualle,** sie misst bis zu 30 cm und weist vier klar erkennbare ohrenförmige Geschlechtsorgane auf.

Fische

Kein Wunder, dass Fische auf Nahrungssuche in Scharen kommen. Unterschieden wird hier zwischen so genannten **Stammfischen und Saisongästen** – beinahe so wie an Land. Die Stammgäste verbringen ihr gesamtes Leben im Watt, die Saisongäste ziehen sich zumindest zum Laichen in die Nordsee zurück.

Besonders augenfällig sind hierbei die **Schollen,** auch Plattfische genannt. Sie verlassen bei Flut die Priele und ziehen sich bei Ebbe dorthin zurück. Falls sie es einmal nicht schaffen, graben sie sich im feuchten Boden ein und warten auf die nächste

Flut. Dann kann man „Schollen pedden" gehen, Schollen treten. Einfach mit dem nackten Fuß auf die Scholle treten, so festhalten, und ab in den Korb. Abends gibt's dann gebratene Scholle mit Speckkartoffeln.

Vögel

Auch die Vogelwelt kennt Gastvögel und Dauergäste. Tausende von **Zugvögeln** kommen im Frühjahr und Herbst, futtern sich hier durch. Die Gesamtzahl dieser gefiederten Gäste soll bis zu zwei Millionen betragen, die sich dann mit Möwen, Austernfischern und anderen Dauergästen um Beute streiten.

Ein langer roter Schnabel und schwarz-weißes Gefieder sind die markantesten Merkmale des **Austernfischers.** Nicht zu überhören ist auch sein Trillern, beinahe das ganze Jahr über. Austernfischer halten Sylt die Treue, flüchten nicht in wärmere Gefilde. Im April brüten sie in den Salzwiesen; Spaziergänger sollten in dieser Zeit besonders aufpassen, dass sie sich nicht versehentlich einem Nest nähern. Oft fliegt dann einer der Elternvögel heftig kreischend auf die Eindringlinge zu, spätestens dann muss man umkehren. Der Austernfischer taucht übrigens gar nicht nach der „Sylter

017sy Foto: hjf

Royal“, er bevorzugt Wattwürmer, Schnecken und Miesmuscheln. Mit seinem starken Schnabel knackt er jede Muschel.

Auch die **Eiderenten** verbleiben im Winter im Watt, allerdings brüten viele im Sommer in weiter nördlich gelegenen Zonen. Dort herrscht mehr Ruhe. Eiderenten tragen ein schwarz-weißes Gefieder (Männchen), die Weibchen ein leicht bräunliches.

Elegant segeln sie heran, hocken sich ungeniert auf Strandkörbe und Buhnen, die **Möwen** sind alles andere als scheu. Ihr Gefieder glänzt hell, leicht silbrig bis grau, markant ist auch ihr kräftiger Schnabel. Vor allem die Silbermöwe kann eine erstaunliche Spannweite erreichen, immerhin bis zu 1,40 m. Auch die Lachmöwe mit ihrem im Sommer dunkelbraunen Kopf begleitet häufig die Schiffe, ihre heiseren Schreie ausstoßend.

Farbenfroh zeigen sich die **Brandgänse:** ein grüner Kopf mit rotem Schnabel und schwarz-weißes Gefieder, so stolzieren sie über die Dünen.

Auffälligstes Merkmal der **Seeschwalbe** ist der gegabelte Schwanz. Sie kann stoßweise ins Meer abtauchen und kleine Fische jagen.

Der **Sandregenpfeifer** erkennt man gut an einem schwarzen, geschlossenen Band am Hals.

Der **Säbelschnäbler** trägt ein schwarz-weißes Gefieder und hat blaugraue Füße sowie einen längeren, nach oben gebogenen Schnabel. Nicht zu überhören ist außerdem sein „pluit-pluit“.

Möwen am Strand

Der **Brachvogel** wächst bis zur Größe einer Lachmöwe, gilt damit als größter Vogel des Wattenmeeres. Er hat einen langen, nach unten leicht gebogenen Schnabel.

Seehunde

Der wohl berühmteste Bewohner des Wattenmeeres ist der Seehund. 1989 wurden gerade 1700 Tiere in Schleswig-Holstein gezählt, zehn Jahre später wuchs der **Bestand** im gesamten Wattenmeer auf etwa 13.000 an.

Seehunde ziehen sich zum Gebären und Säugen auf Sandbänke zurück, südlich von Hörnum beispielsweise, so dass dort auch von den **„Seehundbänken"** gesprochen wird. Die Tiere auf den Sandbänken wollen und sollen ihre Ruhe haben, sie sind schon genügend Stressfaktoren ausgesetzt. Deshalb gilt für Surfer oder Segler: Abstand halten! Nicht hinfahren und die Tiere „besuchen", respektiert ihren Lebensraum!

Seehunde werden zumeist im Juli **geboren,** sie kommen auf einer der vielen Sandbänke zur Welt. Wenn wenig später die Flut diesen Geburtsort wieder überspült, müssen sie sofort ihre ersten Schwimmversuche starten. Die Jungtiere wachsen schnell, schon nach wenigen Wochen hat sich ihr Gewicht teilweise verdreifacht.

Nach der Säugephase mit nahrhafter Muttermilch von 45 % Fettgehalt (zum Vergleich: Sahne hat 38 %) müssen die Tiere nun das Jagen lernen. Dabei kommt es oft zu Trennungen von der Mutter. Wattwanderer finden dann manchmal kläglich schreiende **„Heuler".** Heuler sind Jungtiere, die von ihrem Rudel kurzfristig getrennt wurden und sich nun allein im Watt orientieren müssen. Sie wirken hilflos heulend, aber dies ist Bestandteil des Abnabelungsprozesses. Die kleinen, niedlichen Tiere rühren das Herz, doch niemals sollten sie angefasst werden, sonst nimmt die Mutter sie unter Umständen nicht mehr an. Sie schwimmt meist ganz in der Nähe, traut sich bei den Menschenmassen aber nicht an ihr Junges.

018sy Foto: hjf

Also: Niemals den Heuler anfassen, andere Gäste fernhalten, großen Abstand halten und Polizei bzw. Kurverwaltung verständigen.

Kegelrobben

Stolze 2,20 m groß können sie werden und bringen ein Gewicht von bis zu 300 kg auf die Waage. Damit gehören sie zu den größeren Tieren der Nordsee. Eine recht kleine Gruppe sammelt sich auf einer Sandbank bei Hörnum, dort kommen auch die Jungtiere zur Welt, erstaunlicherweise im kalten Winter. Die Kegelrobbe gilt als stark gefährdet; sollten Wanderer ein Tier am Strand entdecken, lieber einen großen Bogen machen.

So dicht gerade nicht an einen Heuler am Strand herangehen!

Wattwanderungen

Eine Wattwanderung gehört einfach dazu, hier einige **Regeln für Wattwanderungen:**

- Niemals allein gehen, jedenfalls nicht ins offene Watt, niemals ohne Uhr und Kenntnis der Tide.
- Niemals bei auflaufendem Wasser starten.
- Keinen Priel zwischen sich und dem Land lassen, Priele laufen bei Flut zuerst voll und schneiden dann den Rückweg ab.
- Im Watt fängt man sich schnell einen Sonnenbrand, an Kopfbedeckung und Sonnenschutz denken.
- Im Priel baden kann aufgrund der Strömungen gefährlich sein.
- Vor einer Wattwanderung beim Vermieter abmelden.
- Keine Wattwanderung bei Nebel und Gewitter starten.
- Barfuß im Watt laufen macht den größten Spaß, ansonsten Gummistiefel anziehen.
- Kameras und Camcorder mitzunehmen, lohnt sich bestimmt, ein Kompass kann bei plötzlich aufziehendem Nebel Lebensretter sein.
- Aber am meisten bringt eine geführte Tour, denn der Wattführer erklärt so manches Geheimnis, das einem ansonsten doch entgeht.

Eine besonders **reizvolle Tour** führt über etwa 8 km von Amrum nach Föhr. Bei dieser Wanderung läuft man auf einer Strecke, die später bei Hochwasser auch von der Fähre gekreuzt wird, die einen zurück nach Sylt bringt. Die Adler-Schiffe bieten eine derartige Tour auch von Sylt aus an: Schiffsreise von Hörnum nach Amrum, Weiterfahrt per Bus zum Startpunkt Ban Horn, Wattwanderung nach Dunsum auf Föhr, Transport per Bus nach Wyk, und Rückfahrt per Schiff nach Hörnum.

019sy Foto: hjf

Nationalpark Schleswig-Holsteinisches Wattenmeer

Am 1.10.1985 wurde der Nationalpark zum Schutz des Wattenmeeres in Schleswig-Holstein gegründet. Er umfasst das **Gebiet** des Wattenmeeres zwischen der Elbmündung im Süden und der Grenze zu Dänemark im Norden, die Nordfriesischen Inseln und einige Halligen bleiben ausgenommen, die Gesamtfläche beträgt nach einer Erweiterung Ende 1999 441.000 ha. Insgesamt 3235 Tierarten leben hier, 250 davon zählen zu den endemischen Arten. Im Gebiet des Nationalparks leben nur zwei Menschen ganzjährig, nämlich auf Hallig Süderoog, und zusätzlich drei im Sommerhalbjahr (eine Person auf der Insel Trischen und zwei auf Hallig Südfall).

„Wat denn een sin Uhl is denn annern sin Nachtigall", heißt es trocken an der Küste (was dem einen seine Eule, ist dem anderen seine Nachtigall), soll heißen, dass nicht alle Küstenbewohner begeistert waren von der **Einrichtung des Schutzgebietes.** Vor allem Fischer, aber auch Schafzüchter sahen sich in ihrem Bereich eingeschränkt und protestierten heftigst gegen die „Fremdbestimmung". Speziell die Muschel- und Krabbenfischer bemängelten, dass man ihre Fanggebiete zu stark beschränken wollte. Aber auch das gibt's: Eine Erdölplattform steht in der Kernzone, fein säuberlich aus dem Nationalparkgebiet ausgeklammert.

„Aufstand an der Küste" titelte das Hamburger Abendblatt am 12.10.1996 – was war geschehen? Heftigste **Proteste** von Fischern und Bauern gegen einen Bericht der (Zitat) „grün-fundamentalistischen Kräfte in der Landesregierung", die eine tiefgreifende Nutzungseinschränkung vorsahen. 120 Krabbenkutter liefen in den Büsumer Hafen, mit beeindruckenden Transparenten des Protestes geschmückt. Der Protest galt dem 800 Seiten dicken Synthesebericht „Ökosystemforschung Wattenmeer". Nach siebenjähriger Forschung schlugen die Verfasser eine Vergrößerung und Verbesserung des Schutzgebietes vor. Unter anderem sollte eine größere Fläche um Sylt als Referenzfläche ausgewiesen werden, in der jeder menschliche Eingriff unterbleiben soll, also auch das Krabbenfischen. Aber auch alle Strände sollten in das Schutzkonzept einbezogen werden, eine touristische Nutzung würde damit problematischer. Das ging den sturen Nordfriesen zu weit. Nach langem Steit kam es zu folgendem Kompromiss:

Der Nationalpark wurde um 40% erweitert, eine Null-Nutzungszone von 12.500 ha südlich vom Hindenburgdamm wurde eingerichtet, weitere waren nicht durchsetzbar.

Und **wo genau beginnt der Nationalpark?** Am Strand oder am Deich oder irgendwo weit draußen im Watt? Hinweisschilder geben folgende Erklärung: „Der Nationalpark beginnt im Abstand von 150 m von der seewärtigen Kante der Krone der Landschaftsschutz- oder Sommerdeiche, vom Böschungsfuß der Deckwerke bei unbedeichten Uferstrecken und von der Abbruchkante oder der Mthw-Linie" (Mitteltidenhochwasser-Linie). Wie fragil dieses **Ökosystem** ist, zeigte die Strandung des Holzfrachters Pallas vor Amrum im Herbst

1998. Als es den Behörden endlich gelang, den Havaristen unter Kontrolle zu bringen, war es für 10.000 Vögel schon zu spät, die im ausgelaufenen Öl qualvoll umgekommen waren. Dennoch hatte die Küste und damit das Wattenmeer noch riesiges Glück, denn wäre die Pallas ein Öltanker gewesen, wäre das Wattenmeer erledigt.

Strände und Dünen

Strände

An jedem Sylter Kiosk findet man dieses einzigartige Luftbild, das Sylt in seiner gesamten Länge zeigt. Deutlich ist erkennbar, wie schmal die Insel teilweise schon geworden ist, aber auch, welche einzigartigen Strände zu finden sind. Vom nördlichen List bis zum südlichen Hörnum zieht sich über gut 40 km ein **durchgängiger Strand.** Wie ein heller Streifen schiebt er sich auf dem Luftbild der Nordsee entgegen. Zwischen 50 und 100 m breitet er sich aus, besteht aus feinem hellen Sand, der seicht ins Meer übergeht.

Begrenzt wird der Strand weitestgehend von einer Dünenlandschaft und vereinzelt von einer Kliffkante. Zwischen Wenningstedt und Kampen erstreckt sich über 4,4 km das so genannte **Rote Kliff,** in der untergehenden Abendsonne leuchtet das rötlich-braune Kliff in einer satten roten Farbe.

Die Sylter **Dünen** fließen mit dem Strand zusammen, stehen aber unter Naturschutz. Nur auf markierten Wegen und extra ausgelegten Holzbohlen darf hier durchgegangen werden.

Auf der Wattseite zeigt sich der Strand deutlich schmaler, an nicht wenigen Stellen misst er gerade ein paar Schritte, das war's dann. Vereinzelt erheben sich auch hier Steilküsten, wie das Morsum Kliff oder das Weiße Kliff bei Braderup. Und noch ein landschaftliches Phänomen findet sich hier: satte grüne Wiesen, die durch einen Deich geschützt werden (zwischen Archsum und Rantum-

008sy Foto: hjf

becken). Wer also möchte, kann die Insel einmal umrunden, ohne den Strand jemals zu verlassen.

An den touristischen Brennpunkten **Westerland, Wenningstedt** und **Kampen** wurden die Strände in verschiedene Zonen unterteilt. Nur ein Teil wird bewacht, ein anderer Abschnitt bleibt der Freikörperkultur reserviert, und noch ein weiterer den Hundehaltern. Aber egal, wohin der Sonnenanbeter gehen möchte, bezahlt werden muss am Weststrand in jedem Fall vorher. Entweder durch Vorweisen der Kurkarte oder durch den Kauf einer (teureren) Tageskarte.

Und noch eins: Das so beliebte **„Burgenbauen"** ist verboten. Als kleiner Junge habe ich selbst noch mit Begeisterung geschippt, aber nun soll niemand mehr zur Schaufel greifen, Sandverwehungen würden dadurch nur gefördert.

Salzwiesen

Die **Salzwiesen** liegen im Übergangsbereich, nicht mehr richtig zum Meer gehörend und noch nicht richtig zum Land. Nur dort, wo sie nicht mehr regelmäßig überflutet werden, bildet sich eine eigenständige Vegetation aus Salzpflanzen auf dem besonders fruchtbaren Boden. Vor allem Andelgras, Rotschwingel und Strandflieder wachsen hier, alles Pflanzen, die den hohen Salzgehalt ertragen. Speziell hier brüten auch viele **Vögel** in den Sommermonaten, wenn die Pflanzen blühen und eine besonders gute Tarnung bieten.

Dünen

Neben den Sturmfluten bedrohten **Sandverwehungen** die Sylter schon seit Jahrhunderten. Durch den zumeist aus Westen wehenden Wind werden die Dünen beständig ostwärts getrieben. So wurden beispielsweise in Alt-Rantum mehrfach Häuser vom Sand verschluckt, die Bewohner mussten immer weiter nach Osten flüchten. Bereits im 18. Jh. wurde versucht, die **Wanderung der Dünen** zu verhindern. Dies geschieht noch heute durch Bepflanzung mit Strandhafer und durch so genannte Fangzäune. Eine freie Wanderdüne schafft es, mehrere Meter im Jahr zurücklegen. Heute können derartige wandernde Dünen vor allem noch im Listland beobachtet werden.

Tolle Strände laden zu Spaziergängen ein.

Die **Sandfangzäune** bestehen aus Reisigbündeln und werden unmittelbar am Strand vor den Dünen gepflanzt, sie stehen dort wie ein Gartenzaun.

Dünen sind spärlich **bewachsen,** vor allem mit Strandhafer, Strandroggen (mit Wurzeln, die 40 m lang werden können) und Sandsegge. In den Dünentälern wächst die Glockenheide, die im Sommer rosafarben aufblüht und die Besenheide, die ebenfalls auf trockenem Boden gedeiht.

Das Klima

In Schleswig-Holstein gilt der Schnack: „Hinterm Kanal ändert sich das Wetter." Gemeint ist der Nord-Ostsee-Kanal, und eine derartige Aussage dürfte bestenfalls Wunschdenken sein. Zweifelsohne gilt aber, dass auf Sylt die Sonne scheinen kann, während sich auf dem Festland der Himmel wolkenverhangen zeigt.

Die vorgeschobene Lage im Meer erzeugt ein ganz spezielles **Reizklima,** geprägt wird es durch den warmen Golfstrom aus dem Atlantik. Der besondere Reiz des Nordseeklimas liegt im Zusammenspiel von Sonnenlicht, der Luft und dem kühlendem Wind. Die Nordseeluft ist salzhaltig und feucht, hervorgerufen durch das Brechen der Wellen, das die Jod- und Salzteile des Wassers zerstäubt. Der Westwind trägt diese ans Land, der Mensch nimmt sie dann auf. Genau das hat Auswirkungen auf die Schleimhäute, Allergiker atmen in der reinen Luft endlich wieder frei durch. Es kann aber auch zunächst zu einer ständig laufenden Nase kommen, das reguliert sich aber nach ein paar Tagen.

Da die Luft durch den Wind ständig etwas kühler ist, wird der **Körper gezwungen, zu reagieren.** Die Blutgefäße ziehen sich zusammen, der Herzschlag verlangsamt sich, der Blutdruck steigt. Sogar ein kurzfristiges Unwohlsein könnte

021sy Foto: hjf

eintreten, längerfristig verbessern sich aber der Kreislauf und die Durchblutung, eine Art Abhärtungsprozess setzt ein. Nicht umsonst behaupten Sylt-Fans, dass sie nirgends so gut schlafen können wie auf der Insel, was der Autor bestätigen kann.

Wer sich am Strand sonnt, darf die Kraft der **Sonne** nicht unterschätzen. Der ständig wehende Wind kühlt so schön, subjektiv wird es gar nicht als so warm empfunden, warum also besonders schützen? Das Ergebnis kann dann abends vor dem Badezimmerspiegel bewundert werden, ein krebsroter Bauch. Dazu kommt die am Wasser immer erhöht auftretende UV-Strahlung. Sie verstärkt die Vitamin D-Bildung, was zu einer erhöhten Calciumproduktion führt. Dies ist für die Kno-

chenbildung wichtig und verhindert Osteoporose. Schon eine fünfzehnminütige direkte Sonnenbestrahlung führt zur ausreichenden Bildung von Vitamin D, besonders für ältere Menschen nicht ganz unwichtig.

Die **Gefahren** der Sonnenbestrahlung dürfen aber nicht verkannt werden. Zwar herrscht über Schleswig-Holstein noch kein Ozonloch, aber die UV-Strahlen können nicht nur zu einem Sonnenbrand führen, sondern erhöhen auch die Gefahr von Hautkrebs. Am besten im Schatten aufhalten, beispielsweise im Strandkorb oder unter einem Sonnenschirm.

Eine Konstante des Nordseeklimas ist die **Unbeständigkeit.** Zwar gibt es generelle Tendenzen, aber ein wolkenverhangener Himmel kann ruckzuck aufklaren und schont scheint die Sonne wieder. Durch den Golfstrom und den Wind kommt

Nicht die Sonne unterschätzen!

es zu einem relativ milden Grundklima, im Sommer wird es nie so heiß wie auf dem Festland, im Winter dagegen fällt das Thermometer selten auf arktische Tiefen.

Der **Wind** weht zumeist aus Westen, beschert der Küste vor allem im Januar, Februar schwere Stürme. Mai und Juni gelten als die schönsten Monate mit der geringsten **Bewölkung,** in dieser Zeit kann es zu strahlend blauem Himmel kommen. Juli und August bescheren hoffentlich ebenso schöne Tage, vereinzelt kommt es zu Gewitterschauern. Auch der September und Oktober glänzen oft noch mit schönen Tagen und geringen Niederschlägen, bevor dann im November mit schweren Herbststürmen gerechnet werden muss.

Die Nordsee erwärmt sich langsamer als das nahe Festland, die **Wassertemperaturen** übersteigen selten einmal 20 Grad.

023sy Foto: hjf

151sy Foto: hjf

Die Nordfriesen

Die Kultur

„Frisia non cantat", die Friesen singen nicht – heißt es jedenfalls. Mag so sein, aber wahrscheinlich entspringt dies nur einem Vorurteil. Die Friesen rangen schon immer mit den Naturgewalten, mussten sich und ihr Heim vor Sturm und Wellen schützen, da blieb wenig Zeit für Fröhlichkeit.

Etwa ab dem 7. Jahrhundert zogen die Friesen an die Westküste des heutigen Schleswig-Holstein, besiedelten Inseln und Marschen „achtern Diek" (hinterm Deich). **Jahrhundertelang** lebten sie dort von Ackerbau, Viehzucht und Fischfang. Die Sylter verdingten sich viele Jahrhunderte danach als Walfänger auf fremden Schiffen, so drangen erste nichtfriesische Elemente auf die Insel vor. Später kam der Tourismus, brachte massiv neue kulturelle Einflüsse, dadurch geriet das Friesische in Bedrängnis.

Etwa 50.000 Menschen entlang der schleswig-holsteinischen Nordseeküste bezeichnen sich heute als **Nordfriesen,** aber nur jeder fünfte beherrscht noch die friesische Sprache. Damit sich diejenigen, die das Friesische noch sprechen, gleich erkennen, stecken sich manche einen kleinen Silberknopf ans Revers. Und für den Fortbestand hat ausgerechnet ein US-Amerikaner gesorgt. Der Sprachwissenschaftler *Steven Lasswell* schrieb 1998 eine 400seitige Grammatik zur Sylter Sprache, die einzige zum Söl'ring übrigens.

Der friesische **Nationalstolz** zeigt sich in dem traditionellen Ausruf: „Lieber tot als Sklave". *Detlef von Liliencron* verarbeitete dies zu einer Ballade, dort taucht der stolze Ausruf gleich zehnmal auf: Pidder Lüng, starrköpfiger Hörnumer, verweigerte dem Amtmann von Tondern die Steuer, so dass der sich aufmachte, dieselbe persönlich einzutreiben. Ein Wort gab das andere, der Amtmann spuckte dem Pidder in den Grünkohl. Darauf steckte der mit dem eben zitierten Ausruf den Kopf des Amtmanns in die Kohlschüssel, bis der Verhasste erstickte.

032sy Foto: hif

Der Heimatverein „Söl'ring Foriining" versucht, friesische Kultur und Traditionen ins 21. Jahrhundert zu retten. Dazu gehört auch das alljährliche **Biikebrennen** am 21. Februar. Große Stapel von Busch, Stroh und Tannenbäumen werden Tage vorher aufgeschichtet und unter großer Anteilnahme verbrannt. Auf diese Weise wird Abschied genommen vom Winter, die Flammen sollen aber auch reinigen, von Krankheit und Streit. Außerdem tragen sie Fruchtbarkeit und Liebe, symbolisiert durch einen gemeinsamen Sprung über die heruntergebrannte Biike. Und nicht zuletzt verabschiedeten sich die Fischer und Seeleute, die im Frühjahr wieder aufs Meer hinausfuhren. Kein Biikebrennen, das nicht mit dem Lied *„Üüs Sölring Lön, dü best üs helig"* („Unser Sylter Land, du bist uns heilig") ausklingt und mit einem deftigen Grünkohlessen. Letzteres gehört seit 1909 zur Tradition der Biike. Damals hatten sich in Keitum einige Bürger in einem Gasthaus versammelt. Als sie Hunger bekamen, hatte der Wirt nur noch die Überreste seines Mittagessens, nämlich Grünkohl, anzubieten. So einfach entstehen manchmal Traditionen.

Becher im Friesenstil

033sy Foto: hjf

Auf Heimatabenden werden sie gelegentlich noch vorgeführt, die rot-weißen **Trachten** der Sylter Festtagskleider mit dem entsprechenden Schmuck dazu. Dieser drückte früher den Wohlstand des Hauses aus und wurde von den Frauen quer über der Brust getragen. An einer Kette hing der Silberschmuck, sehr dekorativ. Auffällig auch die Kopfhaube aus schwarzem Samt. Eine Auswahl der Trachten kann im Heimatmuseum in Keitum besichtigt werden.

Die friesische **Fahne** kann man gar nicht übersehen, in so manchem Vorgarten flattert sie: Gelb-Rot-Blau und in der Mitte der Wahlspruch: „Rüm Hart, klaar Kiming" (geräumiges oder reines Herz, klarer Horizont). Und auf der Titelseite der Sylter Rundschau ist er auch zu finden, friesischer Stolz eben.

Die syltfriesische Fahne

Die Sprache

Friesisch ist eine **eigenständige Sprache** der Gruppe der westgermanischen Sprachen. Es hat mehr Gemeinsamkeiten mit dem Englischen als beispielsweise mit dem Plattdeutschen.

Friesisch zerfällt in mehrere **Dialekte,** die derart voneinander abweichen, dass sich die Sprecher untereinander nur schwer verständigen können. Auf Sylt wird **„Söl'ring"** gesprochen, auf Helgoland „Halunder", „Fering" dagegen auf Föhr und „Öömrang" auf Amrum. Damit nicht genug, auf Sylt wird groß geschrieben, was auf Föhr klein bleibt. Deshalb liest sich der friesische Nationalstolz auf gut syltisch auch: „Lewer duar üüs Slaav", hingegen auf Öömrang: „Liawer duad üüs slaaw" („Lieber tot als Sklave").

Söl'ring wird auf Sylt hauptsächlich in den Ostdörfern gepflegt, also in Keitum, Archsum, Morsum; etwa 2000 Sylter beherrschen die Sprache noch.

Deutsch	**Friesisch Sylt**	**Friesisch Föhr/Amrum**	**Englisch**
Guten Tag	Gur Dai	gudai	good day
Guten Morgen	Gur Miaren	gud maaren	good morning
Tag	Dai	dai	day
Weg	Wai	wai	way
Kirche	Serk	sark	church
Mittwoch	Winjsdai	weedensdai	wednesday
Haus	Hüs	hüs	house
Küche	Kööken	köögem	kitchen
Tisch	Staal	boosel	table
Messer	Knif	knif	knife
Fenster	Wining	wöning	window

Friesische Straßennamen

So mancher Feriengast hat sich schon gewundert, wenn er die Buchungsunterlagen seiner Ferienwohnung aufschlug, die angegebenen Adressen wirken doch manches Mal arg fremd. Es handelt sich nämlich um friesische Straßennamen, hier eine kleine Auswahl, so wie sie in verschiedenen Sylter Orten zu finden sind.

Bi Kiar	Am Teich
Däälgung	Dünentalacker
Dikstig	Wallweg
Dikwai	Wallweg
Gaadt	eine enge Gasse
Gurtdeel	großes Dünental
Gurtmuasem	Groß Morsum
Halemdüür	Halm-Tür (gemeint ist der Halm von Strandhafer)
Hüs bi Hef	Haus am Watt
Liiger Hörn	niedrige Ecke
Lochterbarig	Laternenberg oder Leuchterberg
Munkhoog	Mönchshügel
Odde Wai	Oddeweg, der Weg zur Hörnumer Südspitze
Pröstwai	Pastorenweg
Serkwai	Kirchenweg
Stiindeelke	Steintal
Sölring Hüs	Sylter Haus
Strön-Wai	Strandweg
Täärpstig	Dorfweg
Uaster Reeg	Ost Reihe
Üp Klef	Auf dem Kliff
Üp de Hiir	Auf der Heide

034sy Foto: hf

Die Bräuche

Weitere Bräuche, die aber teilweise auch im südlichen Schleswig-Holstein bekannt sind, also nicht völlig als typisch friesisch gelten:

Ringreiten

Vielfach wurde dieses Fest auf den abgeernteten Feldern im Herbst gefeiert, heute findet es um **Pfingsten** statt. Das Spiel klingt einfach: Reiter müssen in vollem Galopp versuchen, mit einer Lanze einen kleinen Ring zu treffen, der zwischen zwei Pfählen hängt.

Maskenlaufen

Das Maskenlaufen findet am **Silvesterabend** statt. Kleine Gruppen von maskierten und fantasievoll verkleideten Kindern (oder Erwachsenen) ziehen von Haus zu Haus. Sie „rummeln", machen Lärm mit einer alten Schweinsblase (ursprünglich mal, heute eher Trommeln oder Zigarrenkisten) und singen ein Lied. Damit erbitten sie eine milde Gabe, die bei Kindern aus Nüssen und Äpfeln besteht, bei Erwachsenen aus „Köm", Schnaps. Aber wehe, jemand gibt zu wenig! Dann folgt unweigerlich ein abschließender Spottreim auf den Geizhals, und das will sich natürlich niemand nachsagen lassen!

Eierwerfen

Ostern werden die Eier nicht gesucht, sondern gerollt oder geworfen. An bestimmten Plätzen traf sich die Jugend, rollte Eier aufeinander zu, in anderen Orten wurden sie geworfen. Zerbrachen die Eier, war man aus dem Spiel, die anderen durften weitermachen. Heute findet das Eierwerfen nicht nur in Keitum statt, auch die Kampener Prominenz huldigt am Strön-Wai diesem Brauch.

Das Friesenhaus

Unübersehbar stehen sie in beinahe allen Orten der Insel, die **hübschen Friesenhäuser.** Zwar sind die allermeisten neueren Datums und auch nur zum Teil auf die klassische Art und Weise gebaut, aber nett anzusehen sind sie allemal. Die ältesten Häuser tragen stolz das Jahr ihrer Erbauung über der Eingangstür, einige stammen tatsächlich noch aus dem 17. Jahrhundert.

Einige dieser Häuser, vor allem die an der Wattseite von Braderup und Kampen gelegenen Häuser erzielen auf dem Immobilienmarkt wahnwitzige **Preise:** zwischen 1,5 und 3 Mio. €. Wer's nicht glaubt, möge einmal in der Samstagsausgabe der Sylter Rundschau den Immobilienteil studieren.

Die Friesenhäuser wurden grundsätzlich um stämmige Holzbalken errichtet. Zunächst entstand eine Art Gerippe, eine **Ständer-Konstruktion,** erst danach mauerte man mit roten Backsteinen die Wände hoch, das Dach bestand aus Reet. Sinn dieser Konstruktion war, einer Sturmflut zu trotzen. Bei besonders schweren Stürmen flüchteten die Bewohner auf die obere Etage. Unten konnte das Wasser sogar die Wände eindrücken, das Haus blieb dann trotzdem auf den Balken stehen, und die Bewohner waren (hoffentlich) in der oberen Etage gerettet. Die dicken Balken wurden tief in den Boden eingegraben, der Abstand maß etwa 2,50 Meter, und dieser Zwischenraum wurde „Fach" genannt. Die Wände waren nicht direkt mit den Ständerbalken verbunden, sie standen bis zu einem Meter entfernt im Raum.

Das gesamt Haus wurde generell in **Ost-West-Richtung** gebaut, so sollte dem Wind wenig Angriffsfläche gegeben werden. Mensch und Tiere lebten zumeist unter einem Dach, Stall und Wohnraum lagen unmittelbar zusammen.

Die charakteristischen **Spitzgiebel** über der Eingangstür erfüllten eine Fluchtfunktion. Sollte im Brandfalle das brennende Reet ins Haus fallen und

035sy Foto: hjf

die Wege zur Tür versperren, war oben noch ein zweiter Ausgang möglich. Der Giebel befand sich immer direkt über der Tür. Dadurch rutschte brennendes Reet seitlich hinunter und nicht direkt vor den Eingang.

Der **Wohnraum** bestand zumeist aus einem täglichen Wohnzimmer, der guten Stube (Pesel genannt – so heißen in einigen besseren Sylter Restaurants heute noch die Gasträume, wo es preis-

Typisches Friesenhaus

wertere Gerichte gibt) und der Küche mit Speisekammer. Der vierte Raum wurde zur Unterbringung verschiedener Dinge benutzt, vereinzelt auch als Schlafraum für Mägde oder Knechte. Ein eigenes Schlafzimmer existierte zumeist nicht, die Betten waren als Alkoven in der Wand eingelassen, zumeist wurde die Außenwand vermieden. Die Schlafkammern waren recht klein, oft mussten sich mehrere Kinder eine teilen, und selbst Erwachsene schliefen teilweise halb sitzend.

Da sich das Leben auf Grund des Klimas stark im Innenbereich abspielte, waren die Häuser oftmals behaglich und kunstvoll eingerichtet. Die Seefahrer brachten zwischen dem 17. und 19. Jahrhundert beispielsweise die kunstvoll **bemalten Kacheln** aus Holland nach Sylt, die später so manche Stube schmückten. Diese Kacheln zeigen entweder ein Einzelmotiv oder zusammengesetzt ein großflächiges und waren zumeist in Blautönen gehalten. Im Heimatmuseum von Keitum werden mehrere Varianten ausgestellt.

Die Häuser wurden traditionell mit einer 30–35 cm dicken Schicht **Reet** gedeckt. Ein vernünftig gedecktes Haus hält ein Leben lang, heißt es, erst nach 60 Jahren muss Reet ausgetauscht werden. Es isoliert außerordentlich gut, war aber

153sy Foto: hif

– wen wundert's – schon immer gegen Feuer anfällig. Früher, als in der Küche noch über offenem Feuer gekocht wurde, brannte so manche Kate ab. In Schleswig-Holstein gilt heute ein Mindestabstand von 15 m zum nächsten Reetdachhaus, um der Feuergefahr zu begegnen. Aber den jährlichen Stürmen trotzt das Reetdach besser. Reetdecker wissen es ganz genau, bei Sturm wehen Dachziegel weg, Reet gibt nach und bleibt liegen.

Typisch war auch die **Klöndöör** (die Plauder-Tür), die heute wohl kaum noch gebaut wird. Früher gehörte sie zu jedem Haus. Eine Klöndöör ist zweigeteilt, die obere Luke kann unabhängig von der unteren geöffnet werden. Die Bewohner öffnen also die obere, lehnen sich gemütlich auf die verschlossene untere und klönen mit den Nachbarn oder vorbeigehenden Passanten.

Nicht fehlen darf ein **Friesenwall,** eine etwa einen Meter hohe Grundstücksgrenze aus aufeinander gesetzten Steinen, die heute zumeist mit Heckenrosen bewachsen sind.

Reetdachdecker bei der Arbeit

Reetgedecktes Haus in Keitum

041sy Foto: hjf

Insel-Info A–Z

Aktivitäten und Sportliches

Angeln

Auf Sylt kommen auch Petri-Jünger auf ihre Kosten, ein besonders beliebtes Revier findet sich an der Nösse-Kuhle im Sylter Osten. Ertragreich ist auch ein 18 km langer Sielzug zwischen Tinnum und Morsum, für beide Reviere können eine Tageskarte oder eine Wochenkarte erworben werden. Voraussetzung bleibt der Bundesfischereischein. Infos und Karten: Sparmarkt Johannsen Kampende 11 in Tinnum oder im Angel Shop in Hörnum an der Rantumer Straße 25.

Angelscheine für den Strand gibt es im Rathaus Westerland beim Gewerbeamt.

Fallschirmspringen

Mal einen **Tandemsprung** wagen und Sylt von oben betrachten? In der Saison ist dies möglich. Infos und Anmeldung: Seventhsky GbR, Heike Almeling, Haselweg 5, 24229 Schwedeneck, Tel. (04651) 12 11 oder Tel. (0173) 21 60 121, Internet: www.seventhsky.de

Golfen

- **Marine Golf Club Sylt** beim Flughafen lässt vereinsfremde Golfer aufs Green. Voranmeldung ist im Sommer geboten, Tel. 92 75 75.
- **Golf-Club-Sylt,** Wenningstedt, Tel. 99 59 80. Der einzige 18-Loch-Platz liegt zwischen Kampen und Wenningstedt, aber Nichtmitglieder müssen wenigstens Handicap 32 erreichen.

042sy Foto: hjf

•Golfschule Syltsportiv in Munkmarsch beim Hafen lockt auch Anfänger, Surflehrer *Calle Schmidt* bringt den richtigen Schwung bei, Tel. 93 50 77.
•Golf-Club Morsum, Zum Wäldchen, Tel. 89 03 87. Ganz im Osten, in Morsum, liegt dieser 9-Loch-Platz.

Kutschfahrten

•Peter Störtebecker, Tel. 13 86, bietet von Mai bis Oktober Planwagenfahrten in Keitum an. Inhaber von Kurkarten fahren kostenlos mit.

Reiten

Verschiedene Reitwege mit einer Gesamtlänge von 88 km wurden angelegt, erfahrene Reiter können sich hier den Nordseewind auf dem Rücken der Pferde um die Nase wehen lassen. Wer eigene Pferde mitbringt, wird gebeten, sich eine Sylter Kennzeichnungsnummer zu besorgen. Zu erhalten über das Amt Landschaft Sylt, C.-P.-Hansen-Allee 9, 25980 Sylt-Ost/Keitum, Zimmer 3, Tel. 93 40 142.

In verschiedenen Orten bieten Reiterhöfe Anfängerkurse und Ausritte an:

Morsum

•Reiterhof Morsum, Ulrike Lobach, Litjemuasem 16, Tel. 89 02 39, ganzjährig Unterricht und tägliche Ausritte.

Tinnum

•Reitschule Wiesengrund, Zum Wiesengrund, Tel. 3 16 00. Reithalle, Parcours und Ausritte zum Weststrand, Boxen für Gastpferde.
•Reitschule Olivenhof, Ingewai 40, Tel. 32 906. Reitunterricht für Kinder und Erwachsene sowie Ausritte zum Meer.

Wenningstedt-Braderup

•Bodil's Ponyfarm in Braderup, Terpwai 20, Tel. 4 21 44. Breites Angebot an Ponys, Ausritte über die Heide bis zum Watt, selbst ein Reitershop ist vorhanden, wo es alles für Pferd und Reiter gibt. Außerdem: Kinder-Reiterferien und Boxen für Gastpferde.

Mit diesem Schild wird auf die Gefahren des Golfspielens hingewiesen

Kampen

●**Katharinenhof,** Brönshooger Weg 12, Tel. 4 13 76.

Keitum

●**Reitstall Grünhof,** Süderstr. 80, Tel. 3 12 08, Fax 36 93. Unterricht, auch für Anfänger, Ausritte zum Watt. Appartements werden auch vermietet, und ein Restaurant wird ebenfalls betrieben. Boxen für Gastpferde sind vorhanden.

●**Reitstall Hoffmann,** Gurtstich 46, Tel. 3 15 63. Ausritte zum Watt und Appartement-Vermietung.

Segeln

●**Dinklage Wassersport-Center,** Hafenstr. 41, 25992 List, Tel. 94 40 78, www.dinklage-sylt.com. Diese Cat-Basis in List bietet Segelkurse an, Chartertörns werden auch angeboten.

●**Catamaran Club Hörnum,** Hafenstraße, Tel. 2 28 43. Hier kann u.a. der Catamaran-Schein erworben werden.

Skaten

●Sylt mal anders erfahren, nämlich auf Inline-Skates jeden Mittwoch Vormittag werden **Touren** von Westerland über Wenningstedt, Braderup, Munkmarsch, Keitum und zurück angeboten. Dauer: etwa 3½ Stunden für die gut 20 km lange Strecke, an der Einsteiger übrigens nicht teilnehmen sollten. **Infos:** Service-Shop in der Sylter Welle (Tel. 99 83 51) oder Info-Shop Friedrichstraße 44 (Tel. 99 83 40). Anfänger können übrigens auch **Kurse** belegen.

Surfen

●**Sylt Sportiv,** Heefwai 4, 25980 Munkmarsch, Tel. 93 50 77, Fax 93 50 78. In Munkmarsch betreibt *Calle Schmidt* seit 25 Jahren seine Surfschule. Auf der relativ ruhigen Wattseite gelegen, ein ideales Revier für Einsteiger. Weiterhin werden Segelkurse angeboten.

●**Camp One,** Tel. 43375. Direkt am Wenningstedter Strand wird das Camp One seit 1990 betrieben, zu finden unterhalb des Trampolinplatzes. Anfängerkurse finden auf der Wattseite statt, Cracks können Brandungssurfen versuchen.

●**Surfschule Sunset Beach** in Westerland, Brandenburger Straße 15, Tel. 2 71 72, Fax 3 52 66. Das Revier der Surfschule Westerland liegt beim Brandenburger Strand, unweit der Sylter Welle. Hier finden auch alljährlich der Surf World Cup und Deutsche Meisterschaften statt, das deutet schon an, was einen erwartet. Anfängerkurse finden deshalb auch an der ruhigeren Wattseite statt.

Kite-Surfer zieht es auch immer stärker nach Sylt, eine eigene Homepage informiert über die besten Spots und über Kurse: www.kiten-auf-sylt.de

Teeseminar

●**Teeseminar im Teehaus,** Strandstr. 28, Tel. 29 98 11. Jeden Dienstag ab 19 Uhr findet hier eine Einführung in die Vielfalt des Tees statt, mit humorvollen Anekdoten und diversen Tassen zum Probieren.

043sy Foto: hjf

Tennis

- **Rantum:** Hafenstr. 1, geöffnet von Ostern bis Oktober, 1 Hallen- und 1 Außenplatz, Tel. 2 25 84.
- **Westerland:** Am Seedeich 38, ganzjährig, 3 Hallen- und 10 Außenplätze, Tel. 67 29.
- **Tinnum:** Tennis Center Sylt, Kiarwai, ganzjährig, 5 Hallenplätze, 2 Außenplätze, Tel. 3 11 88.
- **Wenningstedt:** An der Norddörfer Schule, vom 1.4. bis 30.10., 4 Freiplätze, Tel. 4 27 10.

Ortsführungen

Eine ausgewiesene Inselkennerin, *Silke von Bremen,* organisiert in der Saison (Ostern bis Ende Oktober) **Dorfführungen,** beispielsweise in Keitum, Rantum oder Kampen. Interessierte erfahren so eine Menge Details, Histörchen und Wissenswertes zu den einzelnen Orten, die in keinem Reiseführer stehen. **Tickets und Infos** erhält man entweder über die Sylter Verkehrsbetriebe (SVG), dann beinhaltet das Ticket allerdings nicht nur die Führung, sondern auch die An- und Abreise per Linienbus. Ansonsten erhält man das Ticket vor Ort (in den Kurverwaltungen) bzw. in allen Vorverkaufsstellen vom zentralen Buchungssystem Ticket-Online, das für alle wichtigen Veranstaltungen – wie Meerkabarett, Literatursommer, Karten verkauft. Wer

Tolle Wellen, toller Wind, Surfen auf Sylt

möchte, kann sich auch direkt bei *Silke von Bremen* informieren unter Tel. (04651) 3 55 74.

- **Keitum:** jeden Mittwoch um 11 Uhr, Treffpunkt Bushaltestelle vor der Kirche.
- **Rantum:** jeden Donnerstag um 11 Uhr, Treffpunkt Kurverwaltung.
- **Kampen:** jeden Freitag um 11 Uhr, Treffpunkt Bushaltestelle Kampen-Hüs.

Veranstaltungen der Kurverwaltung

Ein Blick in die Aushänge der Kurverwaltungen lohnt allemal, werden doch regelmäßig spezielle Veranstaltungen angekündigt. So beispielsweise **Diavorträge** über Sturmfluten, naturkundliche **Exkursionen** oder auch **Kabarettabende.** In Kampen finden in den Sommermonaten im Kurhaus **Lesungen** mit bekannten Literaten statt.

Wattwanderung

Ein absolutes „Muss", einmal durchs Watt zu marschieren. Aber bitte nur geführt, jedenfalls wenn man sich weiter hinaustraut. Auf eigene Faust zu gehen birgt durchaus Risiken, außerdem erklären die Wattführer all das, was man sowieso nicht finden würde. Auskünfte über die Kurverwaltungen, das Naturkundliche Zentrum in Hörnum oder das Naturzentrum in Braderup.

Bussystem

„Kurs Sylt" überschreibt die Sylter Busgesellschaft SVG ihr System. Insgesamt **sechs Linien** werden regelmäßig befahren, jeder Inselort kann so per Bus erreicht werden.

- **Linie 1:** Westerland – Wenningstedt – Kampen – List von 9 bis 19 Uhr alle 20 Min., im Winter alle 30 Min., weitere Abfahrten ab 6.30 und bis 0.15 Uhr.

Bus mit Fahrradanhänger

- **Linie 2:** Westerland - Rantum - Hörnum von 9 bis 19 Uhr alle 20 Min., im Winter alle 30 Min., weitere Abfahrten von 6.35 und bis 22.15 Uhr.
- **Linie 3:** Westerland - Tinnum - Keitum - Munkmarsch - Braderup - Wenningstedt - Westerland von 8.30 bis 18.30 Uhr alle 60 Min., zusätzliche Abfahrten 7.45 und 19.40 Uhr.
- **Linie 3A:** (die umgekehrte Strecke) von 9 bis 19 Uhr alle 60 Min., zusätzlich 6.50 bis 21.35 Uhr.
- **Linie 4:** Westerland - Keitum - Archsum - Morsum von 9.30 bis 18.30 Uhr alle 60 Min., zusätzlich hält der Bus auf Handzeichen.
- **Linie 5:** Strandverkehr List Hafen - Weststrand, alle 30 Min. (nicht im Winter befahren).

Alle Busse fahren als so genannte **Fahrradbusse.** Entweder wird ein ganzer Anhänger für maximal 12 Räder an den Bus gehängt, oder Busse mit einer speziellen Einhängevorrichtung für wenige Räder stehen zur Verfügung. Die Fahrradmitnahme kostet allerdings extra.

Die SVG bietet **Tageskarten** an, mit denen die ganze Insel kreuz und quer befahren werden kann, inklusive 50% Rabatt bei einer Kurzschiffsreise mit den Adler-Schiffen von List oder Hörnum. Preisbeispiele für Familien: 1 Erw. + 2 Ki.: 11,50 €, 2 Erw. + 3 Ki.: 16,50 €.

Die **Einzelpreise** richten sich nach Zonen, der Tarif für eine Zone beträgt 1,35 €.

044sy Foto: hjf

Mit der **SVG-Sparkarte** kann man im Bus bis zu 16% auf den regulären Tarif sparen. Die Sparkarte ist wieder aufladbar und beim Busfahrer erhältlich. Die Tarife richten sich nach Entfernungszonen, entsprechend lässt man beim Selbstentwerter abbuchen.

Obendrein gibt es für Westerland jetzt alle 30 Min. einen **städtischen Ringverkehr** auf insgesamt 4 Linien. Unübersehbar werben die blauen Schilder an bestimmten Bushaltestellen mit dem Streckenplan, der wie eine Acht aussieht. Für 1,20 € können Gäste hier mitfahren und alle wichtigen Westerländer Punkte erreichen. Netter Service: Wer eine Hin- und Rückfahrt mit dem DB Autozug gebucht hat, kann die innerstädtischen Busse während seines Aufenthaltes kostenlos benutzen, Familien- und Gruppenkarten: 4,60 €.

Wer es eilig hat, kann auch einen **Schnellbus** nutzen. Die fahren tagsüber grob einmal pro Stunde von Westerland sowohl nach List als auch nach Hörnum mit nur zwei Stopps unterwegs.

Infos: Sylter Verkehrsgesellschaft, Trift 1 in Westerland, Tel. (04651) 36 10 29 oder 83 61 00 oder 83 61 029, Fax 83 61 01 7, e-mail: svg-busreisen@t-online.de

Fahrrad fahren

Die gesamte Insel eignet sich bestens zum Radfahren. Spezielle Radwege, die oftmals abseits der Autostraßen angelegt wurden, führen zu allen Orten. So radelt man beispielsweise nach List oder auch nach Hörnum auf der alten Trasse der ehemaligen Inselbahn. Diese führt idyllisch mitten durch die Dünenlandschaft weitab vom Autolärm der Hauptstraße. An schönen Tagen, wenn der Wind hoffentlich nicht allzu stark bläst, herrscht hier zwar auch relativ viel Rad-Verkehr, dennoch, eine Radtour durch die Dünen sollte sich niemand entgehen lassen. Die Entfernungen bleiben erträglich, die Ausschilderung ist hervorragend, und die landschaftlichen Reize sind schlicht phänomenal.

Das Weiß der Lister Wanderdünen blitzt in der Sonne, changiert mit dem Grün der Dünenheide, und im Hintergrund rollt die Brandung der Nordsee, lockt zum erfrischenden Bad.

Wer sein eigenes Rad nicht mitbringen mag, findet genügend Vermieter in allen Inselorten. Die Preise liegen bei 5–7,50 € pro Tag, je nach Fahrradtyp, und bei 25–45 € pro Woche.

Zuviel zugemutet? Den Wind unterschätzt, keine Puste mehr für den Rückweg? Kein Problem, mit den Fahrradbussen der SVG (siehe Bussystem) können Radler und Fahrrad zurückfahren.

Tourenvorschlag

Eine Herausforderung stellt diese Radtour dar: Hoch nach List radeln, mit der Fähre übersetzen nach Rømø, über den 10 km langen Damm aufs **dänische Festland,** runter zur Grenze radeln und weiter bis Klanxbüll. Von dort wieder mit der Bahn über den Hindenburgdamm zurück nach Westerland. Die Gesamtstrecke beträgt 87 km. Man sollte früh starten, die Tour dauert locker den ganzen Tag. Hier die wichtigsten Infos:

Von Westerland nach List sind es 20 km auf schöner Strecke, quer durch die Dünenlandschaft. Vom Lister Hafen startet die **Fähre** um 9.00, 10.15 Uhr (nur im Sommer) und 11.15 Uhr (prüfen! Zeiten können wechseln), später sollte diese Tour nicht mehr gemacht werden. Die Überfahrt dauert 50 Minuten, auf der Fähre wird ein leckeres Frühstück serviert. Diese Stärkung kommt gerade recht nach den ersten Kilometern und vor dem nicht zu knappen Rest.

Km 23: Auf **Rømø** angekommen, von der Hafenmole runter und rechts ab, dem Fahrradweg parallel zur Straße folgen. Nach 3 km wird ein Bäcker erreicht (Bens Baggeri), dort stehen auch zwei auffällig rote Telefonzellen, daneben befindet sich eine Karte, auf der man sich gut orientieren kann. Hier wird klar, dass man nur geradeaus fahren muss, um zum Damm zu gelangen.

Km 25: In **Kirkeby** wird eine große, weiße Kirche passiert, direkt davor steht ein kleineres Gebäude, das man vielleicht sogar für ein sakrales Bauwerk halten könnte, es ist aber nur die Feuerwehr.

Km 29: Hier passiert man das **Rømø Turistbureau,** wo auch das Naturcenter Tønnisgård untergebracht ist, in einem der ältesten Höfe der Insel. Im Garten kann ein Walknochen bewundert werden.

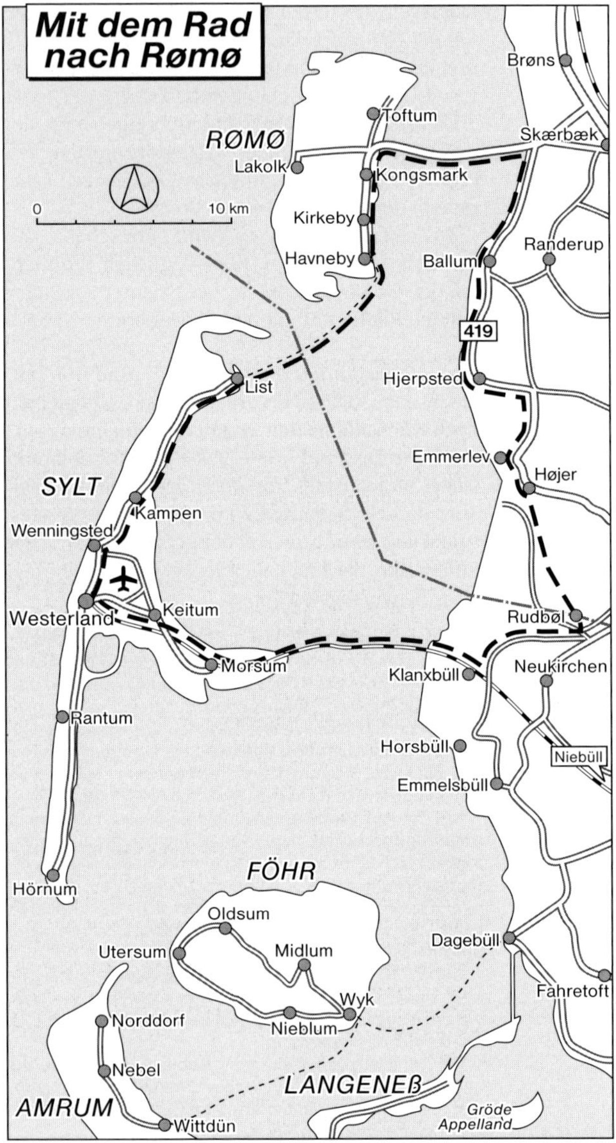
Mit dem Rad nach Rømø
RØMØ
Brøns
Toftum
Skærbæk
Lakolk
Kongsmark
0
10 km
Kirkeby
Randerup
Havneby
Ballum
419
List
Hjerpsted
Emmerlev
Højer
SYLT
Kampen
Wenningsted
Westerland
Keitum
Rudbøl
Morsum
Klanxbüll
Neukirchen
Rantum
Horsbüll
Niebüll
Emmelsbüll
Hörnum
FÖHR
Oldsum
Dagebüll
Utersum
Midlum
Wyk
Fahretoft
Norddorf
Nieblum
Nebel
LANGENEß
AMRUM
Wittdün
Gröde
Appelland

Km 30: Die erste und einzige **Ampel** wird erreicht, rechts geht's ab auf den Damm, ausgeschildert ist: „Skærbæk 15 km".

Km 40: Der Damm ist passiert, hoffentlich mit Westwind. An der nächsten Kreuzung bei einer Ampel rechts abbiegen in **Richtung Ballum, Højer.** Schon nach 300 m befindet sich rechts unten am Straßenrand ein kleines blaues Schild mit einer roten 1 und dem Fahrradsymbol. Das Zeichen steht für den Fernradwanderweg 1, diesem einfach folgen bis Højer. Also, als erstes hier rechts abbiegen, bis zum Deich fahren und dann nach links. Von dort geht es über einen Feldweg, unterwegs müssen einige Sperrgatter etwas mühselig überwunden werden, ansonsten keine besonderen Hindernisse.

Km 48,5: Der kleine **Ort Ballum** mit einer auffälligen Kirche wird erreicht. Ab hier führt der Radweg Nr. 1 entlang einer Autostraße, auf der aber schwacher Verkehr herrscht.

Km 56: Auf der linken Seite lockt ein Parkplatz mit Sitzbänken, Toiletten und einer Übersichtskarte. Nur 100 m weiter zweigt ein Weg ab zum Meer, und abermals nur wenige Meter weiter befindet sich wieder ein kleines Schild mit unser roten 1. Sie weist den Radler an, hier jetzt nach links in den **Byvej** einzubiegen.

Im weiteren Verlauf radelt man gemütlich an einigen Bauernhöfen und einsamen Häusern vorbei, muss sich dann aber knapp 3 km über eine Schotterpiste quälen. Kuriosum am Rande: Eine Aufzuchtstation für Damwild liegt am Weg.

Dann aber führt der weitere Weg wieder auf Asphalt bis zu einer Kreuzung, hier geht's nach links, und nach wenigen Kilometern wird **Højer** bei Kilometer 67 erreicht. Mitten im Zentrum dieser netten, kleinen Stadt erhebt sich eine imposante Holzmühle, und genau dort steht für gewöhnlich ein Kiosk mit leckeren Pølsern und Hot Dogs. Die Zwischenmahlzeit haben wir uns redlich verdient! Im Ortskern locken noch ein paar kleine Geschäfte, u.a. mit schönen Keramikwaren. Jetzt verbleiben nur noch 8 km bis Rudbøl, die Straße verläuft schnurgerade parallel zu einem Deich bis zur „Grense".

Km 75: Die **Grenze** ist erreicht. Auch hier ein Kuriosum: Der Ort ist geteilt, dänisch „Rudbøl", deutsch „Rosenkranz", die Grenze verläuft mittendurch. Die Teilung führt zu einem regen Einkaufstourismus, direkt hinter dem deutschen Schlagbaum locken zwei Supermärkte, die auch dänische Währung akzeptieren und nicht an die deutschen Ladenschließzeiten gebunden sind, also auch am Sonntag öffnen. Zum Abschluss der Tour der Ausschilderung nach **Klanxbüll** folgen, nach einigen Schlenkern über ziemlich einsame Straßen wird der dortige Bahnhof erreicht. Der Kilometerzähler zeigt die Zahl 87, eine ganz anständige Leistung! Jetzt heißt es nur noch auf den nächsten Zug warten und zurück nach Westerland. Geschafft!

Feste & Ereignisse

Februar

• 21.2.: **Biikebrennen,** überall auf der Insel lodern Feuer, es werden Ansprachen auf Friesisch gehalten, der Winter wird verabschiedet und anschließend gibt's in allen Kneipen „Grünkohl satt".

März

• **Syltlauf,** ein Volkslauf über 33,333 km von Hörnum nach List. Infos: www.syltlauf.de

Mai

• **Katamaran Cup** am Brandenburger Strand in Westerland
• **Morsumer Markttage,** traditionelles Marktgeschehen.

Juni

• **Matjes-Festival** in List, der junge Hering wird degustiert.

Anfang Juli

• **Hafenfest Hörnum**
• **Dorffest Morsum**

Juli-August

• **Meerkabarett** in Westerland, mittlerweile eine feste kulturelle Größe. Beim Sylter Flughafen wird ein Festzelt aufgebaut, in dem abends zwei Monate lang ein buntes Programm geboten wird: Bekannte Liedermacher, Kabarettisten, Nachwuchskünstler, gestandene Profis und die Lokalmatadoren Queen bee treten hier auf, jeweils für ein paar Tage, dann kommen andere. Die Nachfrage ist riesig, schnellstens ein Programm und die Karten besorgen.

Karten und Infos: Tel. 47 11, www.fliegende-bauten.de oder schriftlich: Meerkabarett, Flughafen Sylt, 25980 Sylt-Ost.

Juli

• **Dorffest Rantum**
• **Dorffest Tinnum**
• letzter Samstag: **Dorfteichfest Wenningstedt** – Kinder Fun Festival, Beach Volleyball Cup.

August

• **Dorffest Keitum**
• **Dorffest Archsum**
• **Hafenfest List**

September

• **Oktoberfest List**
• Ende September: **Surf World Cup.** Die Weltelite der Surfer trifft sich in Westerland am Brandenburger Strand und zeigt ihr Können.

Dezember

• Ende Dezember: **Kunsthandwerklicher Adventsmarkt** Sylter Rathaus.

152sy Foto: hjf

Hunde mitnehmen

Nicht zu übersehen und doch dezent platziert, etwa in Augenhöhe der Vierbeiner, prangen an manchem Friesenwall die Schildchen, die verhindern wollen, dass ein Fiffi oder Waldi dort sein Geschäft verrichtet. Notwendig scheint es wohl zu sein, nicht wenige Urlauber bringen ihre Hunde mit, etwa 30.000 Jahr für Jahr. Und die produzieren gut 90 Tonnen Hundekot. Nun wünscht aber nicht jeder Vermieter, dass Tiere in die **FeWo** kommen, also unbedingt vorher abklären.

Dem **Strandbesuch** steht nichts entgegen. In den meisten Orten wurden Extrazonen für Hunde eingerichtet, der so genannte „Hundestrand", dort können die Tiere herumtoben.

Auch wenn es verlockend scheint, den Hund in der Natur auslaufen zu lassen: bitte nicht! Die Dünen- und Heidelandschaften stehen unter Naturschutz, Hunde würden nur nistende Vögel erschrecken oder Jungpflanzen zerstören. Und für das notwendige Geschäft stehen oft genug kleine Behältnisse bereit, in die Herrchen oder Frauchen dann die Pracht schaufeln müssen.

Kinder – Tipps für Kids

Immer nur im Sand buddeln? In den Wellen toben? Das wird wohl auch dem geduldigsten Kind irgendwann zu langweilig. Hier ein paar Vorschläge, genaue Adressen sind unter den jeweiligen Ortsbeschreibungen zu finden.

Westerland

- In Westerland wurde die **„Villa Kunterbunt“** an der oberen Promenade eingerichtet, hier werden Kinder ab 3 Jahren gegen Gebühr stundenweise betreut. Nach etwa drei Stunden sollten die Eltern die Kleinen wieder abholen. Tel. 99 82 75.
- **Dorint Kinderclub:** Über das Hotel Dorint wird Animation für 3–13-jährige angeboten. Tel. 85 04 44.
- **Die Stadtbücherei**, Alte Post, Stephanstr. 6, verleiht 600 Gesellschaftsspiele.
- Wer ganz kleine Kinder hat und trotzdem einmal ausgehen möchte, kann sich einen **Babysitter** über die Villa Kunterbunt vermitteln lassen.
- Der Spielzeugladen „Harlekin“ in der Strandstraße 6-8 verleiht sowohl **Bollerwagen,** als auch **Buggys** und Kinderbetten.
- Die Westerländer **Stadtbücherei** kann auch von Feriengästen genutzt werden, dort werden Bücher, Spiele und Kassetten verliehen.
- **Fußballschule:** Gestandene Ex-Bundesligaprofis um *Michael Rummenigge* bringen dem Nachwuchs technische Feinheiten bei. Infos Tel. (05271) 56 30.

Wenningstedt

- In Wenningstedt ist seit einigen Jahren der **Trampolinplatz** am Restaurant „Kartoffelkiste“ der Hit aller Kids.
- Einmal im Jahr gibt's eine **Strandolympiade,** nur für Kinder. Termin und Infos unter Tel. 44 70, der Zeitpunkt liegt meist Ende Juli, Anfang August.
- **Papermoon** bietet Erlebnisbetreuung für Kinder bis 12 J. an; in der Kurverwaltung Tel. 44 70.
- Von Ende Juni gastiert für 9 Wochen der **InselCircus,** ein Kinderzirkus zum Mitmachen bei der Kirche. Hier können Kinder eine Woche lang Zirkusluft schnuppern und am Freitag den stolzen Eltern ihre neuen Kunststücke vorführen, Info-Tel. 299 499, www.inselcircus.de.
- Unweit der Kurverwaltung können Kinder den **Minigolfschläger** schwingen.

Kampen

- Die Kurverwaltung bietet im **Kampino Kinderclub** täglich wechselnde Animation von Juni–August.

Hörnum

- In Hörnum unternehmen Mitarbeiter der Schutzstation Wattenmeer regelmäßig **Exkursionen ins Watt,** die speziell für Kinder ausgelegt sind.

Keitum

- In der Hauptsaison findet ein breites Programm für Kinder bis 12 Jahren in Sylt-Ost statt. Infos: KiPro-Club, Tel 33 70.

Munkmarsch

- In Munkmarsch hat Surflehrer *Calle Schmid* einen Extrakursus **„Junior Surfer"** für 6–11-jährige im Angebot, Infos unter Tel. 93 50 77.

Dänemark

- Ein Ausflug ins Nachbarland Dänemark kann zum **Legoland** unternommen werden. Ebenfalls eine spannende Angelegenheit für Kids ein Besuch in der **Eisenzeit,** einem dänischen Museum. Genauere Infos im Kapitel „Ausflüge".

Kneipen & Co.

So um die 300 gastronomische Betriebe bieten Kulinarisches an. Die Bandbreite verläuft dabei vom einfachen Imbiss bis hin zum Sternekoch. Die Häuser liegen schön verteilt über die ganze Insel, aber Entfernungen spielen ja keine besondere Rolle. Hier ein subjektiver Überblick, der ein paar Betriebe vorstellt.

Top-Lokale

- Über Sylt sind einige (Koch-)Sterne aufgegangen. Wohl noch immer die Nummer eins auf Sylt dürfte **„Jörg Müller"** sein. Wer nicht gleich ein komplettes Menü ordern möchte, kann im angeschlossenen Pesel gleich hohe Qualität zu moderaten Preisen genießen. Weitere Lokale, die auch von den verschiedenen Gourmet-Führern hoch gelobt werden: **„Fährhaus Munkmarsch", „Landhaus Stricker"** in Tinnum, **„Söl'ring Hof"** in Rantum. In Wenningstedt gilt das Restaurant **„Hinkfuß"** schon lange als exzellente Adresse, wo man mittags die „kleine Deftigkeit" genießen kann. Ebenfalls hoch angesehen: **„Lässig"** in Wenningstedt, **„Mobby Dick"** in Munkmarsch, **„Franz Ganser"** in Westerland.

Strandbistros

Einige Lokale liegen idyllisch am Strand, gerade richtig für einen Zwischenstopp.

- Der urigste Laden ist die **„Sansibar",** eine in Rantums Dünen gelegene Holzhütte. Wenn bei Herbert Seckler Promis und die Schickeria feiern, dann steht eine Woche später in den Klatschblättern, wer dabei war und wer mit wem anschließend noch die Dünen besucht hat. Auch das Wenningstedter **„Strandbistro Wonnemeyer"** ist beliebt, Motto des Hauses: „Von Currywurst bis Austern". Auch nicht schlecht: das **„Strand Bistro"** unterhalb von Gosch. Nett auch **„Samoa"**, sowie **„Oase zur Sonne"**, beide zwischen Rantum und Hörnum oder **„Badezeit"** an Westerlands Promenade. Etwas weiter hinten in den Dünen gelegen die **„Weststrandhalle"** in List mit tadellosem Weitblick von der Terrasse.

Urige Lokale

●Eine Pflichtstation für alle Sylt-Urlauber bleibt nach wie vor in List die **„Bootshalle von Gosch"**, nicht nur wegen der Fischbrötchen, sondern auch, weil *Jürgen Gosch* als begnadeter Entertainer hinterm Tresen auftritt. Eine Gosch-Dependance steht in Wenningstedt am Kliff, hier schauen die Urlauber verträumt in den Sonnenuntergang, bei Pino Grigio und Scampis. Gegenüber das beinahe schon vom Kliff abgestürzte **„Kliffkieker"**. In List nimmt man seinen Drink inmitten von Strandgut im Café **„Strandgut"** ein. **„Reiners Osteria"** auf dem Zeltplatz Westerland bietet gute Küche in ungewöhnlicher Atmosphäre. Und zur Vollmondzeit pilgert alle Welt nach List zur **„BamBus Bar"**, nichts weiter als eine ehemalige Bushaltestelle.

Whiskey-Meile

●Und dann wäre da noch der **Strön-Wai** in Kampen, irgendwann einmal Whiskey-Meile getauft. Noch immer treffen sich hier Schickis und Möchtegerne, Porschefahrer und Promis, eben jeder, der dazugehören will. Aber nicht jede/r darf mitmachen, im **„Pony"** sortiert eine streng-charmante Türsteherin „Normalos" aus. Im **„Gogärtchen"**

048sy Foto: hjf

dagegen zeigt man sich im Vorgarten, im **Rauchfang** unter einem riesigen Sonnenschirm, und ansonsten rollt man die Straße runter, rauf geht nicht, weil Einbahnstraße.

Cafés

● Von der **„Kupferkanne"** in Kampen blickt man weit aufs Watt, ähnlich wie in **„Nielsen's Kaffeegarten"** in Keitum. In Keitum bekommt man auch die besten Waffeln, nämlich in der **„Kleinen Teestube"** an der Hauptstraße. Und bei **„Manne Pahl"** (Kampen) wird nicht nur ein tolles Katerfrühstück serviert. Apropos Frühstück: In Morsum bei **„Ingwersen"** wird eine außergewöhnliche Frühstückskarte geboten. Die Friedrichstraße in Westerland ist eine Renn- und Guckstrecke, am besten klappt Letzteres vom **„Leysieffer"**, notfalls auch von **„Gosch"**. Idyllisch und etwas versteckt dagegen die **„Vogelkoje"**, auf halbem Weg zwischen Kampen und List.

In List darf ein Besuch bei **„Dittmeyer's Austern Compagnie"** nicht fehlen, hier gibt's die Sylter Royal so echt wie sonst nirgends.

Und nachts?

● In Westerland heißt die Disko in der Strandstraße **„Rock Island"**, Jüngere pilgern in die Paulstraße zum **„American Bistro"** oder in **„Matzes Nachtcafé"**. Rustikaler geht's nur ein paar Häuser weiter im **„Irish Pub"** zu, und schräg gegenüber in der **„Wunderbar"** wird deutschem Liedgut gehuldigt. Einmal um die Ecke liegt **„Thommys Music-Café"**. **„Cheers"** heißt es im gleichnamigen Lokal in Westerland. Karibisch kommt das **„Cohibar"** in Westerland daher, genauso wie das Lister **„La Salsa"**. In Kampen ist alles ein wenig teurer, abgehottet wird immer noch im **„Roten Kliff"**, Keitum hat mit dem **„Club 1900"** seine Anlaufstation.

„Gosch", eine Institution auf Sylt

049sy Foto: hif

Preise

In Tinnum befindet sich ein Aldi-Markt, der mit einem zugkräftigen Slogan wirbt: „Preise wie auf dem Festland, kein Inselaufschlag“. Das deutet die Richtung an. Da so gut wie nichts selbst auf der Insel produziert wird, muss beinahe alles vom Festland herübergeschafft werden. Womit wir bei den Preisen wären.

Ist Sylt teuer? Ein Billigreiseziel jedenfalls kann die Insel nicht genannt werden. Wer auf den Cent achten muss, dürfte sich nicht wohl fühlen. „Teuer“ ist immer relativ, aber das durchschnittliche **Preisniveau** liegt schon über dem von zu Hause bekannten. Wobei ein 100-€-Menü oder eine 460-€-Hotelsuite nur die oberen Grenzen markieren.

Restaurants und Lokale gibt es nun wirklich genug auf Sylt, für jeden Geldbeutel ist etwas dabei. Da findet jeder schnell seine Preisklasse. Bei Unterkünften sieht es schon etwas anders aus. **Hotels** liegen vielfach im hochpreisigen Bereich, bei der Mittelklasse muss man manchmal dagegen schon trocken schlucken für das Gebotene. Bei **Ferienwohnungen** spreizt sich die Schere dann vollständig, schlichtweg alles ist möglich. Exzellent eingerichtete Wohnungen oder auch ein Zimmerchen unterm Dach – nichts, was es nicht gibt. Wer keine übermäßig hohen Ansprüche stellt, kann so tatsächlich eine günstige Unterkunft finden. Wer aber etwas Komfort oder gar eine Lage nahe am Wasser sucht, wird fast zwangsläufig sein Portemonnaie weiter öffnen müssen. Und nicht die Nebenkosten zu vergessen, die so genannte **Endreinigung.** Die schlägt manchmal so stark zu Buche, wie anderswo ein Doppelzimmer kostet. Fazit: Sylt kann teuer werden, muss aber nicht.

Sylt bietet dem Auge eindrucksvolle Bilder.

055sy Foto: hjf

Die Orte

Westerland

- **Vorwahl:** 04651
- **PLZ:** 25980
- **Einwohner:** 8500
- **Tourismus Service Westerland:** Strandstraße 35, Postfach 1620, 25969 Westerland, Tel. 99 80
- **Zentrale Buchungs- und Servicenummer:** Tel. (0180) 500 99 80 für 0,12 €/Min., täglich 8–20, Sa und So 11–16 Uhr, Fax 998 60 00, e-mail: info@westerland.de
- **Service Shop** in der Sylter Welle, Mo–Fr 10–13 Uhr, 14–18 Uhr, Sa und So 10–14 Uhr, Tel. 99 83 51
- **Info Shop:** Friedrichstr. 44, Mo–Fr 10–18 Uhr, Sa 11–18 Uhr
- **Internet:** http://www.westerland.de
- **Zimmernachweis:** im Bahnhof, Tel. 99 88, Fax 99 85 55, www.zimmernachweis-sylt.de
- **Kurtaxe:**
1.5.–31.10.: 2,90 €/Tag
1.11.–30.4.: 1,45 €/Tag
Tageskarte: 3,50 €. Kinder unter 18 J. frei, wenn in Begleitung von Erziehungsberechtigten, sonst auch 3,50 €.
- **Strandkörbe:**
In Westerland unterscheidet man folgendermaßen:
1–4 Tage
Mehrtageskorb (ab 5 Tagen Mietdauer)
Frühbucherpreis (ab 5 Tagen Mietdauer und Reservierung bis 30.4.)

Zeitraum	1–4 Tage	ab 5 Tage	Frühbucher ab 5 Tage
1.5.–30.6. und 1.9.–30.9.	7,00 €	5,50 €	4,60 €
1.7.–31.8.	8,00 €	6,50 €	5,60 €
Hauptstrand 1.7.–31.8.	9,50 €	7,50 €	6,50 €
Hauptstrand übrige Zeit	5,50 €	5,00 €	4,10 €

Überblick

„Ich hab' solche Sehnsucht ... nach Westerland", sangen einst „Die Ärzte". Wer zum ersten Mal aus dem Westerländer Bahnhof tritt, sich über die Friedrichstraße der Nordsee nähert und dann die **Hochhäuser** vor dem Strand entdeckt, mag das gar nicht glauben. Nein, idyllisch wirkt Westerland in diesem Abschnitt keineswegs. Die Macht des Faktischen obsiegte wohl irgendwann in den 60er/70er Jahren, und ein Hochhaus wurde ne-

ben das andere gesetzt. Dabei wurde wirklich Schlimmes gerade noch verhindert. Wahrscheinlich hatten Dollarzeichen im Auge alle vernünftigen Argumente verschleiert: Westerland wollte sich ein gigantisches Denkmal setzen, ein Wohnhaus von 100 m Höhe. Das konnte gerade noch mal abgebogen werden, heute dürfte darüber jeder froh sein. Nun ist es ja nicht so, dass Westerland nur aus Bausünden besteht, keineswegs! Tatsache bleibt aber, dass im Bereich des Strandes einige unschöne Wohnblocks hochgezogen wurden. In den angrenzenden Straßen stehen dagegen genügend Einzelhäuser und kleinere Blocks, aber weit und breit kein reetgedecktes Friesenhaus. Diese sind in **Alt-Westerland** zu finden, dem Gebiet rund um die St.-Niels-Kirche. Dorthin gelangt man, wenn man vom Bahnhof nicht nach links zur Friedrichstraße geht, sondern nach rechts. Dort liegt der schmucke Teil von Westerland, der idyllische.

Westerländer Beton

1 Haus auf der Heide
2 Hardy auf Sylt
3 Café Seenot
4 Casa Bianca
5 Haus Wildrose
6 Haus Inselfrieden
7 Haus Seedüne
8 Hotel Westfahlenhof
9 Eve's Night Club
10 Hotel Vier Jahreszeiten und Pension Braunschweig
11 Haus Günzburg
12 Haus Agi
13 Restaurant Mediterano
14 Steak- und Haxenhäuschen
15 Sylt Tourismus Zentrale
16 Café Seeblick
17 Friedhof Heimstätte für Heimatlose
18 Die Insel
19 Haus Atlantis
20 Weinhaus Schachner
21 Sylter Bürgerstuben
22 Haus Rosenkamp
23 Altes Zollhaus
24 Seekiste
25 Jörg Müller
26 Bistro Fisch Blum und Heusmann
27 Hotel Kirchner
28 Alte Friesenstube
29 Biberburg
30 Eidem Hüs
31 Haus Iris
32 Haus Südstrand
33 M&M Fahrradverleih
34 Haus Hanno
35 Hotel Dorint
36 Kinderparadies Confetti
37 Aquarium
38 Phuket
39 Haus Friesenhof
40 Becher's
41 Dünencamping
42 Jugendzeltplatz Dikjen Deel mit J.H.
43 Einkaufszentrum mit Aldi und SPAR

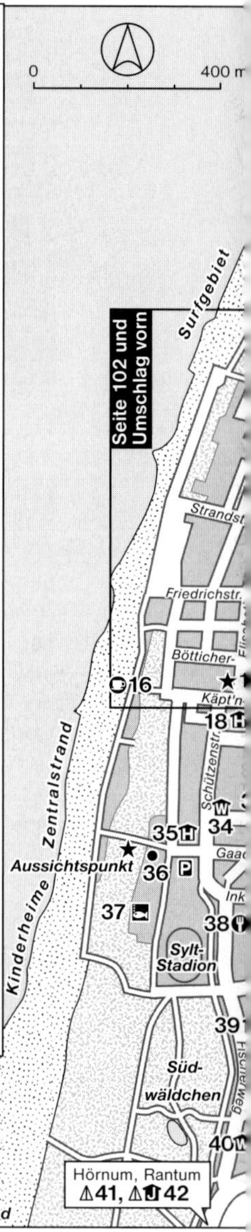

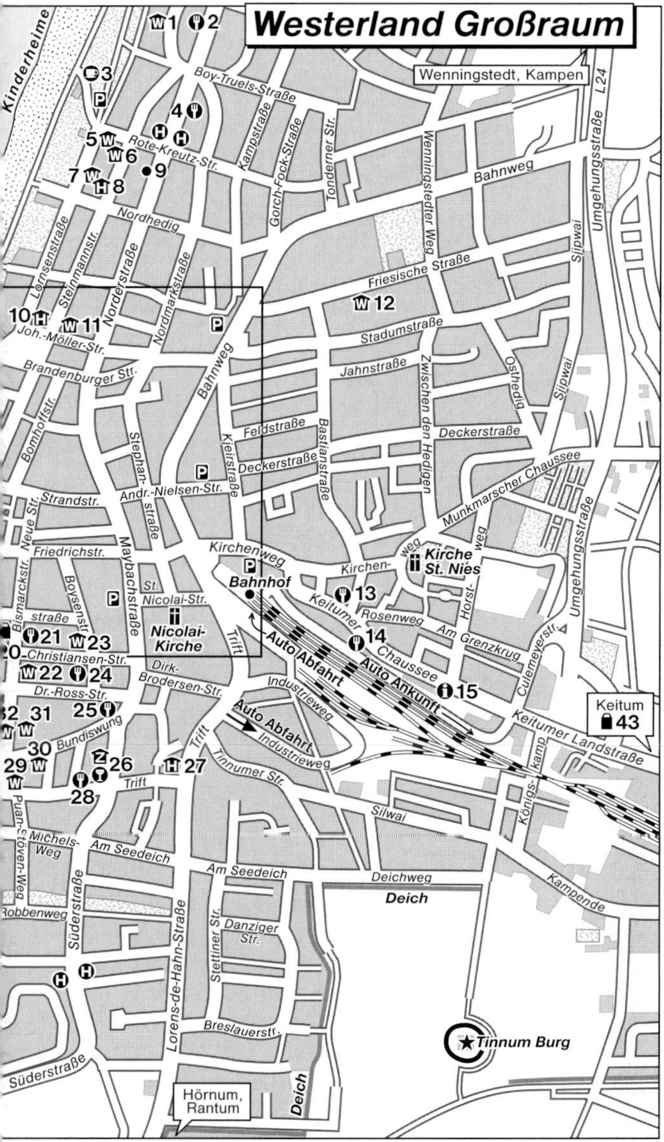
Westerland Großraum
Wenningstedt, Kampen
Kinderheime
Boy-Truels-Straße
Rote-Kreutz-Str.
Kampstraße
Gorch-Fock-Straße
Tonderner Str.
Wenningstedter Weg
Bahnweg
Umgehungsstraße
L24
Sjipwai
Nordhedig
Friesische Straße
Lornsenstraße
Steinmannstr.
Norderstraße
Nordmarkstraße
Joh.-Möller-Str.
Stadumstraße
Jahnstraße
Zwischen den Hedigen
Osthedig
Brandenburger Str.
Bahnweg
Bomhoffstr.
Feldstraße
Bastianstraße
Deckerstraße
Kjeirstraße
Stephanstraße
Andr.-Nielsen-Str.
Munkmarscher Chaussee
Strandstr.
Neue Str.
Friedrichstr.
Kirchenweg
Kirchenweg
Kirche St. Nies
Horstweg
Bismarckstraße
Boysenstr.
Maybachstraße
St. Nicolai-Str.
Nicolai-Kirche
Bahnhof
Keitumer Chaussee
Rosenweg
Am Grenzkrug
Culemeyerstr.
Christiansen-Str.
Dirk-Brodersen-Str.
Trift
Auto Abfahrt
Auto Ankunft
Industrieweg
Dr.-Ross-Str.
Bundiswung
Keitum 43
Keitumer Landstraße
Königskamp
Tinnumer Str.
Silwai
Puan-Clöven-Weg
Michels-Weg
Am Seedeich
Am Seedeich
Deichweg
Deich
Kampende
Robbenweg
Süderstraße
Lorens-de-Hahn-Straße
Stettiner Str.
Danziger Str.
Breslauerstr.
Tinnum Burg
Süderstraße
Hörnum, Rantum
Deich
1 2 3 4 5 6 7 8 9 10 11 12 13 14 15 20 21 22 23 24 25 26 27 28 29 30 31 32

Die Orte

Wie aus Eidum Westerland entstand

Die große „Manndrenke“ 1362 vernichtete viele Orte, und Tausende Menschen ertranken. Auch das damalige Sylter Dorf Eidum war stark mitgenommen. 1436 ging Eidum nach einer erneuten fürchterlichen Sturmflut endgültig unter, die überlebenden Bewohner zogen ein paar Kilometer weiter ins Hinterland und gründeten einen neuen Ort: Westerland. Vertrieben vom Sand der näher rückenden Dünen, vor allem aber von den fürchterlichen Sturmfluten, errichteten sie auf einer erhöht liegenden Stelle ihre neuen Häuser. Die alten Eidumer nannten diesen Platz zunächst Südheding, erst nach etlichen Jahren wurde ihre neue Heimat Westerland getauft. Um 1850 tauchten Überreste der alten Eidumer Kirche aus dem Meer wieder auf, allerdings waren diese nur bei Niedrigwasser zu sehen. Der Sage nach wurde die Kirche St. Nies in Alt-Westerland im 17. Jh. mit Steinen des alten Eidumer Gotteshauses errichtet – die letzten Zeugnisse einer untergegangenen Ortschaft.

Westerland ist und bleibt eine **kleine Stadt,** herausragend sind zwei Flanierstraßen, das breit gefächertste Nachtleben der ganzen Insel, eine Strandpromenade und der breiteste Strand überhaupt. Da übersieht man ganz einfach die Hochhäuser und dann stimmt sie dann auch wieder, die Sehnsucht der Ärzte.

Sehenswertes

Friedrichstraße

Hinter diesem Straßennamen verbirgt sich eine **Fußgängerzone,** die von der kleinen Statue der dicken Wilhelmine bis hoch zum Strand verläuft. Die Wilhelmine, eine kleine gemütlich-üppige Springbrunnenfigur, hockt versunken im Trubel und wäscht sich die Füße. Hier taucht sie wieder auf, die ewige Deutschstunden-Frage: Was-will-der-Meister-uns-damit-sagen?

Nichts Spektakuläres wird der neugierige Flaneur auf der Friedrichstraße finden, und doch gilt ein täglicher Bummel als Pflichtprogramm. Etliche **Lokalitäten** locken zum Pausieren; Sehen und Gesehenwerden ist das Motto. Sei es bei „Gosch" am Stehtisch oder bei „Leysieffer" am engen Bistrotischchen.

Und sonst? In einer ganzen Reihe von kleinen **Geschäften** bietet man Sylt-typisches, Bücher, Krimskrams und Strand-Utensilien an, das war's dann beinahe auch schon. Im Sommer schieben sich hier wahre Menschenmassen durch, aber irgendwie gehört das auch zum Westerland-Urlaub dazu.

Strandstraße

Eine Spur ruhiger geht es in der Strandstraße zu, noch einer Fußgängerzone, die parallel zur Friedrichstraße verläuft. Beginnend beim Rathaus, passiert die Strandstraße das **Spielkasino.** Hier kann der Urlauber endlich einmal zocken, ohne gleich die Steifheit anderer Spielplätze ertragen zu müssen. Obwohl: Formelle Kleidung sollte schon sein. Geöffnet ist das Spielkasino von 17 bis 1 Uhr. Gegenüber liegt ein kleiner Park, und dort blinzelt eine originelle Sonnenuhr in den Himmel, auf der die Uhrzeit vieler Orte dieser Welt abgebildet wird.

05"sy Foto: hjf

Die Strandstraße verläuft dann über wenige hundert Meter, bis schließlich bei der Sylter Welle der Strand erreicht wird. Passiert werden auch hier eine Handvoll Geschäfte, Cafés und Lokalitäten, aber bei deutlich geringerem Andrang.

Sylter Welle

Die Sylter Welle ist eine **Badelandschaft,** die direkt vor den Dünen gelegen ist. Die Becken werden von Nordseewasser gespeist: Es gibt einen Gezeitenpool, Riesenrutsche, Strömungskanal und Außenbecken, ein Heidenspaß für Jung und Alt. Aber auch sonst gibt es viel Abwechslung mit Sprudelbecken, Massagedüsen, einer Sauna-Grotte, Strandkörben und Ruhezonen.

Syltness-Center

Das Syltness-Center liegt neben der Sylter Welle und hat ein vielfältiges Angebot zum **Wellnessbereich.** Adresse: Dr.-Nicolas-Str. 3, Tel. (0180) 500 99 80 (0,12 €/Min.).

Kurpromenade

Die Kurpromenade wird nur durch Passieren eines **Kontrollhäuschens** erreicht, ohne Kurkarte kein Zutritt. Das verärgert zwar immer noch viele Urlauber, aber ihr Unmut verfliegt, sobald die Promenade erreicht ist. Und da zeigt sich Westerland tatsächlich von einer beeindruckenden Seite. Leichter Westwind, wolkenloser Himmel (im Idealfall), wärmende Sonne, Meeresrauschen – kurz, alle Sorgen werden weggepustet, **Entspannung** stellt sich ein. Markant ist die **Musikmuschel,** wo regelmäßig ein Orchester zum Kurkonzert aufspielt: Mai, Juni und Sept., Okt. um 11 und 15.30 Uhr (außer montags) im Juli, August auch noch um 19.30 Uhr, und das täglich.

Netter **Service:** Neben Toiletten gibt es hier auch Duschen und Schließfächer.

Die eigentliche Kurpromenade ist nicht allzu lang. Aber sowohl nach links als auch nach rechts verläuft sie auf **Holzbohlen** noch über etliche

Die Musikmuschel an der Kurpromenade

058sy Foto: hjf

hundert Meter weiter. Hier kann jeder also so lange laufen, bis er „seinen" Strand gefunden hat, Platz bleibt wirklich für alle.

Nicolai-Kirche

Die Nicolai-Kirche liegt in der gleichnamigen Straße, in Sichtweite zum Bahnhof. Das Gotteshaus mit seinem hohen Turm wurde **1908 erbaut.** Drei Jahre zuvor hatte Westerland Stadtrechte erhalten. Da die alte Dorfkirche einfach zu klein geworden war, musste eine neue her. Aus der Dorfkirche wurde der alte Taufstein, der höchstwahrscheinlich noch aus den Eidumer Tagen stammt, in die neue Kirche gebracht.

Friedhof für Heimatlose

In der Käpt'n-Christiansen-Straße, Ecke Elisabethstraße, befindet sich die Heimstätte für Heimatlose, ein Friedhof für **unbekannte Seeleute,** deren Leichen an den Strand trieben. Die Holzkreuze tragen nur ein Datum, keine Namen. 1854 wurde er angelegt, ein Jahr später am 4. Oktober der erste Tote beigesetzt. 1888 stiftete die rumänische Königin Elisabeth einen Gedenkstein, ihr zu Ehren wurde auch die Elisabethstraße benannt. Nach insgesamt 50 Jahren erhielt der letzte unbekannte Seemann hier am 2.11.1905 seine letzte Ruhestätte. Insgesamt existieren 53 Gräber.

Sankt Christopherus

Direkt gegenüber steht die katholische Kirche Sankt Christopherus. Der Bau dieses im Jahre 2000 fertig gestellten Hauses soll an einen **Schiffskörper** erinnern, der markante Glockenturm erhebt sich entsprechend wie ein Mast in den Himmel.

Alt-Westerland

Einen Bummel durch Alt-Westerland sollte jeder einmal machen, um einen Eindruck zu bekommen, wie die Stadt vor einigen Jahrzehnten ausgesehen hat. Damals begann zwar schon ein zaghafter Tourismus, aber den Bewohnern fiel nicht im Traum ein, allzu dicht an der Küste ihre Häuser zu bauen. Die **Kirche St. Niels** gilt immer noch als eine Art Mittelpunkt dieses dörflichen Teils. Erbaut um 1635, liegt sie recht idyllisch, umgeben von hohen Bäumen und einem alten Friedhof. Hier wirkt Westerland noch anheimelnd, fast still und das nur wenige Minuten Fußmarsch vom Bahnhofstrubel entfernt. An der Kirchwand lehnen auch alte Grabsteine mit noch gut lesbaren Inschriften und erzählen aus dem Sylter Leben vergangener Jahrhunderte.

In unmittelbarer Nachbarschaft stehen etliche **Friesenhäuser,** teilweise unter Reet. Derartige Häuser findet man sonst im mondänen Wester-

059sy Foto: hif

land nur sehr vereinzelt, in Alt-Westerland sind sie dagegen fester Bestandteil des Dorfbildes.

Sylt-aquarium

Mitte 2004 wurde eine neue Attraktion in Westerland eröffnet, eine großes Aquarium. Leider war es nicht möglich, bis Redaktionsschluss für dieses Buch vertiefende Informationen zu erhalten, deshalb sei nur der kurze Text aus dem Westerland-Prospekt zitiert. „Unter dem Motto **„Eine Welt – zwei Ozeane"** zeigt das Syltaquarium am Schützenplatz faszinierende Unterwasserwelten. 30 Becken mit Unterwassertunnel laden zur Reise durch die Weltmeere ein."

Strandprofil

Keine Frage, der Westerländer Strand sucht seinesgleichen! Teilweise breitet er sich auf über 100 m aus. Egal, hier findet jeder seine Ecke, und Strandkörbe gibt's obendrein wohl zu Tausenden. Ziemlich strikt wurde der Strand in **15 Abschnitte** eingeteilt. Ganz am Ende, sowohl zur Linken als auch zur Rechten finden Hunde ihr Revier, ab 17 Uhr dürfen hier Drachen steigen. Dann folgt ein Jugendstrand, da hier in den Dünen auch das Jugendzeltlager Dikjen Deel liegt. Danach sind vier Zonen für FKK reserviert, bevor ein bewachter Badestrand erreicht wird. Es folgt eine Badezone für Kinder eines nahen Heims, und anschließend erstreckt sich der immer gut besuchte Zentralstrand vor der Kurpromenade. Etwa in Höhe der Sylter Welle am Strandabschnitt „Brandenburg" dürfen sich Surfer tummeln. Ein allgemeiner Badestrand schließt sich an, dem ein FKK-Bereich, ein Surfgebiet und letztendlich der Hundestrand Nord folgen. An vielen Strandabschnitten findet man Duschen und Rettungsschwimmer. Auch einige Lokale bieten Speis und Trank an, zumeist im Bereich der Promenade gelegen.

Typisches Haus in Alt-Westerland

060sy Foto: hjf

Am Strand von Westerland

Unterkunft

Vermieteragenturen

- **Hussmann,** Wilhelmstr. 6, Tel. 22002, Fax 2 20 74, www.hussmann-sylt.de
- **Sylt Tourismus Zentrale,** Postfach 1644, Tel. 60 26, Fax 2 81 80, www.sylt-tourismus.de
- **Reiher,** Andreas-Dirks-Str. 6, Tel. 98 76 10, Fax 98 76 40, www.reiher-sylt.de
- **Sylt Ferienpartner,** Victoriastr. 1-3, Tel. 8 20 40, Fax 82 04 82, www.sylt-ferienpartner.de
- **GB Appartement-Vermietung,** Kjeirstr. 19, Tel. 70 25, Fax 65 08, www.gb-sylt.de
- **Reinhold Riel,** Andreas-Dirks-Str. 6, Tel. 16 06, Fax 54 99, www.riel-sylt.de
- **Marion Bals,** Apenrader Str. 16, Tel. 2 30 31, Fax 2 10 11, www.bals-sylt.de

Hotels

Die Preisangaben gelten jeweils pro Doppelzimmer in der Hauptsaison, Kategorien siehe unter Unterkunft.

- **Hotel Westfahlen-Hof**€€€€€, Steinmannstr. 59, Tel. 80 50, Fax 8 05 88. Insgesamt 16 Zimmer bietet dieses schicke Haus, das 10 Min. vom Zentrum entfernt liegt.
- **Hotel Clausen**€€€€€, Friedrichstr. 20, Tel. 9 22 90, Fax 2 80 07, www.hotel-clausen-sylt.de. Zentraler geht's kaum, 21 Zimmer in der Fußgängerzone.

●**Hotel von Stephan**€€€€€, Friedrichstr. 25, Tel. 99 70, Fax 99 71 99, www.hotel-von-stephan.de. Zentrales Haus mit 45 Zimmern.
●**Hotel Gutenberg**€€€€, Friedrichstr. 27, Tel. 9 88 80, Fax 98 88 88, www.hotel-gutenberg.de. Liegt in Strandnähe, 25 komplett renovierte Zimmer.
●**Hotel Miramar**€€€€€, Friedrichstr. 43, Tel. 85 50, Fax 85 52 22. Ein Klassiker in exponierter Lage direkt vor der Kurpromenade, von etlichen Zimmern Blick aufs Meer.
●**Strandhotel Monbijou**€€€€-€€€€€, Andreas-Dirks-Str. 6, Tel. 99 10, www.hotel-monbijou.de. 30 Zimmer überwiegend mit Meerblick. Das 4-Sterne-Haus liegt in exponierter Lage direkt hinter der Kurpromenade.
●**Hotel Stadt Hamburg**€€€€€, Strandstr. 2, Tel. 85 80, Fax 85 82 20. 48 Zimmer, 24 Suiten im englischen Country House-Stil. Außerdem ein neuer 500 m² großer Wellnessbereich.
●**Hotel Vier Jahreszeiten**€€€€€, Johann-Möller-Str. 40, Tel. 9 86 70, Fax 98 67 77. Nur 19 Zimmer in sehr schön gestaltetem Haus, direkt vor den Dünen gelegen.
●**Hotel Uthland**€€€€€, Elisabethstr. 12, Tel. 9 86 00, Fax 98 60 60, www.hotel-uthland.de. Ein schickes Haus mit 16 Zimmern in zentraler Lage, 100 m vom Strand entfernt.
●**Strandhotel Sylt**€€€€€, Margarethenstr. 9, Tel. 83 80, Fax 83 84 54, www.strandhotel-sylt.de. Ein Top-Haus in ruhiger strandnaher Lage mit 53 toll ausgestatteten Suiten.
●**Hotel Dorint**€€€€€, Schützenstr. 22-26, Tel. 85 00, Fax 85 01 50, www.dorint.de. 72 komfortable Zimmer in bester Lage, direkt an den Dünen und bei einem Strandübergang.
●**Hotel Villa Kristina**€€€€€, Norderstr. 7, Tel. 2 52 01, Fax 2 77 11, www.villa-kristina.de. Nur 14 Zimmer hat diese altehrwürdige Villa, die aber stilvoll eingerichtet sind.
●**Hotel Diana**€€, Elisabethstr. 19, Tel. 9 88 60, Fax 98 86 86. Ein Single-Hotel seit über 40 Jahren mit über 30 Einzelzimmern, obendrein: Nichtraucherhaus. Ab 43 €.
●**Hotel Haus Kirchner**€€, Trift 26, Tel. 9 20 70, Fax 92 07 29. Noch ein Single-freundliches Haus mit 14 Zimmern, davon 12 Einzel. Ab 35 €.
●**Marin Hotel**€€€€€, Elisabethstr. 1, Tel. 92 800, Fax 92 80 150, www.marinhotel.de. Altehrwürdigens Haus von 1893 mit 35 Zimmern, zentral gelegen, strandnah in ruhiger Umgebung.

Pensionen

●**Haus Braunschweig**€€€€, Johann-Möller-Str. 38, Tel. 9 82 30, Fax 98 23 45, www.haus-braunschweig.de. 15 Zimmer in Haus in Strandnähe.
●**Haus Die Insel**€€€€, Käpt'n-Christiansen-Str. 23, Tel. 2 24 33, Fax 98 12 30. Sechs Zimmer mit Dusche, WC.

FeWos

●**Becher's**€€-€€€, Fischerweg 55, Tel. 2 75 53. Drei FeWos am nördlichen Ortsrand.

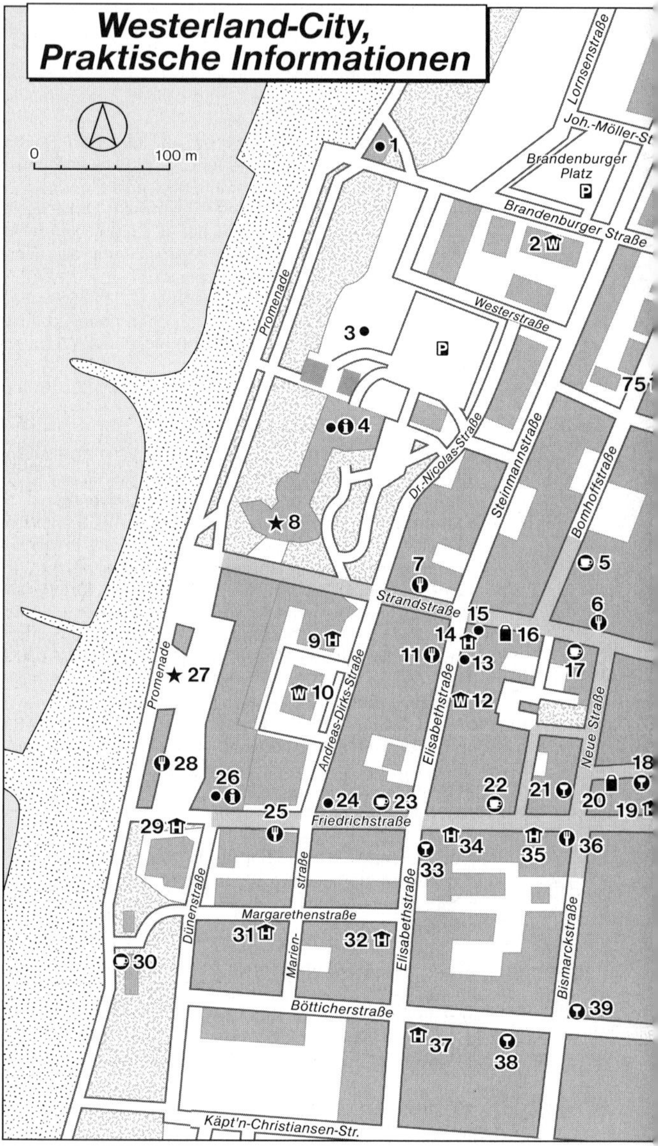

Westerland-City, Praktische Informationen
0
100 m
Lornsenstraße
Joh.-Möller-St
Brandenburger Platz
Brandenburger Straße
Westerstraße
Promenade
Dr.-Nicolas-Straße
Steinmannstraße
Bomhoffstraße
Strandstraße
Andreas-Dirks-Straße
Elisabethstraße
Neue Straße
Friedrichstraße
Dünenstraße
Margarethenstraße
Marien-straße
Bismarckstraße
Böttcherstraße
Käpt'n-Christiansen-Str.
1
2
3
4
5
6
7
8
9
10
11
12
13
14
15
16
17
18
19
20
21
22
23
24
25
26
27
28
29
30
31
32
33
34
35
36
37
38
39
75

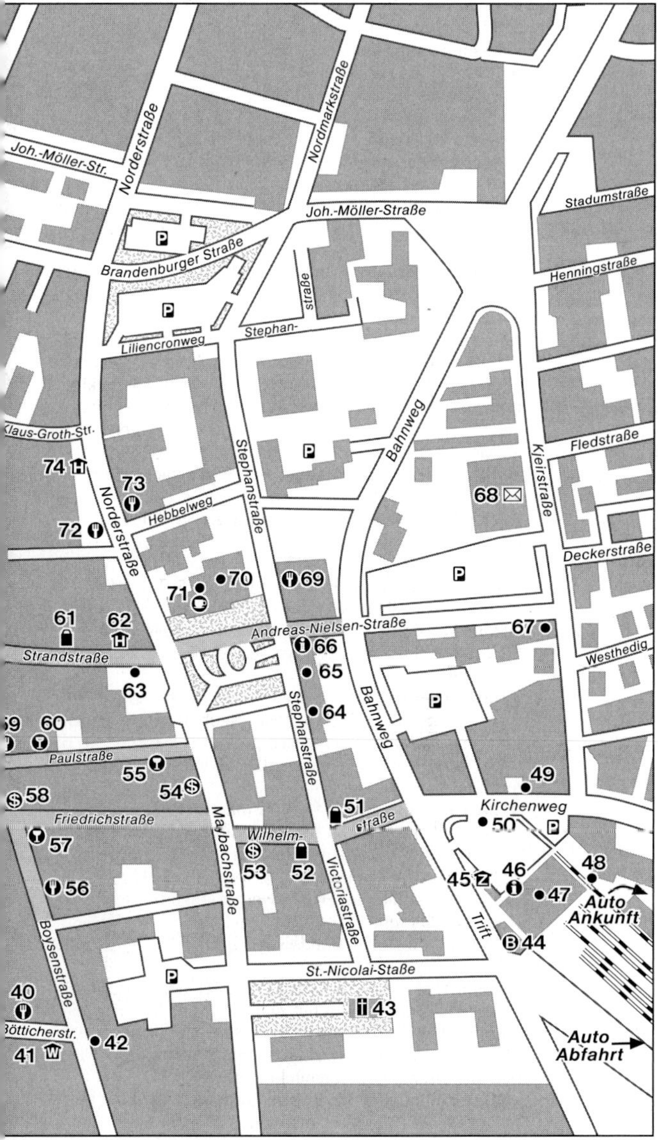
Joh.-Möller-Str.
Norderstraße
Nordmarkstraße
Joh.-Möller-Straße
Stadumstraße
Brandenburger Straße
Henningstraße
Stephan-
straße
Liliencronweg
Bahnweg
Klaus-Groth-Str.
Stephanstraße
Fledstraße
Kjeirstraße
74
73
68
Hebbelweg
72
Norderstraße
Deckerstraße
70
69
71
61
62
67
Andreas-Nielsen-Straße
66
Strandstraße
Westhedig
65
63
Stephanstraße
64
Bahnweg
60
Paulstraße
55
49
54
58
Maybachstraße
51
Kirchenweg
Friedrichstraße
straße
50
Wilhelm-
57
53
52
Victoriastraße
45
46
48
47
56
Auto
Ankunft
Trift
44
Boysenstraße
St.-Nicolai-Staße
40
43
Böttticherstr.
42
41
Auto
Abfahrt

●**Haus Friesenhof**€€-€€€€, Fischerweg 27, Tel. 50 62, Fax 82 05 25, insgesamt 14 FeWos in netter friesischer Anlage mit Sauna und Solarium.

●**Haus Auf der Heide**€€-€€€€€, Uthlandstr. 5, Tel. 82 25 22. Ein größeres Haus unter Reet mit 4 FeWos und kleinem Garten.

●**Haus Inselfriede**€€€-€€€€, Steinmannstr. 57, Tel. (04121) 49 22 69. Schickes Haus mit 5 FeWos in Strandnähe, etwas außerhalb des Zentrums.

●**Haus Seedüne**€-€€€, Lornsenstr. 26, Tel. 2 65 35. Kleines Haus aus dem Jahr 1882 mit direktem Strandblick, 7 FeWos.

●**Haus Wildrose**€€€, Lornsenstr. 34, Tel. (04121) 9 15 03, Fax (04121) 49 22 69. Haus liegt direkt bei der Düne, hat 5 FeWos mit Balkon oder Terrasse.

●**Neues Kurzentrum,** Andreas-Dirks-Str. 1-8. Hier erhebt sich das unübersehbare Hochhaus vor dem Westerländer Strand. Wem es nichts ausmacht, in einem 12stöckigen Wohnblock zu urlauben, sollte sich das Unterkunftsverzeichnis besorgen. Diverse Vermieter bieten hier FeWos an, viel zu viele, um sie alle hier aufzulisten. Wer eine Wohnung mit Blick nach Westen bekommt, genießt einen fürwahr einmaligen Ausblick auf die Nordsee.

●**Haus Quisisana**€-€€€, Brandenburger Str. 7, Tel. 2 23 44, Fax 2 59 02. Insgesamt 65 FeWos auf 7 Etagen, aber schon in Hörweite der Nordseewellen.

●**Appartementhaus**€€-€€€, Elisabethstr. 5, Tel. 94 41 30. Insgesamt 21 FeWos in neuem, hellem Haus.

●**Haus Friesland**€€€-€€€€, Bötticherstr. 1, Tel. 54 41, Fax 2 92 11, www.haus-friesland-sylt.de. Acht FeWos in nett gestaltetem Haus.

●**Haus Atlantis**€€€€, Dr.-Ross-Straße 16 A, Tel. 32 973, www.atlantis-westerland.de. Ein Neubau aus dem Jahr 2002 mit sechs unterschiedlich großen FeWos von 58 bis 97 m² in ruhiger Straße, keine 10 Minuten vom Strand entfernt.

●**Haus Rosenkamp**€€€-€€€€, Bismarckstr. 19, Tel. (0511) 77 44 03, Fax (0511) 73 44 76. Neues Haus in Strandnähe mit vier FeWos und kleinen Balkonen. Keine Haustiere!

●**Haus Iris**€-€€, Bismarckstr. 33, Tel. 2 26 26, Fax 2 20 97. Vier FeWos in älterem Haus, zwei Strandkörbe stehen einladend im Garten.

●**Haus Hanno**€/€€€, Bundniswung 11A, Tel. 83 56 670. Zwei FeWos in Einzelhaus.

●**Eidem Hüs**€€, Bundniswung 24 A, Tel. und Fax 2 47 50. Hübsches Reetdachhaus mit zwei FeWos. Keine Haustiere!

●**Biberburg**€€€-€€€€€, Bismarckstr. 39, Tel. (04106) 6 83 62. Uriges Haus mit Holzbalkon und Wintergarten. Nachbau historischer Bäderarchitektur. 4 FeWos.

●**Altes Zollhaus**€€€-€€€€€, Boysenstr. 18, Vermieter: Hussmann, Tel. 22 002, www.alteszollhaussylt.de. Mitten im ru-

- • 1 Surfschule
- 2 Haus Quisisana
- • 3 Villa Kunterbunt
- • 4 Syltness Center: Kurkarten, Anmeldung, Information
- 5 Thommy's Musik-Café
- 6 Fisch Hus
- 7 Salatkogge Sylt
- ★ 8 Sylter Welle
- 9 Strandhotel Monbijou
- 10 Neues Kurzentrum
- 11 Willms
- 12 Appartementhaus
- • 13 Disko Kleist Casino
- 14 Hotel Marin
- • 15 Disko Nanu
- 16 Outback
- 17 Café Wien
- 18 Irish Pub
- 19 Hotel Clausen
- 20 Sylter Teekontor
- 21 Fisch Blum
- 22 Café Orth
- 23 Café Leysieffer
- • 24 Tanzlokal Compaß
- 25 Alt Berlin
- • 26 Veranstaltungszentrum, Information
- ★ 27 Musikmuschel
- 28 Luzifers
- 29 Hotel Miramar
- 30 Café Badezeit
- 31 Strandhotel Sylt in Westerland
- 32 Hotel Uthland
- 33 Kulisse
- 34 Hotel Gutenberg
- 35 Hotel von Stephan
- 36 Münchner Hahn
- 37 Hotel Diana
- 38 Weinhaus Schachner
- 39 Cohibar
- 40 Franz Ganser
- 41 Haus Friesland
- • 42 Büro Adler-Schiffe
- 43 Nicolai-Kirche
- 44 ZOB
- 45 Zimmervermittlung
- 46 Information
- • 47 Bahnhof
- • 48 Fahrradverleih DB
- • 49 Mountainbike-Verleih
- • 50 Fahrradverleih Velo Quick
- 51 Surf Shop Westerland
- 52 Teekula
- 53 Vereinsbank
- 54 Sparkasse
- 55 American Bar & Bistro
- 56 Cala di Volpe
- 57 Gosch
- 58 Volksbank
- 59 Pizza Pazza und Mariso
- 60 Wunderbar, Matzes Nachtcafé
- 61 Thomas Timm
- 62 Hotel Stadt Hamburg
- • 63 Disko Rock Island
- • 64 Sylt Marketing GmbH
- • 65 Alte Post
- 66 Information
- • 67 Cheers
- ✉ 68 Post
- 69 Restaurant Chengto
- • 70 Spielkasino
- • 71 Rathaus, Café Mabuhay
- 72 Toni's Restaurant
- 73 Restaurant Scheckenhaus
- 74 Hotel Villa Kristina
- 75 Silendi

higen Zentrum liegendes Apartmenthaus mit 7 Wohnungen in einem historischen Gebäude, das aufwendig restauriert wurde. Sauna und Whirlpool vorhanden und nur wenige Schritte bis zur Friedrichstraße.

Ferienhaus

Haus Agi€€€€€, Friesische Straße 48, Tel. 22 406. Kleines, helles Haus (85 m²) mit zwei Terrassen in ruhiger Straße, etwas abseits des Zentrums gelegen. Zum Strand sind es etwa 15 Minuten Fußweg.

Privatzimmer

- **Preziosi**€•€€, Käpt'n-Christiansen-Str. 31, Tel. 17 01. Drei Zimmer in Stadtvilla, 1 Zimmer mit Etagendusche. Zentrale Lage.
- **Heusmann**€•€€, Gaadt 2 B, Tel. 51 90. Drei Zimmer, Dusche und WC auf Etage.

Jugendherberge

- **Jugendherberge,** Fischerweg 36-40, Tel. 83 57 825. Im Jahr 2004 neu eröffnete J.H. auf dem Gelände des Jugendzeltplatzes Dikjen Deel (s. u.).

Campingplatz

- **Dünencamping,** Rantumer Straße, Tel. 83 61 60, Fax 83 61 625, www.campingplatz-westerland.de. Geöffnet 1.4.–31.10. Der Platz liegt einen knappen Kilometer außerhalb des Westerländer Zentrums und bietet 342 Stellplätze. Zelte werden in einem gesonderten Dünental mit äußerst lockerem Sand aufgebaut! Vom Strand ist der Platz nur durch einige Dünen getrennt, gute Sanitäreinrichtungen und eine Kult-Kneipe: „Reiners Ostería".
- **Jugendzeltplatz Dikjen Deel,** Fischerweg 36, Tel. 83 57 825. Der Platz liegt etwa 1½ km hinter dem Westerländer Campingplatz in Richtung Rantum. Aufgenommen werden nur einzeln reisende Jugendliche unter 18 Jahren und kleine Gruppen von bis zu fünf Jugendlichen, die eigene Zelte mitbringen.

Essen und Trinken

Restaurants

●**Phuket,** Fischerweg 15, Tel. 2 77 77. Wenn man keine Fischplatte mehr sehen kann. Tägl. ab 18 Uhr, Mo Ruhetag.
●**Hardy auf Sylt,** Norderstr. 65, Tel. 2 27 75. Weinstube mit guter Küche in einem stilvoll eingerichteten Rundhaus aus den 30er Jahren. Ab 18 Uhr.
●**Casa Bianca,** Norderstr. 50, Tel. 2 31 02. Gute italienische Küche mit hausgemachten Nudeln. 12–24 Uhr.
●**Steak- & Haxenhäuschen,** Keitumer Chaussee 16, Tel. 74 73. Kräftiges und Deftiges seit über 30 Jahren in einem historischen Haus aus dem Jahr 1768. Besonderheit: ein offener Holzgrill. Ab 17 Uhr.
●**Alt Berlin,** Friedrichstr. 37, Tel. 2 72 82. Uriger Laden, u.a. mit österreichischer Küche.
●**Fisch Hus,** Strandstr. 10, Tel. 2 24 23. Fischspezialitäten seit über zwei Jahrzehnten.
●**Pizza Pazza,** Paulstr. 10, Tel. 2 69 08. Was wohl?
●**Franz Ganser,** Bötticherstr. 2, Tel. 2 29 70. Kleines Spitzenlokal mit besonderen Speisen.
●**Jörg Müller,** Süderstr. 8, Tel. 2 77 88. JM, wie es über der Eingangstür in das Fenster eingearbeitet wurde, gilt unter Feinschmeckern als erste Adresse auf Sylt. Damit nicht genug, *Jörg Müller* zählt bundesweit zu den Spitzenköchen, wird in allen Gastronomieführern gelobt. Gerichte haben ihren Preis, rund 90 € kostet das große Abendmenü, aber das ist ja auch etwas ganz Besonderes. Im angeschlossenen Pesel wird die gleiche Qualität zu günstigeren Preisen serviert. Montag Ruhetag.
●**Alte Friesenstube,** Gaadt 4, Tel. 12 28. Ein sehr friesisch gehaltenes Haus, 1648 erbaut, sogar die Speisekarte ist blau-weiß und bietet die Gerichte plattdeutsch an: „rode Zippelsupp" beispielsweise oder auch: „All'ns wat ut'n Meer kümmt". Ab 12 Uhr im Sommer, Mo Ruhetag.
●**Seekiste,** Käpt'n-Christiansen-Str. 9, Tel. 2 25 75. Kleines Lokal mit zünftigen maritimen Gerichten, eine halbgeöffnete Seekiste weist draußen den Weg. Ab 17 Uhr.
●**Schneckenhaus,** Norderstr. 6, Tel. 2 32 75. Nicht nur Schnecken werden in diesem kleinen, gemütlichen Lokal serviert, 17.30–22 Uhr. Di Ruhetag.
●**Reiners Ostería,** auf dem Campingplatz, Tel. 2 98 19. Originelle, skurrile Dekoration, verbunden mit tadelloser Küche. Patron *Reiner* hat's verstanden, auch Nicht-Camper in sein Lokal zu locken, u.a. mit Frühstück bis 17 Uhr. Legere Atmosphäre mit italienisch angehauchter Küche und großen Mengen zum vernünftigen Preis, bei gutem Wetter auch im Innenhof im Strandkorb. Küche ab 12 Uhr.
●**Salatkogge Sylt,** Strandstr. 28, Tel. 2 35 59. Hausgemachte, leckere Salate.
●**Toni's Restaurant,** Norderstr. 3, Tel. 2 58 10. Ein Lokal mit größerer Außenterrasse, für Sylter Maßstäbe preisgünstig.

061sy Foto: hjf

●**Restaurant Chengto,** Stephanstr. 8, Tel. 2 35 66. Ein Chinese mit breiter Auswahl und überzeugender Qualität. Ab 18 Uhr.
●**Oase zur Sonne,** in den Dünen an der Straße nach Rantum gelegenes Lokal, etwa 500 Meter nach dem Passieren des Campingplatzes.
●**Restaurant Mariso,** Paulstr. 10, Tel. 29 97 11. Mediterran-asiatischer Mix, u.a. wird auch Sushi serviert.
●**Restaurant Mediterraneo,** Keitumer Chaussee 5, Tel. 83 52 52. Steak, Fisch und Pasta gibt's von 12–15 und ab 18 Uhr.
●**Münchner Hahn,** Friedrichstr. 23, Tel. 2 42 69. Sehr beliebt wegen der sehr günstigen Tagesgerichte.
●**Cala di Volpe,** Boysenstr. 3, Tel. 29 96 62. Ab 12 Uhr durchgehend gehobene italienische Küche, mit der Möglichkeit, relativ ruhig draußen zu sitzen, nur wenige Schritte von der quirligen Friedrichstraße entfernt.
●**Ingo Willms,** Elisabethstr. 4, Tel. 99 52 82, Dienstag Ruhetag. Im wohl auffälligsten Haus in der ganzen Straße kocht *Ingo Willms* gute regionale Küche.

Straßencafé in der Friedrichstraße

Cafés und Bistros

- **Fisch Blum,** Gaadt 2 A und Neue Str. 4, Tel. 83 50 14. Noch zwei Ableger der Blum-Kette mit Seafood zu erschwinglichen Preisen
- **Café Leysieffer,** Friedrichstr. 38, Tel. 82 38 20. Edleres Ambiente, sehr beliebt, Tische zum Draußensitzen und Gucken. Ab 9 Uhr.
- **Luzifer,** Andreas-Dierksstr. 10, Tel. 92 77 22. Direkt hinter der Promenade, schräg gegenüber der Musikmuschel gelegenes Lokal mit sehr großer Sonnenterrasse.
- **Mabuhay,** Andreas-Nielsen-Str. 1, Tel. 88 65 92, tägl. Ab 9 Uhr. Der Name verwirrt zunächst, bedeutet aber nichts weiter als einen philippinischen Willkommensgruß. Und willkommen fühlt sich der Gast in diesem Café direkt am Rathaus wahrlich. Nett sitzt man hier, entweder hinter der breiten Glasfront oder auch draußen in den Strandkörben davor.
- **Café Orth,** Friedrichstr. 30, Tel. 1778. Schauen, Cappuccino schlürfen und gesehen werden. Frühstück ab 9 Uhr.
- **Gosch,** Friedrichstr. 15 B, Tel. 2 37 45. Immer gut besucht, Stehtische in bester Lage.
- **Café Wien,** Strandstr. 22, Tel. 5335. Leckerste hausgemachte Pralinen und Trüffel.
- **Café Seenot,** liegt genau am Strandübergang Rote-Kreuz-Str., Tel. 92 98 36. Kleine und große Leckereien, mitten zwischen den Dünen gelegene ehemalige Rettungsstation.
- **Sylt Entrée,** im Bahnhof, Tel. 92 93 14. Hat man auch nicht oft, dass ein Bahnhofslokal Erwähnung verdient, dies schon. Sonntags regelmäßig Jazz-Frühschoppen. Und noch etwas fällt aus dem Rahmen: die futuristischen WCs, Türe öffnen und schließen übrigens durch Handauflegen!
- **Seeblick,** südliche Kurpromenade, etwa beim Übergang Käpt'n-Christiansen-Str., Tel. 2 88 78. Tadelloser Blick auf Strand und Meer von der Terrasse, gute Auswahl, wenn einen der Hunger am Strand packt. Ganzjährig ab 11.30 Uhr.
- **Badezeit,** An der Promenade, Tel. 83 40 20. Selbstbedienungsbistro mit formidablem Blick aufs Meer.

Nightlife

- **Eve's Night Club,** Norderstr. 45, Tel. 2 78 77. Klassischer Nachtclub.
- **Tränke,** Friedrichstr. 3, Tel. 59 86. Eigenwerbung: „die friesische Antwort auf das Hofbräuhaus" – sakra!
- **Kulisse,** Friedrichstr. 33 B, Tel. 22055. Bierbar mit angeblich Sylts längstem Tresen.
- **Cohibar,** Bötticherstraße 10, Tel. 2 26 73. Tropical feeling auf Sylt mit bunten Cocktails, ab 18 Uhr Happy hour.
- **Cheers,** Andreas-Nielsen-Str. 8, Tel. 83 44 46. Musikbar, täglich ab 20 Uhr.
- **Compaß,** Friedrichstr. 40, Tel. 2 35 13. Hiphop oder House wird hier nicht gespielt – Treff der älteren Semester.
- **Rock Island,** Strandstr. 3-5. Disko mit Eigenwerbung „The melting pot of culture".

• **Irish Pub,** Paulstr. 11, Tel. 51 75. Ein kleines, niedliches Haus, wo das Guinness und 60 Whiskey-Sorten fließen. Nebenbei: Das Frühstück wird hier bis 16 Uhr serviert, ab 8 Uhr.
• **Wunderbar,** Paulstr. 6, Tel. 2 17 01. Motto des Hauses: „Es war die Zeit des deutschen Schlagers". Guildo lässt grüßen. Dazu Erdnüsse satt auf den Tischen und die Schalen darunter.
• **Matzes Nachtcafé,** Paulstraße, Tel. 99 54 88. Liegt genau neben der „Wunderbar" und darf als so etwas wie das Kontrastprogramm gesehen werden, denn hier gibt's rockige Mucke ab 20 Uhr, Donnerstag Ruhetag.
• **American Bar und Bistro,** Paulstr. 3, Tel. 92 70 50. Draußen weist eine Freiheitsstatue den Weg, drinnen gibt es mexikanische Küche, und in der Gruft geht die Post ab. Tägl. ab 22 Uhr.
• **Thommy's Musik-Café,** Bomhoffstr. 10. Tel. 12 21. Kleiner Laden, zivile Preise, happy hour 21–22 Uhr. Ab 21 Uhr.
• **Kleist Casino,** Elisabethstr. 1A und **Nanu,** Strandstr. 23. Zwei Läden, wo Mann sich trifft.

Adressen

Schiffstouren

• **Adler-Schiffe** bieten diverse Ausflüge in die benachbarte Inselwelt oder nach Dänemark, Kurzbeschreibungen unter Stichwort „Ausflüge". Verkaufsbüro für die Tickets: Boysenstr. 13, Tel. 9 87 00, www.adler-schiffe.de.
• Trips nach Helgoland bietet die **W.D.R.** an, Tickets am Bahnhofsvorplatz oder am Hafen in Hörnum.

Fahrradverleih

• **Autohaus Petersen,** Norderstr. 55, Tel. 58 80.
• **M+M,** Bismarckstr. 46, Tel. 2 56 88.
• **Leksus,** Maybachstr. 22, Tel. 83 50 00.
• **Mountainbike-Verleih,** Kirchenweg 7, Tel. 2 82 77.
• **Velo Quick,** Kirchenweg 13, Tel. 2 15 06.
• **DB** direkt auf dem Bahnsteig, Tel. 58 03.

Inselrundfahrten

• Täglich um 11 Uhr die zweistündige kleine, um 14 Uhr die dreistündige große Rundfahrt. Abfahrt: ZOB, Preis: Kleine Inselrundfahrt Erwachsene 9,50 €, Kinder 7,50 €, große Inselrundfahrt Erwachsene 11,50 €, Kinder. 8,00 €.

Infos und Tickets über den Info-Pavillon, Bahnhofsvorplatz, Tel. 836 10 29, www.srg-busreisen.de.

Kinder

• **Dorint Kinderclub,** Kinderparadies. Am Schützenplatz beim Dorint Hotel, Tel. 85 04 44. Hier können die Kinder nach Herzenslust toben unter betreuender Animation. Geöffnet: täglich 8–18 Uhr.
• **„Villa Kunterbunt"** an der Kurpromenade. Hier werden Kinder von 3–13 J. betreut, Mo–Fr 9–17 Uhr, Tel. 99 82 75. In den Ferienmonaten werden spezielle Programme offeriert.

●**Babysitter-Vermittlung** durch die Villa Kunterbunt, Tel. 99 82 75.
●**Eltern & Kind-Spielstube,** in der Alten Post, Stephanstr. 6, Tel. 8 20 20. Für Kinder bis 3 J. Mo–Fr 9–18 Uhr.
●**Bücherei,** in der Alten Post, Stephanstr. 6, Tel. 2 27 10. Hier werden 600 Gesellschaftsspiele angeboten und natürlich können auch Bücher entliehen werden.
●**Kinderbetreuung in der Sylter Welle,** jeden Freitag 15–19 Uhr, ab 3 J.
●**Kinderland,** Kjeirstr. 23. Tel. 2 64 41. Verleiht u.a. Bollerwagen.
●**Harlekin,** Strandstr. 6-8, Tel. 20 11 36. Vermietet Bollerwagen und Buggys.

Kino

●Ein Kino gibt es in der Strandstraße 9. Das Programm erfährt man unter Tel. 83 62 20.

Ortsführungen

●Samstags ab 10 Uhr, Treffpunkt am Bahnhof beim Zimmernachweis.

Post

●Die Post befindet sich auf der Kjeirstraße 15.

Shopping

●**Weinhaus Schachner,** Bismarckstr. 12, Tel. 2 65 19. Zählt laut „Feinschmecker" zu den 500 besten Weinhandlungen Deutschlands.
●**Sylter Teekontor Janssen,** Paulstr. 15, Tel. 50 59. Motto: „Uns kümmt keen Büdel in de Tass".
●**Thomas Timm,** Strandstr. 6, Tel. 92 95 18. Wein- und Pfeifentabakhändler.
●**Outback,** Strandstr. 19, Tel. 16 73. Kleine Boutique, wo die „Sylt-Kuh" exklusiv angeboten wird.

06_sy Foto: hjf

•Teekula, Wilhelmstr. 1, Tel. 53 53. Gutbestückter Teeshop.
•Wochenmarkt, Andreas-Nielsen-Str., vor dem Rathaus, samstags bis 13 Uhr.

Sportives

•Sylter Welle, Strandstraße 32. Direkt in den Dünen gelegenes Spaßbad, das den Formen eines Schiffes nachempfunden wurde, mit Rutschen, Sonnenbänken, Sauna, Massagebecken und mehr. Öffnungszeiten: So, Mo 10–21 Uhr, Di–Sa 10–22 Uhr.
•Sunset Beach, Brandenburger Platz 15, nördlicher Brandenburger Strand, auf Höhe der Sylter Welle, Tel. 2 71 72, Fax 3 52 66. Die Surfschule von *Hans Heinicke*. Kurse für Anfänger, zum Auffrischen und für Fortgeschrittene. Ebenso kann das Catsegeln erlernt werden, und natürlich werden auch Surfboards vermietet.

Spielkasino

•Spielkasino Westerland, Strandstraße. Geöffnet 17–24 Uhr (Automatensaal), 17–1 Uhr (Spielsaal).
•Strand-Casino, an der Promenade. Automatenspiele. Geöffnet 11–18 Uhr.

Taxi

•Tel. 55 55 oder 50 50.

Wetterbericht

•Ein täglicher Wetterbericht hängt im Syltness-Center aus, sonst unter Tel. 87 10 98 zu erfragen oder unter www.syltwetter.de.

Rantum

- **Vorwahl:** 04651
- **PLZ:** 25980
- **Einwohner:** 400
- **Kurverwaltung:** Strandstr. 7, Tel. 8 07 77 oder 80 77, Fax 8 07 66, e-mail: info@rantum.de, www.rantum.de, geöffnet: Mo-Sa 9–17 Uhr, So 9–13 Uhr
- **Kurtaxe:**

Die Rantumer formulieren etwas gewöhnungsbedürftig:
15.5.–30.9.: 1. Person 2,50 €, zweites Familienmitglied 2,50 €, drittes Familienmitglied 0,90 € (dazu zählen Kinder über 6 J., Auszubildende und Studenten mit Ausweis bis 27 J.), Kinder unter 6 J. frei
15.4.–14.5. und 1.10.–31.10.: 1. und 2. Person je 1,50 €, 3. Familienmitglied (wie oben) 0,50 €.
1.11.–31.12. und 1.1.–14.4.: 1. und 2. Person: 0,80 €.

- **Strandkörbe**

15.5.–30.9.: bis drei Tage 7,20 €/Tag, ab 4. Tag 6,20 €, übrige Zeit: bis drei Tage 5,70 €/Tag, ab 4. Tag 4,60 €, schriftliche Vorbestellungen über die Kurverwaltung bis 14 Tage vor Anreise.

Überblick

„Hier hat man wenigstens noch Insel-Feeling", so charakterisierte einmal ein Freund Rantum. In der Tat, weit hat man es nie bis zum Wasser, denn **nirgendwo ist Sylt so schmal** wie bei Rantum. Nur knappe 600 m liegen zwischen Wattenmeer und offener See, wer über die Strandstraße zu den Dünen geht, kann von einem etwas erhöhten Punkt beide Meere sehen.

Jahrhundertelang wurde Rantum durch **Naturgewalten** bedroht. Sturmfluten und Wanderdünen bedrängten die Häuser. Eine Chronik schildert, dass zweimal die See zerstörerisch wirkte und zweimal Wanderdünen die wenigen Häuser begruben, zuletzt 1821. Der beständig aus Westen wehende Wind trieb den Sand vor sich her, mehrfach „verschoben" die Bewohner daraufhin ihren Ort, immer ein Stückchen nach Osten. Heute dürfte die unmittelbare Gefahr gebannt sein, aber man weiß ja nie.

Viele schöne reetgedeckte Häuser bestimmen das **Ortsbild,** diese stehen teilweise unglaublich

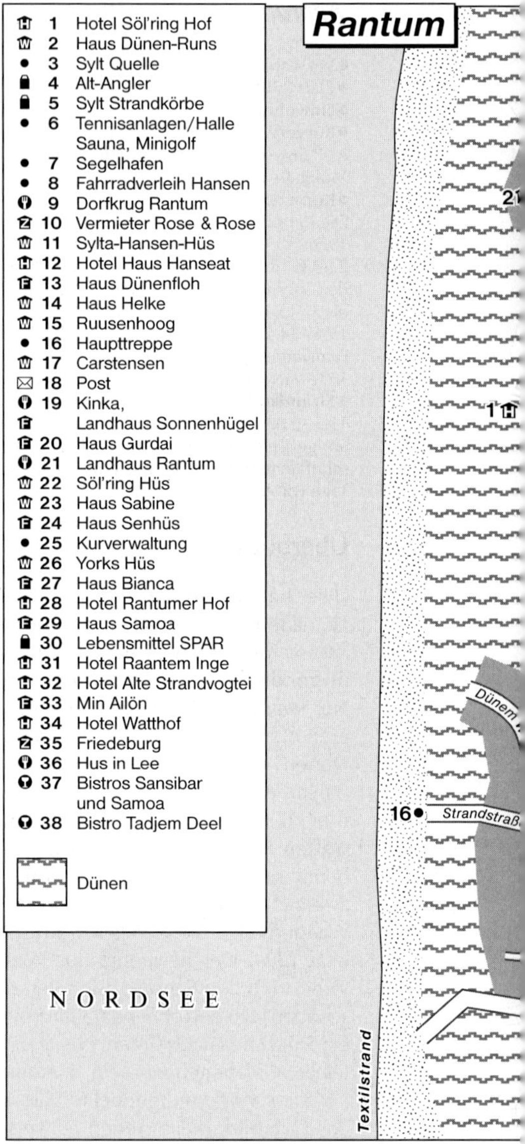
Rantum
1 Hotel Söl'ring Hof
2 Haus Dünen-Runs
3 Sylt Quelle
4 Alt-Angler
5 Sylt Strandkörbe
6 Tennisanlagen/Halle Sauna, Minigolf
7 Segelhafen
8 Fahrradverleih Hansen
9 Dorfkrug Rantum
10 Vermieter Rose & Rose
11 Sylta-Hansen-Hüs
12 Hotel Haus Hanseat
13 Haus Dünenfloh
14 Haus Helke
15 Ruusenhoog
16 Haupttreppe
17 Carstensen
18 Post
19 Kinka, Landhaus Sonnenhügel
20 Haus Gurdai
21 Landhaus Rantum
22 Söl'ring Hüs
23 Haus Sabine
24 Haus Senhüs
25 Kurverwaltung
26 Yorks Hüs
27 Haus Bianca
28 Hotel Rantumer Hof
29 Haus Samoa
30 Lebensmittel SPAR
31 Hotel Raantem Inge
32 Hotel Alte Strandvogtei
33 Min Ailön
34 Hotel Watthof
35 Friedeburg
36 Hus in Lee
37 Bistros Sansibar und Samoa
38 Bistro Tadjem Deel
Dünen
NORDSEE
Textilstrand
Strandstraße
16
1

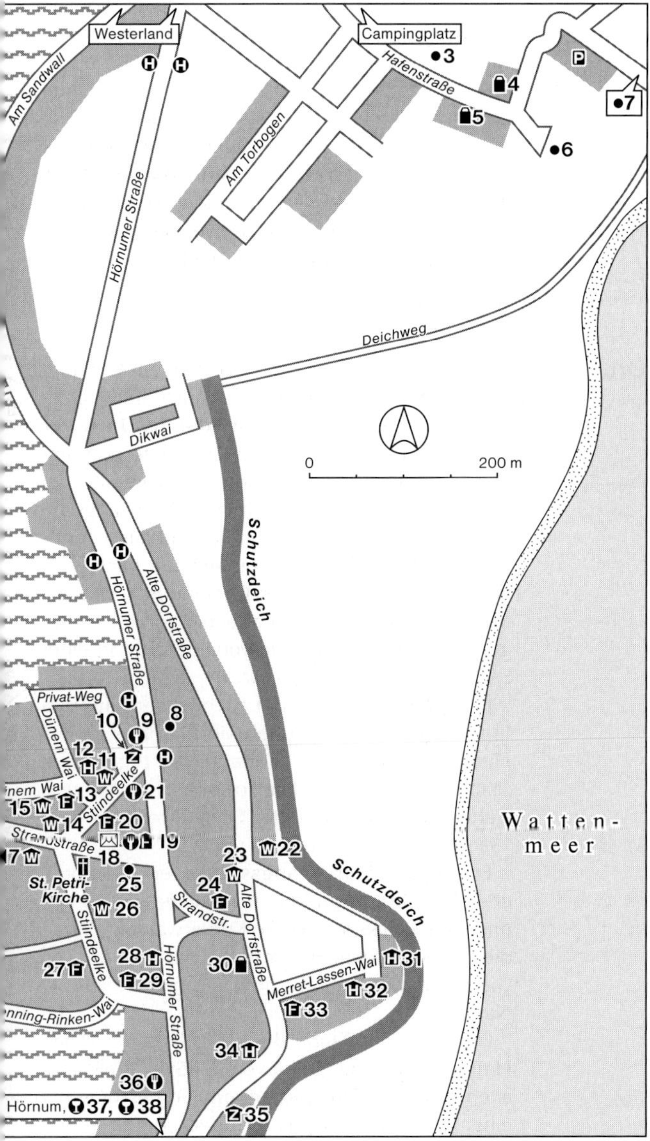
Westerland
Campingplatz
Am Sandwall
Hafenstraße
Am Torbogen
Hörnumer Straße
Deichweg
Dikwai
0
200 m
Schutzdeich
Alte Dorfstraße
Privat-Weg
Dünem Wai
Stiindeelke
Strandstraße
St. Petri-Kirche
Strandstr.
Merret-Lassen-Wai
Wattenmeer
Hörnum, 37, 38
3
4
5
6
7
8
9
10
11
12
13
14
15
18
19
20
21
22
23
24
25
26
27
28
29
30
31
32
33
34
35
36

malerisch an den Dünen. Rund um den Dorfplatz bei der Kirche liegen die schönen Reetdach-Häuser, weiter außerhalb Häuser (ohne Reet) jüngeren Datums. An der Wattseite zieht sich die Alte Dorfstraße entlang, wechseln sich alte Gebäude mit modernen Ferienwohnungen ab. Seitdem hier ein Deich errichtet wurde, wird wohl so schnell nicht mehr „Land unter" gemeldet werden müssen. Das lockt offensichtlich Investoren an, denn etliche moderne Häuser wurden hier errichtet.

Sehenswertes

Ort

Allzu viele Möglichkeiten bleiben einem Urlauber nicht, neben dem Sonnenbaden am Strand eigentlich nur noch ein **Spaziergang durchs Dorf.** Entweder am Deich entlang der Wattseite oder immer durch den weichen Sand der Westseite. Ein Gang durchs Dorf führt wohl beinahe zwangsläufig zum Ortskern bei der Kirche, und dann geht's auch schon zurück. Die Hauptstraße nach Hörnum geht mitten durch den Ort hindurch; deutlich ruhiger ist die Alte Dorfstraße, die im großen Bogen entlang der Wattseite verläuft, aber in einer Sackgasse endet.

Die Alte Dorfstraße führt auch an der **Raantem Inge** (*Inge:* Friesisch für Salzwiese) vorbei, einem ehemals unbedeichten Vorland, das regelmäßig „Land unter" meldete. Ein Hotel gleichen Namens steht heute an exponierter Stelle direkt vor dem 1989 erbauten Deich.

Entlang der Durchgangsstraße liegen die örtlichen Restaurants und ein paar kleine Läden, einmal um die Ecke wurde die Kurverwaltung neben die Kirche gesetzt. Eine Promenade fehlt ebenso wie mondäne Geschäfte, in Rantum dominiert die Natur.

Ein wenig am Rande des Ortes liegt der kleine **Hafen,** heute eingerahmt von der Sylt Quelle und alten Kasernen. Ein Spaziergang hierher kann mit einem Shoppingbesuch im Trödelladen Alt-Angler

Kirche auf der Flucht

Als der Pastor nur noch durch's Fenster in seine Kirche krabbeln konnte, war's genug! Mal wieder mussten die Rantumer vor dem **unaufhaltsam vordringenden Sand** kapitulieren. Aber das kannten sie ja schon, seit Jahrhunderten. Jedes Mal wenn der Sand wieder stark nach Osten weitergewandert war, bauten die Rantumer ihre Häuser ab und ein Stückchen weiter wieder auf. Das gilt auch für die Rantumer Kirche St. Petri.

Bereits 1436 wurde der ganze Ort Alt-Rantum durch die große **Allerheiligenflut** weggespült, von der Kirche blieben nur drei Glocken übrig, die sich flugs Strandräuber unter den Nagel rissen.

Ein **neuer Ort** wurde aufgebaut, weiter entfernt vom Meer. Aber auch hierher kam unaufhaltsam der Sand, nach und nach erreichte er die ersten Häuser. 1757 musste die **Kirche versetzt** werden.

1801 erreichte der Sand dann abermals Kirche und Friedhof, das Gotteshaus versandete regelrecht. Der Pastor und die Gemeinde konnten schließlich nur noch durch das Fenster hineinklettern. Am 18. Juli wurde der letzte Gottesdienst abgehalten, dann **gab man die Kirche auf.** Der Sand hatte mal wieder gesiegt, nur 44 Jahre nach dem Erbauen dieser Kirche. Inventar und brauchbare Materialien wurden versteigert, der Kirchhof und die Fundamente blieben, der Sand verschluckte sie binnen Kürze. Noch heute heißt deshalb eine Düne in Rantum auch *Ual Serk,* „alte Kirche". Der Fischer *Ebe Pohn* erwarb einen Teil des Kircheninventars, unter anderem eine Tafelmalerei des Abendmahls

163 Jahre lang gab es keine Kirche in Rantum, die Gläubigen mussten zum Gottesdienst den weiten Weg nach Westerland zurücklegen. 1964 wurde dann in Rantum ein **neues Gotteshaus** erbaut. Schön schlicht und stilecht mit Reet gedeckt steht die Rantumer Kirche heute im Ortszentrum. Die Nachkommen *Ebe Pohns* schenkten der Kirche besagtes Abendmahl-Bild, das heute wieder über dem Altar zu sehen ist. 1984 wurde seitlich von der Kirche ein freistehender Glockenstapel errichtet, wo seitdem die Glocke hängt.

063sy Foto: hjf

Kirche St. Petri

verknüpft werden, zur Stärkung gibt's einen Schluck aus der Sylter Quelle.

An klassischen Sehenswürdigkeiten gibt es nichts, aber drei Dinge sollen doch genannt werden: die Dünenlandschaft, das Rantum-Becken und die Vogelkoje.

Dünen

Die Rantumer Dünen bedecken eine Fläche von etwa 400 ha, sie stehen komplett unter **Naturschutz.** Besucher dürfen auf markierten Wegen – und nur dort! – hindurch laufen. Die **Wege** bestehen zumeist aus Holzbohlen, wie auf der gesamten Insel. Ganz so gewaltig wie in List zeigen sie sich zwar nicht, gleichwohl bleiben sie beeindruckend. Über viele Kilometer erstrecken sie sich, fast durchgängig bis nach Hörnum. Hinter den Dünen verläuft der Strand, je weiter sich ein Wanderer von Rantum entfernt, desto einsamer wird es. Zugänge über die Dünen sind nämlich rar.

Rantum-Becken

Das Rantum-Becken wurde kurz vor dem Zweiten Weltkrieg erschaffen, da die Militärs einen zentralen **Platz für Wasserflugzeuge** suchten. Also wurde ein knapp 5 km langer Deich durch das Watt gezogen, der ein größeres Gebiet sicher und unabhängig von Tiden machte.

064sy Foto: hjf

1962 stellte man das Rantum-Becken als **Vogelschutzgebiet** unter Naturschutz. Ein Weg auf dem Deich führt den Wanderer von Rantum nach Sylt-Ost, etwa in die Nähe von Tinnum. Der Verein „Jordsand" unternimmt regelmäßige Führungen in das Schutzgebiet, Infos unter Tel. 58 12.

Eidumer Vogelkoie

Die Eidumer Vogelkoje liegt nördlich von Rantum in Höhe des Jugendzeltplatzes Dikjen Deel, fast noch in Fußgänger-Distanz zu Westerland und zeigt, wie in früheren Jahrhunderten Enten gefangen wurden. Das Prinzip funktioniert genau wie bei den Vogelkojen in Wenningstedt oder Kampen (siehe Kampen). Darüber hinaus werden hier vogelkundliche Exkursionen unternommen.

Geöffnet: 11–13 Uhr. Am Di–Sa von 10 bis 13 Uhr finden Gruppenführungen entlang des Rantum Beckens bis zur Nösse-Bucht statt, Treff: Hafen Rantum. Infos über den Verein „Jordsand", Tel. 58 12.

Sylt-Quelle

Seit 1993 wird in Rantum Mineralwasser geschöpft und in speziellen Flaschen verkauft. Zitat: „Die Sylt-Quelle ist ein ursprüngliches, reines, klares Mineralwasser von höchster Qualität, das in seinem ausgewogenen Gehalt an Mineralstoffen und Spurenelementen seinesgleichen sucht." Im Rantumer Werk werden fleißig die bauchigen Flaschen abgefüllt, durch eine breite Fensterfront kann der Urlauber ein wenig zuschauen. Und probieren? Natürlich, in einer angeschlossenen Cafeteria wird selbstverständlich Wasser aus der Sylt-Quelle verkauft, in kleinen bauchigen Flaschen.

Strandprofil

Sowohl Wattstrand als auch Dünenstrand locken, Platz ist genug da für alle. Die **Wattseite** wird von einem Deich begrenzt, dahinter findet sich nur

Nur auf den Bohlen durch die Dünen laufen!

vereinzelt ein schmaler Streifen Strand, mehr nicht. Der kilometerlange, breite **Weststrand** auf der anderen Seite wird von einem breiten Dünengürtel abgeschirmt, gerade mal ein halbes Dutzend Wege führen hindurch. Abschnitte für FKK sind im südlichen Bereich zu finden, bei „Samoa" (1 km) und „Sansibar", etwa 3 km entfernt. Bei „Samoa" dürfen sich dann auch Hunde austoben, außerdem steht dort eine Strandsauna. An beiden Stränden werden die Strandläufer auch kulinarisch versorgt, hier im „Seepferdchen Samoa", dort bei Patron *Seckler* in der „Sansibar".

Unterkünfte

Vermieteragentur

- **Rose & Rose,** Stiindeelke 2, Tel. 2 82 91, Fax 2 82 35, www.rose-rose.de.

Ekke Nekkepenn und die Liebe

Ekke Nekkepenn, der Wassergott, kam in die Jahre. Und wie das oft so ist bei gesetzteren Herren, er trauerte um seine verflossene Jugend. Die holte ihn ein in Gestalt einer Kapitänsfrau, die bei der Geburt von Ekkes Tochter geholfen hatte. Nun dachte der Wassergott Tag und Nacht an die schöne Hebamme.

Seine Frau Ran, Herrin über den Meeresgrund, wurde derweil auch älter, und Ekke beschloss, sie zu verlassen und die Kapitänsfrau zu heiraten. Vorher ließ er deren Mann in einem Sturm umkommen. Leider hatte unser Wassergott übersehen, dass auch Menschen altern. Als er nun schließlich bei Rantum an den Strand stieg, traf er Inge, die junge Tochter der Kapitänswitwe. Da sie ihrer Mutter sehr ähnlich sah, glaubte er seine alte Liebe vor sich. Er steckte ihr einen Ring an den Finger und erklärte sich für verlobt. Sie weigerte sich natürlich. Nach einigem Hin und Her gelobte Ekke sie freizugeben, wenn sie ihm seinen Namen nennen könne. Das schafft die nie, dachte er, vergaß aber, dass er schon Selbstgespräche führte. Inge belauschte ihn, erfuhr das Notwendige und konnte weggehen.

Ekke Nekkepenn verzog sich daraufhin in die Kampener Heide und wollte bei den Zwergen untertauchen, aber auch die jagten ihn fort. Schließlich holte seine Frau Ran ihren treulosen Gatten zurück auf den Meeresgrund.

065sy Foto: hjf

Hotels

●**Hotel Rantumer Hof**€€€-€€€€, Hörnumer Str. 22, Tel. 2 32 42, Fax 2 92 17. Insgesamt 15 Zimmer in einem reetgedeckten Haus, das auch ein reichhaltiges Frühstücksbüffet anbietet.

●**Hotel Watthof**€€€€€, Alte Dorfstr. 40, Tel. 80 20, Fax 8 02 22, www.watthof.de. Ein ruhiges Haus an der Wattseite mit viel friesischem Flair, modernster Einrichtung sowie Sauna und Schwimmbad. 36 Zimmer mit Wattblick.

●**Gästehaus Raantem Inge**€€€€, Merret-Lassen-Wai 8, Tel. 2 35 77, Fax 927440. Ein historisches Haus, das 1818 erbaut wurde und so manche Sturmflut überstanden hat. Nachdem ein Deich endlich diese Gefahr beseitigte, musste der versprochene Sonnenaufgangsblick wieder ermöglicht werden: mit einer Holzbank, auf die die Gäste dann steigen. Insgesamt 12 Zimmer.

●**Haus Hanseat**€€-€€€, Dünemwai 2, Tel. 2 32 56, Fax 2 84 31. Insgesamt 9 Zimmer bietet dieses mittelgroße Reetdach-Haus in ruhiger Dünenlage.

●**Hotel Söl'ring Hof**€€€€€, Am Sandwall 1, Tel. 83 62 00, Fax 836 20 20. Ein Luxushaus mit nur 15 exzellenten, im klassisch-modernen Design eingerichteten, Zimmern und Suiten, in sehr privater Atmosphäre. Aus dem 5-Sterne-Hotel genießt der Gast einen famosen Blick aufs Meer. Weitere Merkmale: Auf Wunsch Abholung per Rolls Royce, als Begrüßungstropfen gibt es feinsten Port, Gourmetrestaurant, Wellness, private Strandkörbe und ein Deck zum Entspannen und Aufs-Meer-schauen. Ab 290 € pro Zimmer.

Der Strand von Rantum

•**Haus Alte Strandvogtei**€€€€€, Merret-Lassen-Wai 6, Tel. 9 22 50, Fax 2 91 57, www.alte-strandvogtei.de. 18 elegante Zimmer verteilen sich in diesem 200 Jahre alten Haus, das komplett renoviert wurde. Ruhige Wattlage.

Ferienhäuser

•**Yorks Hüs**€€€€€, Stiindeelke 9, Tel. (0511) 323200. Ein reetgedecktes Einzelhaus, unweit der Kirche mit 660 m² Grundstück.
•**Haus Gurdai**€€€€, Stiindeelke 5, Tel. (040) 8 80 35 41. Eine Doppelhaushälfte in ruhiger Lage, nahe zum Strand.
•**Haus Dünenfloh**knapp€€€€, Stiindeelke 18, Tel. (04122) 8 20 05. Ein niedliches, kleines Haus auf 600 qm großem Dünengrundstück.
x•**Min Ailön**€€€€, Merret-Lassen-Wai 2, Tel. 2 51 58. Ein mittelgroßes Haus am Deich mit Wattblick.
•**Haus Samoa**€€€€€, Stiindeelke 15, Tel. 55 79, Fax 20 16 24. Ein Reetdachhaus für bis zu 6 Personen (3 Schlafräume) in ruhiger Lage. 214 €.

FeWos

In der **Straße Am Sandwall** wird in beinahe jedem Haus vermietet; angeboten werden etliche FeWos in Einzelhäusern. Die ruhige Lage besticht zweifelsohne. Die Häuser ähneln sich alle ziemlich, substantielle Unterschiede fielen mir jedenfalls nicht auf. Alle Häuser haben einen Garten.
•**Haus Helke**€€ u. €€€€€, Stiindeelke 20, Tel. und Fax (040) 82 34 98. Zwei FeWos im Ortskern vor den Dünen.
•**Ruusenhoog**€-€€€€, Dünemwai 1. Tel. (040) 607 06 87. Sieben FeWos unterschiedlichster Größen in rotem Backsteinhaus bei den Dünen.
•**Sylta-Hansen-Hüs**€€-€€€, Stiindeelke 14, Tel. (06224) 7 17 24 (Hr. Heinrich). Drei FeWos in größerem, hellen Reethaus.

066sy Foto: hif

●**Carstensen**€€€, Strandstr. 22, Tel. 51 01. Mehrere FeWos in schöner Dünenlage, nur 120 m bis zum Strand.
●**Haus Sabine**€€€-€€€€, Alte Dorfstr. 22, Tel. (0511) 52 76 51. Vier FeWos in gemütlichem, reetgedecktem Haus an der Wattseite.
●**Haus Söl'ring Hüs**€€-€€€€, Alte Dorfstr. 35. Vermieter: Rose & Rose. Drei FeWos in größerem Haus mit Wattblick.
●**Haus Senhüs**€€ u. €€€€, Strandstraße 2, Tel. (05663) 858. Kleines, freistehendes Haus unter Reet mit Blick zur Wattseite, es hat zwei unterschiedlich große Wohnungen.
●**Landhaus Sonnenhügel**€€€-€€€€, Strandstraße 12, Tel. (0461) 313 28 73. Drei FeWos in einem leicht erhöht stehenden Reetdachhaus, gegenüber der Kurverwaltung und unweit vom Restaurant Kinka.
●**Haus Bianca**€€€-€€€€€, Stiindelke 42, Tel. (0431) 37 38 15. In ruhiger Lage werden 6 komfortable FeWos angeboten in unterschiedlicher Größe.
●**Haus Dünem-Ruus**€€, Am Sandwall 3, Tel. 68 14. Zwei FeWos in kleinem Haus, das direkt an den Dünen liegt.

Privatzimmer

●**Friedeburg**€€, Alte Dorfstr. 55C, Tel. 2 23 48. Vier Zimmer in recht großem Haus am Watt.

Campingplatz

●**Rantum-Nord,** geöffnet 1.4.–15.10., Tel. 8 07 55, Fax 83 40 62.

Der Platz liegt beim Vogelschutzgebiet an der Hörnumer Straße 3, somit schon in einiger Entfernung von „Rantum-City", und wird von der Kurverwaltung betrieben. Schriftliche Anmeldung erwünscht, 420 Stellplätze für Zelte und Wohnwagen.

Essen & Trinken

●**Kinka,** Strandstr. 7, Tel. 88 66 66. Rantums ältestes Restaurant. Di Ruhetag.
●**Landhaus Rantum,** Stiindeelke 1, Tel. 15 51. Traditionelle Küche mit Fisch- und Fleischgerichten, außerdem 250 Weine im Angebot.

Haus „Alte Strandvogtei"

- **Hus in Lee,** Hörnumer Str. 26, Tel. 2 15 89. Nettes Lokal mit täglich wechselnder Tageskarte und gemütlichem Kaffeegarten. Ab 12 Uhr.
- **Dorfkrug Rantum,** Stiindeelke 2, Tel. 62 55. Hübsches Haus mit norddeutscher Küche in angenehmer, gar nicht dörflicher Atmosphäre. Ab 12 Uhr.
- **Tadjem Deel,** Hörnumer Str., Tel. 2 31 61. Dieses Lokal liegt südlich von Rantum in den Dünen, serviert Fischgerichte und Gutbürgerliches. Von 12–21 Uhr durchgehend.
- **Seepferdchen Samoa,** Tel. 55 79, an der Straße nach Hörnum, ausgeschildert. Das Lokal liegt idyllisch in den Dünen und bietet durchgehend warme Küche mit Schwerpunkt auf Nordseefisch, auf der Terrasse sitzt der Gast im Strandkorb. Ab 12 Uhr.
- **Sansibar,** Hörnumer Str., Tel. 96 46 46, am gleichnamigen Strandabschnitt. Ein Lokal mit Kult-Status. Das Holzhaus wirkt so schlicht, dass mancher Gast, der, angelockt vom hervorragenden Ruf des Patrons *Herbert Seckler,* erstmal fragt, ob er richtig sei. Man hockt dicht beisammen, die Weinkarte listet seitenlang Erlesenes auf, tagsüber gibt es Deftiges, abends Feines, aber immer mit einer Prise Seckler-Charme. Geöffnet ab 11 Uhr.

Adressen

Fahrradverleih

- **Leksus,** Strandstr. 8.
- **Hansen,** Hörnumer Str. 11, Tel. (0170) 3 27 20 76.

Minigolf

- am Hafen in der Hafenstr. 12, Tel. 2 25 84.

Post

- Die Postfiliale befindet sich in der Strandstr. 14.

Sauna

- **Strandsauna Samoa,** am dortigen Strand, Tel. (0175) 84 24 335.
- **Am Campingplatz,** Tel. 2 57 07.

Shopping

- **Alt-Angler,** Hafenstr. 3, Tel. 2 34 49. Antiquitäten und Trödel.
- **Sylt-Strandkörbe,** Hafenstr. 10 (ggü. der Sylt-Quelle), hier werden Strandkörbe auch für den heimischen Garten verkauft. Tel. 2 28 43, Fax 2 87 26

Surfen

- Am Strand werden Surfkurse angeboten, die Surfschule sitzt in der Hafenstraße, dort auch Infos und Anmeldung. Tel. 2 71 72.

Tennis

- **Rantum-Tennis,** Hafenstraße 12, Tel. 2 25 84.

Hörnum

- **Vorwahl:** 04651
- **PLZ:** 25997
- **Einwohner:** 1000
- **Kurverwaltung:** Strandweg 2, Tel. 96 26 26, Fax 96 26 66, e-mail: info@hoernum.de, www.hoernum.de, geöffnet:
16.10.–30.4. Mo–Do 9–16, Fr 9–13 Uhr
1.5.–15.5. Mo–Fr 9–16, Sa 9–13 Uhr
16.5.–15.9. Mo–Sa 9–17, So 9–13 Uhr
16.9.–15.10. Mo–Fr 9–16, Sa 9–13 Uhr
- **Kurtaxe:**
1.4.–31.10.: Erw. 2,20 €/Tag, 1.1.–31.3. und 1.11.–31.12. Erw. 1 €.

Von der Kurabgabe befreit ist jede dritte und weitere Personen einer Familie. Zu der Familie gehören die Ehegatten und dem Haushalt angehörende Kinder bis zu 18 Jahren, zu dem Haushalt gehörende Kinder bis zu 27 Jahren, wenn sie in der Schul- oder Berufsausbildung (unter Vorlage der entsprechenden Bescheinigung z.B. Schülerausweis) stehen, zahlen je 0,50 € je Tag.

- **Strandkorb:**
Vermietung über Kurverwaltung unter Tel. 9 62 60

Es werden vier Modelle angeboten, vom so genannten „Oldie-Korb" bis zum „Komfort-Korb". Der Tagespreis beträgt zwischen 5 und 10 €, ab dem zehnten Tag wird es generell billiger.

Überblick

Hörnum existiert als Ort erst seit der Jahrhundertwende, seit der **Entstehung des Hörnumer Hafens.** Denn in den ersten Jahren des 20. Jahrhunderts entschied sich die Reederei, ihre Passagierschiffe, aus Hamburg kommend, in Hörnum anstatt wie vorher in Munkmarsch anlegen zu lassen. Hörnum bot mehrere Vorteile gegenüber Munkmarsch: Der Weg war kürzer und unabhängig von den Gezeiten, außerdem konnten die Nachbarinseln Föhr und Amrum angesteuert werden. Nun mussten die Urlauber nur noch von Hörnum nach Westerland gebracht werden, deshalb entstand flugs die Inselbahn.

Hörnum blieb zwar immer noch klein, aber in **Kriegszeiten** wurde der Ort wichtig, große Kaser-

067sy Foto: hif

nen zeugen noch heute davon. So langsam entwickelte sich das Dorf, immer mehr Menschen siedelten sich hier an. Kein Wunder, wurde doch eine Zeitlang Bauland sogar verschenkt.

Sylts südlichster Ort weist eine einmalige Besonderheit auf, er ist an drei Seiten von Stränden umgeben. Ansonsten gibt es nicht viel zu sagen. Das Ortsbild wirkt beschaulich, etliche kleine **Einzelhäuser** stehen entlang der wenigen Straßen, kaum eins mit dem in anderen Gemeinden obligatorischen Reetdach. In Hörnum beginnt die Natur vor der Haustür, erheben sich Dünen teilweise direkt hinter dem heimischen Garten. Und nur dort stehen ein paar reetgedeckte Häuser, diese allerdings in traumhafter Lage. Einige werden auch vermietet, wovon aber wiederum nur wenige im Unterkunftsverzeichnis erscheinen. Die Lage dieser Häuser zählt mit zu den schönsten auf der ganzen Insel: direkt in den Dünen, nur wenige Schritte bis zum Strand und ein freier Blich aufs Meer – herrlich!

Das **kleine Zentrum** liegt im Dreieck zwischen Hafen, Leuchtturm und Kurverwaltung. Mondäne

Hörnums beschauliches Zentrum

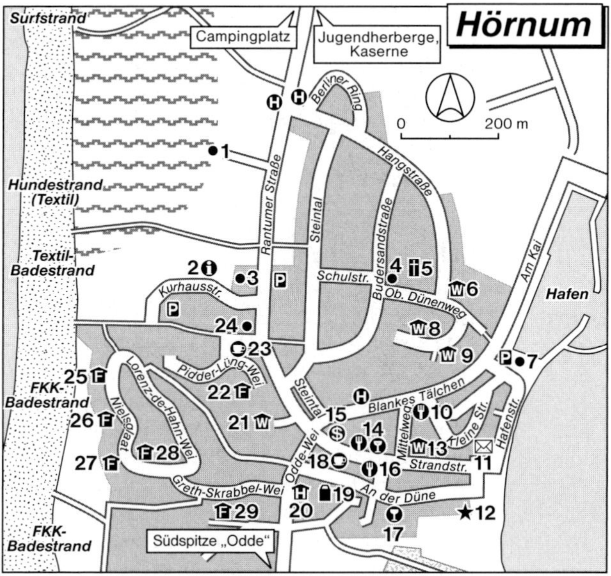

- 1 Naturkundliches Zentrum
- 2 Kurverwaltung
- 3 Der Fahrradverleih
- 4 Fahrradverleih Claßen
- 5 Kirche
- 6 Hüs Likedeeler
- 7 Tickethäuschen für Schiffsausflüge, Bushaltestelle
- 8 Sielaff
- 9 Speth
- 10 Rüm Hart, Restaurant Rostiger Anker
- 11 Post
- 12 Leuchtturm
- 13 Klabautermann
- 14 Pizzeria La Spiaggia und Bistro Fisch Matthissen
- 15 Sparkasse
- 16 Hörnumer Fischreuse
- 17 Sylter Geschichten
- 18 Café Lund
- 19 Tischlerei Kühl
- 20 Hotel Seepferdchen
- 21 in Straße Grünes Tal
- 22 Heitmann
- 23 Café Sonniger Süden
- 24 Kurverwaltung
- 25 Menzel
- 26 Weiland
- 27 Mackensen
- 28 Haus Bärenfils
- 29 Haus Hoppe

Shops fehlen ebenso wie eine Flanierpromenade, in Hörnum dominiert eher rustikaler Geschmack. Das schlägt sich auch in den Preisen nieder, das Preisniveau liegt im Schnitt hier niedriger. In Hörnum kann man wahrlich ruhige Tage verbringen; wer ohne Nachtleben nicht klarkommt, sollte lieber ein anderes Ziel wählen.

Sehenswertes

Leuchtturm

Nicht viel. Der alte Leuchtturm muss erwähnt werden. 1907 erbaut, 34 m hoch, damit Rekordhalter des Ortes, mit einer Lichtreichweite von 21 Seemeilen (38,892 km). Zur Zeit des **Baubeginns** war man auch noch stark auf das Wohlergehen des Leuchtturmwärters bedacht: Gleichzeitig wurde ein „Leuchtfeuerdienstgehöft" gebaut. Der rotweiße Leuchtturm ist eines der ältesten Gebäude von Hörnum, er war Voraussetzung, damit die Passierschiffe, von Hamburg kommend, hier überhaupt ankern konnten.

Außerdem, so erzählt die Historie, war hier im dritten Stock von 1918 bis 1930 die **Schule** untergebracht, Hörnumer Kinder wurden unterrichtet. Das gab man dann aber auf, da der Lehrer ja niemanden in die Ecke stellen konnte ...

1998 ging nach 27 Dienstjahren der Hörnumer **Leuchtturmwärter** in Pension. Der Leuchtturm kann **besichtigt** werden: Mo, Mi, Do, Fr 9.30, 10.30, 11.30 Uhr, Eintritt 4 €, Kinder (8–15 Jahre) 2 €. Infos und Tickets über die Kurverwaltung. Besuche sind nicht möglich bei Eis und Schnee sowie ab Windstärke 6. Im Haus herrscht Rauchverbot, Menschen mit Herzschrittmachern sollten von einem Besuch Abstand nehmen.

Und auch das ist doch mal was anderes, Heiratswillige können hier den **Bund fürs Leben** schließen. Oben ist's ein wenig eng, nur 10 Personen dürfen sich zur Zeremonie dort aufhalten. Eine spezielle Urkunde gibt's dann nach Vollzug.

0068sy Foto: hjf

Der Leuchtturm von Hörnum

Die Orte

Hafen

Der Hafen darf als lokale Attraktion nicht fehlen. Allzu viele Schiffe liegen hier meist nicht, aber regelmäßig starten die Adler-Schiffe zu Ausflügen. Ausgelaufen wird mehrmals täglich zu den Seehundbänken, den Halligen oder auch nach Amrum und nach Nordstrand. Die beiden Nachbarinseln Föhr und Amrum kann man übrigens bei klarem Wetter deutlich vom Hörnumer Hafen aus erkennen.

Der heimliche Star aber ist Willi, ein **Seehund,** der regelmäßig den Hafen besucht und sich bereitwillig füttern lässt. Ein Kiosk am Hafenbecken verkauft dazu den passenden Hering.

Naturkundliches Zentrum

Das Naturkundliche Zentrum liegt in der Rantumer Str. 27, Tel. 88 10 93. Es hat von Dienstag bis Sonntag 10–12 Uhr und 15–18 Uhr geöffnet. Das Naturschutzgebiet Wattenmeer wird anschaulich erklärt. Darüber hinaus werden Wattwanderungen angeboten, alles unter dem Motto „Natur zum Anfassen".

Strandprofil

Hörnum wird langsam aber sicher schmaler. Das mag ein Außenstehender kaum glauben. Tatsache ist aber, dass alljährlich etwa 1,50 m Strand vom Meer geraubt werden, bei Sturmfluten noch ungleich mehr. Die drei Strände von Hörnum sind davon auch betroffen. Der **Hauptstrand liegt an der Westseite,** an der offenen Nordsee. Noch ist er relativ breit, außerdem begrenzt von einer weitläufigen Dünenlandschaft. Einige wenige Wege führen vom Ort durch die Dünen zum Strand, als Nebeneffekt wird hier wirkungsvoll die Kurtaxe kontrolliert. „Ohne" kommt niemand an den Strand, oder nur nach einem längeren Marsch zur Odde, am alten Feuer vorbei. Zwei Abschnitte sind für Hunde reserviert, eine Zone für FKK. Letztere liegt ausnahmsweise sogar im Hauptbereich

171sy Foto: hjf

und nicht, wie bei den meisten anderen Orten, etwas am Rande des Geschehens.

Die Südspitze von Sylt wird **Hörnum Odde** genannt. Dort kann man wunderbar verfolgen, welche Kraft die Elemente haben: Hörnum Odde verliert beständig Sand und verändert seine Lage, vergleichende Fotos belegen dies sehr deutlich. Ein Spaziergang um die Odde gehört zum Pflichtprogramm. Am einfachsten beim Hafen starten, am Leuchtturm vorbei, Kurkarte griffbereit und losmarschiert. Weit ist es nicht, schnell wird die Südspitze erreicht. Von dort sieht man nicht nur bei klarer Sicht deutlich die Nachbarinseln Amrum und Föhr. Hörnum Odde misst an die 100 Meter, der Strand ist naturbelassen, soll heißen, dass hier sowohl Treibholz als auch Steine liegen bleiben. Durch Dünenanpflanzungen wird versucht, dem jährlichen Abtrag Paroli zu bieten.

Ein rötliches „Feuer" erhebt sich etwas im Hintergrund aus den Dünen, von dort genießt der Wanderer einen sehr schönen Rundblick über die Odde. Früher schickte das Unterfeuer genau wie der Leuchtturm am Hafen sein Licht in die Nacht hinaus, um die Seefahrer zu warnen. Wenn nämlich das Licht vom Leuchtturm und vom Unterfeuer übereinstimmten, musste der Kurs geändert werden, die Schiffer liefen Gefahr, in eine Untiefe zu geraten. Das Unterfeuer wurde mittlerweile stillgelegt, da sich vor Odde eine Sandbank gebildet hat, und genau dahin hätte das Licht die Schiffe gelotst.

Der **Oststrand** ist ziemlich schmal und endet in Höhe des Leuchtturms beim Hafen. Für Wanderer, die – eventuell sogar von Westerland kommend – immer am Strand entlang laufen wollen, gäbe es hier die erste Unterbrechung. Aber nur wenige hundert Meter hinter dem Hafen geht's weiter am Strand entlang.

Der schöne, breite Strand von Hörnum Odde

Unterkunft

Vermieteragenturen

- **Nebel,** Steintal 50, Tel. 88 16 33, Fax 88 03 67.
- **Schuster,** Rantumer Str. 4, Tel. 88 10 01, Fax 88 13 33.
- Einige Vermieter haben Häuser, die in einer derart exponierten Lage mitten in den Dünen liegen, dass sie nicht einmal im Unterkunftsverzeichnis der Kurverwaltung auftauchen. Aber die Lage zählt mit zu den schönsten Plätzen der ganzen Insel.

Hotels

- **Hotel am Leuchtturm**€€€-€€€€€, An der Düne 38, Tel. 9 61 00, Fax 88 10 80. Insgesamt 17 FeWos und 3 Zimmer werden angeboten.
- **Hotel Seepferdchen**€€-€€€, Odde Wai 1, Tel. 96 71 33, www.hotel-seepferdchen.de. In sehr ruhiger Lage, direkt vor der Dünenlandschaft steht dieses kleine Haus mit 5 FeWos und 9 Zimmern.

Ferienhäuser

- **Haus Hoppe**€€€€€, Greth-Skrabbel-Wai 1, Tel. (030) 8 53 67 20, Fax (030) 8 53 67 71. Einzelhaus in herrlicher Lage, mitten in den Dünen.
- **Mackensen**€€€€€, Nielsglaat 9, Tel. (05151) 6 54 87. Haus in Top-Lage, auf einer Düne mit Meerblick.
- **Weiland**€€€€€, Nielsglatt 15, über Hussmann zu buchen, Tel. 2 20 02, www.hussmann.sylt.de Top-Lage in den Dünen mit freiem Meerblick. Haus wurde 2003 gründlich renoviert, hat Platz für 6 Personen. Besser geht es kaum noch.
- **Menzel**€€€€€, Nielsglaat 19, Tel. (089) 74 99 64 66, www.menzel-syltferien.de. Rotes Backsteinhaus unter Reet mit Terrasse in Top-Lage, 2000 qm Grundstück.

Für alle Häuser in der Nielsglaat gilt, dass die Straße für den Durchgangsverkehr gesperrt wurde.

- **Heitmann**€€€€€, Pidder-Lüng-Wai 2, Tel. (0531) 27 31 30. Einzeln auf einer Düne stehendes Reetdachhaus.

FeWos

- **Haus Bärenfels,** Nielsglaat, Vermieter: Nebel. Nett gestaltetes Einzelhaus in den Dünen gelegen. Weiter Blick bis zum Meer möglich.
- **Klabautermann**€€-€€€€, Strandstr. 1 A, Tel. 9 63 70, www.sylt-ferien.de. Insgesamt 14 sehr zentral und doch ruhig gelegene Wohnungen für 2–6 Personen, ein eigenes Fitness-Studio, Sauna, Solarium und Whirlpool sind auch vorhanden. Preise je nach Größe, Personenzahl und Saison.
- **Speth**€€ u. €€€, Oberer Dünenweg 5, Tel. 88 03 81. Ruhige Lage in Sackgasse, zwei FeWos.
- **Sielaff**€€, Oberer Dünenweg 19/20, Tel. 88 10 81, www.sylt-sielaff.de. Insgesamt 5 FeWos, teilweise mit Balkon. Grillplätze, Seeblick und Strandkörbe am Haus.
- **Hüs Likedeeler**€€ u. €€€, Oberer Dünenweg 15, Tel. 88 04 82. Zwei FeWos in ruhiger Straße.

In der kleinen **Straße Grünes Tal,** die von der Hauptstraße abzweigt und in einem Wendehammer endet, liegen **einige Mehrfamilienhäuser**€€€-€€€€, weiß geklinkert ohne Reet, direkt vor den Dünen. Unterschiedliche Vermieter.

Jugendherberge

● **Jugendherberge Hörnum,** Friesenplatz 2, Tel. 88 02 94, Fax 88 13 92, www.jugendherberge.de/jh/hoernum. Die Hörnumer JH liegt ein wenig außerhalb des Ortes zwischen dem „Fünfstädteheim" und der Bundeswehrkaserne. Von dort gelangt man aber über einen nahen Übergang in 15 Minuten Fußweg an den Strand. Erreichbar per Linienbus, bei der Haltestelle Hörnum-Nord aussteigen. Das Haus hat 170 Betten, überwiegend in 4-, 6- oder 8-Betträumen untergebracht.

Campingplatz

● **Campingplatz Hörnum,** Tel. 88 12 78, Fax 88 61 11, www.campingplatz-hoernum.de. Geöffnet 1.4.–31.10. Meine ersten Sylt-Erfahrungen sammelte ich hier als kleiner Junge. Mein Vater meinte immer, dass der Hörnumer Zeltplatz ein Sandloch sei. Das stimmt noch immer, er liegt ziemlich idyllisch in den Dünen, direkt am Strand.

Essen & Trinken

● **Café Sonniger Süden,** Rantumer Str. 23, Tel. 88 04 60. Kleine Terrasse, auf der gern frische Friesenwaffeln verzehrt werden.
● **Café Lund,** Rantumer Str. 1, Tel. 88 10 34. Tolles Frühstück ab 9 Uhr und leckeres hausgemachtes Eis.
● **Fisch Matthissen,** Rantumer Str. 8, Tel. 88 17 73. Fischbrötchen in die Hand, aber auch warme Gerichte sowie Verkauf von frischem Fisch.
● **Pizzería La Spiaggia,** Rantumer Str. 2, Tel. 88 17 86. Was wohl?
● **Hörnumer Fischreuse,** Strandstr. 2, Tel. 88 16 78. Mitten im Ortskern gelegenes Fischlokal.
● **Restaurant Rüm Hart,** Blankes Tälchen 6 A, Tel. 88 10 07. Fisch- und Fleischgerichte können auf rustikalen Holzbänken verspeist werden.
● **Restaurant Rostiger Anker,** Blankes Tälchen 8, Tel. 88 10 50. Fischgerichte dominieren die Speisekarte, aber auch das Labskaus wird geschätzt.
● **Sylter Geschichten,** An der Düne 22, Tel. 88 62 11. Schöne Lage, leicht erhöht an den Dünen, mit Terrasse.

172sy Foto: hjf

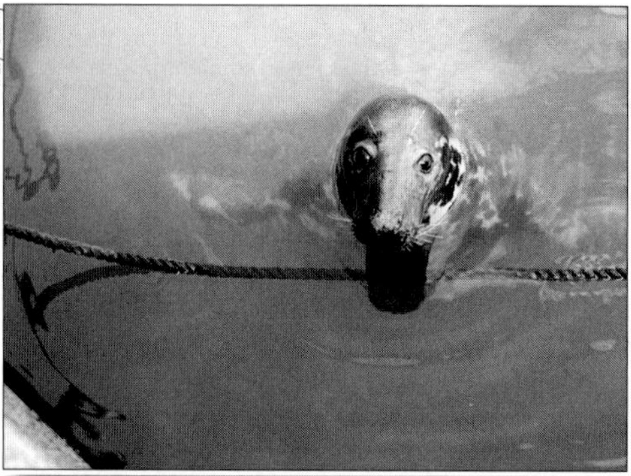

Adressen

Fahrradverleih
- **M. Matthiesen,** Rantumer Str. 25, Tel. 88 10 48.
- **Claßen,** Budersandstr. 27, Tel. 88 03 54.

Kirchen
- **St. Thomas** (ev./luth.), oberer Dünenweg.
- **St. Joseph** (kath.), Rantumer Straße.

Post
- Am Wasser 2-4 (unweit vom Leuchtturm).

Sauna
- **Strandsauna** in finnischem Blockhaus, Süderende 25, Tel. 88 03 00. Geöffnet von April bis Oktober.

Shopping
- **Tischlerei Kühl,** An der Düne 6, Tel. 96 70 71. Strandkörbe und vor allem tolle friesische Bänke werden hier getischlert.

Schiffstouren
- Die meisten Schiffstouren zu den benachbarten Inseln und in die Welt der Halligen starten in Hörnum. Da diese Touren aber von jedem Inselort per Bus oder Auto angesteuert werden, haben wir sie im Allgemeinen **Kapitel Ausflüge** beschrieben.

Taxi
- Tel. 55 55 oder Tel. 50 50.

Seehund Willi
beim täglichen Besuch im Hörnumer Hafen

Munkmarsch

- **Vorwahl:** 04651
- **PLZ:** 25980
- **Einwohner:** etwa 100
- **Kurverwaltung:** keine eigene Adresse, Informationen über Kurverwaltung Keitum
- **Kurtaxe:** 15.5.–30.9. 2,15 €, übrige Zeit 1,30 €, Kinder unter 18 J. frei

Überblick

„Das grüne Herz der Nordseeinsel", so beschreibt ein Prospekt nicht ganz falsch den Sylter Osten. **Sylt-Ost** lautet der offizielle Name, unter dem sich **5 Dörfer zusammengeschlossen** haben. Die fünf Dörfer heißen Munkmarsch, Keitum, Archsum, Morsum und Tinnum. Da sie bei aller räumlichen Nähe ihre Eigenständigkeit erhalten konnten, werden sie im Folgenden auch separat beschrieben. Gemeinsame Merkmale: flache Wiesen- und Weidelandschaft, der dörfliche Charakter und die fehlenden Dünen.

Die Hauptstraße von Keitum nach Wenningstedt führt an **Munkmarsch** vorbei. Der eilige Reisende wirft einen flüchtigen Blick auf den Hafen von Munkmarsch und wird schon wieder hinausgeführt in die Heidelandschaft. Heute streifen die Sylt-Urlauber gerade mal dieses Dörflein, aber bis vor 70 Jahren setzten beinahe alle Reisenden ihren Fuß hier erstmals auf Sylter Boden.

Munkmarsch war der **Hafen** für die Fährverbindung zum Festland. So pendelte einst ein Raddampfer für 400 Passagiere in zwei Stunden zur Insel, und später gab es sogar eine Verbindung von Hamburg über Helgoland und Föhr nach Munkmarsch. Dann wurde 1927 der Hindenburgdamm gebaut, der Hafen verlor seine Bedeutung, ein Jahr später wurde er geschlossen. In den Seekarten wurde lapidar vermerkt: „Hafen geschlossen – Feuer gelöscht." (Gemeint war das Leuchtfeuer.) Damit verfiel der Ort in einen Dornröschenschlaf, aus dem er noch immer nicht so richtig wieder aufgewacht ist.

Heute treffen sich im Hafen Segler und Surfer, außerdem wohnen in Munkmarsch einige überzeugte Fans der Wattenmeerseite, und mittlerweile hat auch ein Spitzenkoch das alte Fährhaus wieder in Schwung gebracht.

Strandprofil

Eher ein Spazierstrand. Das **Wattenmeer** lockt unverwüstliche Liebhaber, aber keine Spur von grandioser Brandung oder einer Flanierpromenade. Auf einem Weg am Ufer kann man bis Braderup laufen bzw. in die andere Richtung bis Keitum.

Unterkunft

Vermieteragenturen

●**Appartementvermietung Jens Postert,** Munkhoog 19, Tel. und Fax 3 24 55.

Hotel

●**Hotel Fährhaus Sylt**€€€€€, Heefwai 1, Tel. 9 39 70, Fax 9 39 710, www.faehrhaus-sylt.de. „Luxus am Watt", so beschreibt sich dieses Haus selbst und hat damit das Wichtigste schon gesagt. Es bietet 20 Zimmer und Suiten, einen 350 m² großen Wellnessbereich, ein Gourmet- sowie ein Regionalrestaurant. Das Haus zählt zu den „Small Luxury Hotels of the world".

Ferienhaus

●**Haus Wattküken**€€€€€, Sönshörn 30, Tel. 3 21 88, www.wattkueken-sylt.de. Einzelhaus mit kleinem Garten am Watt in ausgesprochen schöner Lage.

●**Haus Steinbach**€€€€€, Sönshörn 28, Tel. (0761) 40 70 49. In sehr ruhiger Lage am Watt stehendes Haus für 6 Personen mit Terrasse, Garten und freiem Wattblick.

FeWos

●**Heineccius**€€€€, Lochterbarig 14 C, Tel. (04161) 6 18 30. Eine FeWo in Friesenhaus mit tollem Wattblick.

Essen & Trinken

●**Moby Dick,** Munkhoog 14, Tel. 3 21 20. Restaurant liegt oberhalb des Hafens, bietet fundierte Küche mit schwäbi-

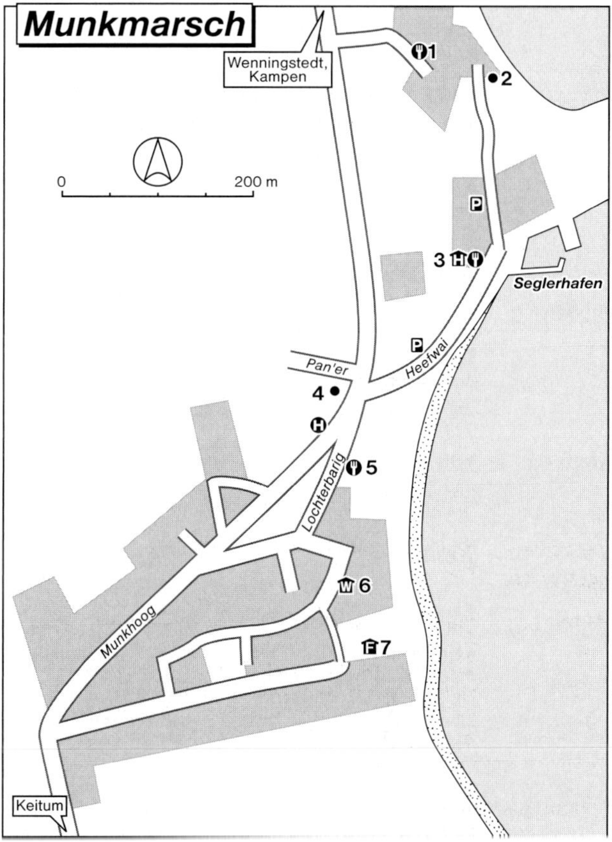

	1	Moby Dick
•	2	Surfschule
	3	Hotel u. Rest. Fährhaus mit
		Rest. Käpt'n Sellner Stuben
•	4	Die Töpferei
	5	Zur Mühle
	6	Heineccius
	7	Haus Wattküken und
		Haus Steinbach

schem Unterton und einen tollen Ausblick aufs Watt. Ab 11 Uhr, Mi Ruhetag.

- **Fährhaus,** Heefwai 1, Tel. 9 39 70. Ein elegantes Gourmet-Restaurant mit herrlichem Blick durch die große Fensterfront aufs Watt. Erstklassige Gerichte, darunter auch ein Überraschungsmenü werden serviert.
- **Käpt'n Sellner Stube,** im gleichen Haus zu finden, bietet regionale Gerichte in gemütlichem Ambiente.
- **Zur Mühle,** Lochterbarig 24, Tel. 38 77. Schöne Lage mit Terrasse und Wattblick, bürgerliche Küche. Di Ruhetag.

Adressen

Surfen

- **Sylt-Sportiv,** Heefwai 4, am Hafen, Tel. 93 50 77. Bieten auch einen „Probierkurs für Unentschlossene", und „Junior Surfer" für Kinder. *Calle Schmid* gibt auch Golfunterricht, Anfänger können auf einem kleinen Green den richtigen Schwung üben. Ebenfalls kann hier der Segel- oder Motorbootschein gemacht werden.

Töpferei

- **Die Töpferei,** Munkhoog 47, Tel. 93 53 34.

Keitum

- **Vorwahl:** 04651
- **PLZ:** 25980
- **Einwohner:** 1200
- **Kurverwaltung:** Am Tipkenhoog 5, Tel. 3 37 33, Buchungshotline: (01805) 55 79 58 (0,12 €/Min.), Fax 3 37 37, e-mail: tourismus@sylt-ost.de, www.sylt-ost.de.
- **Kurtaxe:** 15.5.–30.9. 2,15 € übrige Zeit: 1,30 €, Kinder unter 18 J. frei

Überblick

Das **schönste Dorf der Insel,** ohne Diskussion! Teilweise 200, ja 300 Jahre alte, reetgedeckte Kapitänshäuser, hundertjährige Kastanien und Ulmen und ruhige, idyllische Straßen prägen das Bild.

1997 mussten allerdings 550 **Ulmen** gefällt werden, von einer tödlichen Krankheit befallen. Das veränderte natürlich das Ortsbild, aber noch stehen genügend Bäume.

Obendrein schmiegt sich Keitum an die Küste, ein Wanderweg am Ufer lockt zum Bewundern

von Watt und Friesenhäusern. Keitum zeichnet sich aus durch ein **intaktes Ortsbild,** wenig neue Häuser und vor allem kaum Neureiche, wie man sie so zahlreich in Kampen antrifft. Keitum muss man zu Fuß erkunden, erst dann erschließt sich einem so richtig der Reiz, atmet man den Duft der Blumen, die hinter den Friesenwällen wachsen.

Sehenswertes

Kirche St. Severin

Die Kirche liegt etwas außerhalb an der Straße nach Wenningstedt. Geöffnet: 9.30–16.30 Uhr, „außer bei Amtshandlungen". Jeden Mittwoch 20.15 Uhr Orgelkonzerte, außerdem finden Kirchenführungen am Mo und Do um 17 Uhr statt.

Die wohl berühmteste Kirche der Insel zeigt sich ziemlich schlicht, zumindest **von außen.** Helle Mauern, steil und schnörkellos aufragend, ein kaum höher ragender Glockenturm, das war's. Die Kirche wurde dreischiffig gebaut, deutlich aus der Ferne erkennbar sind Apsis, Chor und Langhaus. Wer über den Hindenburgdamm gefahren kommt, kann die Kirche kurz vor Erreichen des Bahnhofes Westerland rechts gut erkennen. Mit

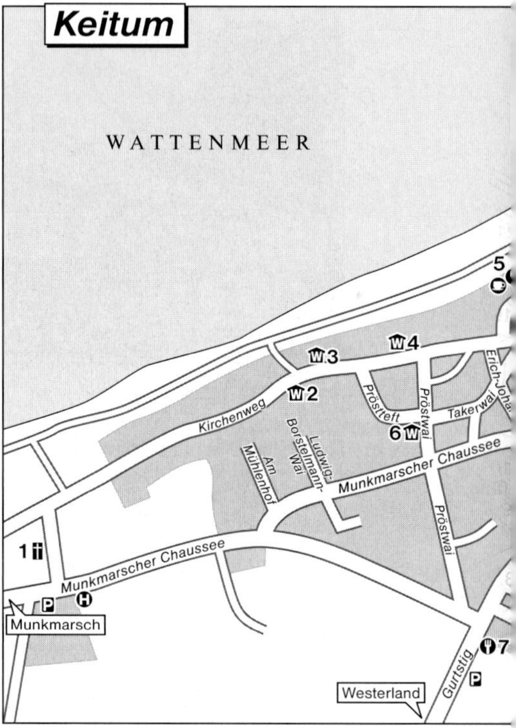

1 Kirche St. Severin
2 Landhaus Beck
3 Keitumer Hafenhaus
4 Jansen
5 Witthüs Töpferei,
Piu's,
Nielsen's Kaffeegarten
6 Haus Windeck
7 Le Padrino
8 Kleine Teestube
9 Rest. Sünhair
10 Hotel Seiler-Hof
11 Christel's Fahrrad-verleih
12 Nielsen
13 Dankers
14 Hotel Benen-Diken-Hof
15 Sylter Teekontor und
Das Friesische Käselädchen
16 Alte Friesenwirtscha
17 Fisch-Fiete
18 Denkmal Uwe Jens Lornsen
19 Kleine Küchenkate
21 Altfriesisches Haus
22 Karsten Wulff

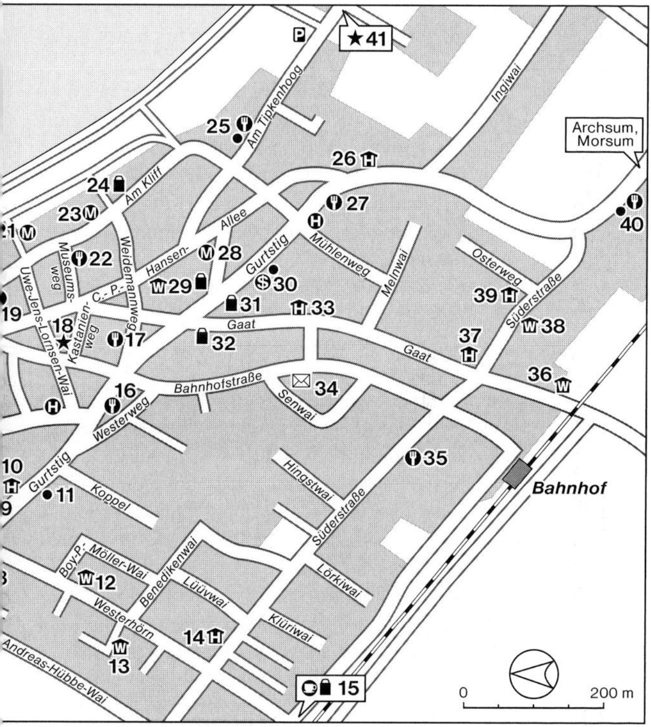

- 23 Sylter Heimatmuseum
- 24 Friesische Keramik
- 25 Meerwasserschwimmbad, Kurverwaltung, Watt'n Blick
- 26 Hotel Kamp's
- 27 Landschaftliches Haus
- 28 Feuerwehrmuseum
- 29 Haus Ulrich, Chez Bella
- 30 Sparkasse, Reitstall Hoffmann
- 31 Fahrrad Vermietung Sylt-Ost
- 32 Töpferei Skodula
- 33 Groot's Hotel
- 34 Post
- 35 Salon 1900
- 36 Haus Johannsen
- 37 Hotel Aarnhog
- 38 Maß
- 39 Hotel Wolfshof
- 40 Reitschule Grünhof, Grünhof-Stuben
- 41 Hünengrab Tipkenhoog und Harhoog

etwas Phantasie lässt sich ein fahrendes Schiff erahnen, zumal St. Severin auf dem höchsten Punkt bei Keitum errichtet wurde.

Die Kirche hat zwei **Eingänge,** früher betraten Männer und Frauen getrennt das Gotteshaus, die Männer kamen durch das Südportal. Beim Eintreten fallen an der inneren Tür die Griffe auf, die Walen nachempfunden sind, eine Referenz an die Sylter Walfangvergangenheit. Das Innere ist ebenfalls nordisch schlicht gehalten.

Das Prunkstück der Kirche stellt die **Orgel** dar, jeden Mittwoch finden hier Orgelkonzerte statt, die inselweit berühmt geworden sind. St. Severin ist dann regelmäßig bis auf die letzten Plätze besucht. Einen weltbekannten Organisten hat es auch nach Keitum verschlagen: *Matthias Eisenberg,* der vorher beim Gewandhausorchester in Leipzig tätig war. Eine neue Orgel müsse her, befand *Eisenberg* nach einiger Zeit, und nach einigem Hin und Her kamen tatsächlich gute 800.000 € zusammen. Ein anonymer Spender rückte tatsächlich rund eine halbe Million Euro heraus, nachdem er anlässlich einer Trauung dem begnadeten Spiel von Eisenberg begeistert lauschte. Auch das ist Sylt!

Erbaut wurde St. Severin im 13. Jh., erst 200 Jahre später kam der **Glockenturm** dazu. Bis 1603 diente er „nebenbei“ als Seezeichen, bis 1803 auch als Gefängnis. Eine Sage erzählt, dass eines Tages die Glocke herabstürzen und einen Jüngling treffen werde. Obendrein werde irgendwann einmal der ganze Turm zusammenbrechen und eine Jungfrau erschlagen. Tatsächlich fiel Weihnachten 1739 die Glocke hinunter und traf einen Jungen tödlich. Seitdem sollen die jungen Mädchen Keitums einen weiten Bogen um den Turm gemacht haben. Die Sage erzählt weiterhin, dass die beiden auffälligen Steinplatten an dem Turm die Grabsteine der Stifterinnen waren, Ing und Dung mit Namen.

Das Sylter Heimatmuseum im Winter

Pastor *Traugott Giesen* ist mittlerweile eine Art Star in Keitum. Seine humorvollen und mit voller Rhetorik vorgetragenen Predigten locken ständig Zuhörer, die 800 Plätze sind oft voll. Im Internet ist die Kirche auch schon: www.st-severin.de.

Feuerwehrmuseum

C.P. Hansen-Allee, gegenüber der Feuerwache, Öffnungszeiten: März–Oktober Do 10.30–13.00 Uhr, Eintritt 1 €.

Im ehemaligen **Keitumer Spritzenhaus** wurde ein kleines Museum mit etwa 200 Exponaten rund ums Thema „Feuerwehr" eröffnet. Zu besichtigen sind Helme, Uniformen, Pumpen und teilweise historische Gerätschaften.

Sylter Heimatmuseum

Am Kliff 19, Tel. 3 16 99, geöffnet: April–Oktober täglich 10–17 Uhr, November–März Di–Fr, 13–16 Uhr, Eintritt: Erw. 2,20 €, Kinder 6–17 Jahre 1,10 €, Kombikarte für Heimatmuseum und Altfriesisches Haus: 2 Erw. sowie eigene minderjährige Kinder 10,00 €.

Gezeigt wird ein bunter Querschnitt durch **Sylter Tradition und Historie.** So werden unterschiedliche Kachelmuster vorgestellt, eine Sammlung von Standuhren, Truhen, Fossilien, friesischen Trachten, dazu Schiffsmodelle und auch Buddelschiffe. Eine eigene Abteilung wurde dem lokalpa-

173sy Foto: sm

073sy Foto: hjf

triotischen Sylter Landvogt *Uwe Jens Lornsen* gewidmet, eine andere dem Maler und Fotografen *Magnus Weidemann*.

Altfriesisches Haus

Am Kliff 13, Tel. 3 11 01, geöffnet April–Oktober täglich 10–17 Uhr, November–März Di–Fr 13–16 Uhr, Eintritt: Eintritt: Erw. 2,20 €, Kinder 6–17 Jahre 1,10 €, Kombikarte für Heimatmuseum und Altfriesisches Haus: 2 Erw. sowie eigene minderjährige Kinder 10,00 €.

Das Haus wurde 1907 vom Söl'ring Foriining von den Nachfahren *C. P. Hansens* gekauft, es wird heute als **Beispiel für eine friesische Wohnung** unterhalten. Erbaut wurde das Haus 1739 von einem Keitumer Kapitän, eine Ahnengalerie in der Stube erklärt die verzweigte Familienchronik. Der heutige Besucher wandert staunend durch die relativ engen und niedrigen Räume, blickt in die Küche, die Stube und den Pesel, die gute Stube (Pesel werden auch heute noch in manchen Edelrestaurants die angegliederten Bistros genannt, wo es preiswertere Gerichte gibt). Geheizt wird hier übrigens nicht, aus Sorge um das antike Mobiliar, deshalb reißt die Museums-Betreiberin

Altfriesisches Haus in Keitum

Uwe Jens Lornsen – Aufrührer auf Sylt

074sy Foto: hjf

„Meine Sache ist so klar wie die Sonne". Derart selbstbewusst äußerte sich *Uwe Jens Lornsen* bei seiner Verhaftung. Ungebrochen saß er ein Jahr in Haft und wich dabei nicht ab von seiner Überzeugung. Damals galt er als Aufrührer, als Umstürzler, heute wird er als **größter Sohn der Insel** geehrt, nicht nur in Keitum, seinem Geburtsort. Dort steht mitten im Ort ein Denkmal mit dem eingangs zitierten Ausspruch. Auch die höchste Erhebung der ganzen Insel, die Uwe-Düne bei Kampen, wurde ihm zu Ehren benannt. Und Mitte 1998 befürworteten heimatverbundene Friesen sogar eine Umbenennung des Hindenburgdammes in seinen Namen. Wer war dieser Mann?

Am 18.11.1793 im beschaulichen Keitum geboren, wollte er, ganz im Sinne der Familientradition, zur See fahren. Dies war auf Grund damaliger politischer Konstellationen (Kontinentalsperre) nicht möglich. Nach erfolgreichem Schulbesuch in Tondern ging er nach Kiel, begann 1814 ein **Jurastudium.** Zwei Jahre später wechselte er nach Jena und schloss 1820, wieder in Kiel, sein Studium ab. In diesen Jahren kam er mit freiheitlichem Gedankengut in Berührung.

1822 ging er nach Kopenhagen, arbeitete an einer der damals wichtigsten Behörden, der Schleswig-Holsteinisch-Lauenburgischen Kanzlei. Schnell machte er Karriere, wurde Kanzleirat und 1830 zum **Landvogt auf Sylt** berufen. *Lornsen* war Dank seines Studiums und beruflichen Werdegangs mit Verfassungs- und Verwaltungsfragen zu Schleswig-Holstein beschäftigt – er war ein Experte auf diesem Gebiet.

Kurz vor seinem Amtsantritt auf Sylt verfasste er eine zwölfseitige Flugschrift „Über das Verfassungswerk in Schleswigholstein" (er schrieb es bewusst in einem Wort). Diese Schrift ließ er in 9000 Exemplaren drucken, die aufgestellten Forderungen sollten an den dänischen König weitergegeben werden. Im Kern ging es um **mehr Autonomie für Schleswig-Holstein;** so sollte ein eigener Gerichtshof in Schleswig eingerichtet werden, eigene Regierungsstellen in Kiel und Schleswig und eine eigene Verwaltungsbehörde, der alle Landesbehörden untergeordnet waren. Dänemark und beide Herzogtümer sollten einen Doppelstaat bilden.

Die Schrift fand unter der Bevölkerung eine große Resonanz, aber dem dänischen König gefiel sie überhaupt nicht. *Uwe Jens Lornsen* wurde als Verschwörer verhaftet, kaum zehn Tage war er als Landvogt auf Sylt im Amt. Die Anklage: „gesetzwidrige und die öffentliche Ruhe gefährdende Umtriebe"; das Urteil: ein Jahr **Festungshaft.** Die Sylter protestierten. *Lornsen* hielt an seinen Ideen fest, so saß er dieses Jahr tatsächlich ab. 1832 kehrte er auf die Insel zurück, der Staatsdienst blieb ihm aber verschlossen.

Gesundheitlich angeschlagen und **depressiv** wegen seines offenkundigen Misserfolgs fuhr er nach Brasilien. Dort hoffte er auf Heilung, kehrte aber 1837 nach Europa zurück. Unweit von Grenoble vollendete er sein Buch „Die Unions-Verfassung Dänemarks und Schleswigholsteins", in dem er die Zusammengehörigkeit beider Herzogtümer darlegte und für eine Union mit Dänemark eintrat. Seine Depressionen verschlimmerten sich, er fühlte sich todkrank. In der Nacht zum 12. Februar 1838 setzte *Lornsen* seinem Leben ein Ende.

an kalten Wintertagen die Eintrittskarten in Pudelmütze und Handschuhen ab.

Uwe-Jens-Lornsen-Denkmal

Das Denkmal ist auf einem kleinen Platz beim Uwe-Jens-Lornsen-Wai, Ecke Kastanienweg, zu finden. *Lornsen* gilt als einer „der größten Söhne der Insel".

Hünengräber

Am Ortsrand von Keitum, nicht weit hinter dem Meerwasserschwimmbad, an der Straße Am Tipkenhoog, liegen zwei Grabanlagen, ein Grabhügel und eine Grabkammer. Die gut erkennbare Grabkammer, **Harhoog** genannt, stammt etwa aus dem Zeitraum von 2500 v. Chr. Ursprünglich befand sich der Harhoog auf einem Gelände, das heute zum Sylter Flughafen gehört. Als der Flugplatz gebaut wurde, verlegte man die Grabkammer an die Straße Am Tipkenhoog.

Diese Stelle wurde gewählt, weil sich gleich nebenan der **Tipkenhoog** erhebt, ein Grabhügel der jüngeren Steinzeit. Von diesem Hügel genießt der Betrachter eine tadellose Fernsicht, mit Glück bis zum Festland. Eine Tafel berichtet von einem Riesen namens Tipken, der einst einen Turm an der Landspitze sein eigen nannte und im Kampf gegen Festländer fiel. So wurde er dann unter seinem „Törn" (Turm) beerdigt.

075sy Foto: hif

076sy Foto: hjf

Hier findet übrigens das alljährliche Keitumer **Biikebrennen** statt.

Friesenhäuser

In Keitum stehen die schönsten Friesenhäuser der ganzen Insel. Etliche wurden von wohlhabenden **Kapitänen** am Ende ihrer Laufbahn erbaut, zählen oftmals schon gute 200 Jahre. Fast überall sind sie von hohem Baumbestand umgeben, im ganzen Dorf rauschen die Ulmen und Kastanien, ein **harmonisches Gesamtbild.** Besonders reizvolle Häuser stehen im Terkwai. Manchem Hausbesitzer wurde die ewige Knipserei derart viel, dass er dunkle Vorhänge vor die Fenster hängte.

Und aus etlichen Häusern blicken kleine niedliche **Porzellanpekinesen** verstohlen aus den Fenstern, achten Sie mal darauf.

Kur-Taxe

In der Saison, etwa Juni bis Oktober, wird eine so genannte „Kur-Taxe" angeboten, eine neue Art der Fortbewegung, um den Ort kennen zu lernen. Ein **Planwagen,** gezogen von zwei Pferden, bietet Platz für 15 Personen. Mehrmals am Tag zockelt er durch

Friesenhaus

Das Megalithengrab „Harhoog"

den Ort, ausgehend vom Parkplatz West, für Inhaber einer Kurkarte übrigens zum ermäßigten Preis.

Strandprofil

Klare Aussage, für seinen Strand ist Keitum nicht gerade berühmt. Wie überall **an der Wattseite** verläuft er relativ schmal, wird von einem Wanderweg begrenzt. Natürlich kann man sich auch hier bräunen und verträumt aufs Meer schauen – sofern es sich nicht wegen Ebbe zum Horizont zurückgezogen hat. Wer jedoch Nordseebrandung sucht, muss rüber zur Westseite.

Unterkunft

Vermieteragenturen

- **Helga Wedell,** Bahnhofstr. 12, Tel. 3 33 33, www.wedell-sylt.de
- **Maike Ossenbrüggen,** Gurtstig 37, Tel. 3 15 07, www.fewoauf sylt.de

Hotels

- **Hotel Aarnhog**€€€€€, Gaat 13, Tel. 39 90, Fax 3 99 10. www.aarnhoog.de. Eine tolle Anlage mit hohem Service. Dezenter Luxus unter Reet bei nur 12 Suiten und einem Doppelzimmer. Außerdem: 300 m² großer Wellnessbereich, Pool, Dampfbad, Tee- und Kaffeestuuv und alles in allem eine angenehm dezente, fast private Atmosphäre.
- **Groot's Hotel**€€€€€, Gaat 5, Tel. 9 33 90, Fax 3 29 53, www.groots-hotel.de. Elf Zimmer in einem roten Backsteinhaus unter Reet mit nettem Garten.
- **Hotel Seiler-Hof**€€€€€, Gurtstig 7, Tel. 9 33 40, Fax 93 34 44. Elf Zimmer in Haus mit kleinem Garten.
- **Hotel Benen-Diken-Hof**€€€€€, Süderstr. 3, Tel. 9 38 30, Fax 93 83 83, www.benen-diken-hof.de. Insgesamt 40 Zimmer im Reetdach-Haus mit großem Garten. Nette Bar, angenehme Atmosphäre, eigener Frühstücksraum für Nichtraucher, Winterermäßigung.
- **Hotel Wolfshof**€€€€€, Osterweg 2, Tel. 34 45, Fax 3 11 39. Nur 13 Zimmer in nicht zu großem Haus mit Garten und Liegewiese.
- **Kamp's**€€€€€, Gurtstig 41, Tel. 9 83 90, Fax 98 39 23, www.kamps-sylt.de. 7 Zimmer in einem schönen reetgedeckten Haus und nettem Café.

FeWos

- **Keitumer Hafenhaus**€€-€€€€, Kirchenweg 28, Tel. 9 39 60, Fax 93 96 27, www.keitumerhafenhaus.de. Schön am Wattenmeer gelegenes Haus mit acht FeWos, für Nichtraucher.

●Landhaus Beck€€€-€€€€€, Kirchenweg 27, Tel. 3 14 30, Fax 3 01 45. Schönes Reetdach-Haus mit fünf FeWos, liegt etwas erhöht mit tollem Blick aufs Watt, große Liegewiese.
●Kehrl€€€€€, Am Kliff 27, Tel. (040) 5 24 68 64, Fax (040) 5 24 81 93. Reetdach-Haus mit 2 FeWos, liebevoll eingerichtet, großzügiger Garten, keine Haustiere!
●Hoffmann€€-€€€€€, Gurtstig 46, Tel. 3 15 63, Fax 3 58 73, www.reitstall-hoffmann.de. Vier FeWos, Reitmöglichkeit, familienfreundlich.
●Maß€€, Süderstr. 56 A, Tel. 37 57. Eine FeWo in Einzelhaus, Garten mit Sauna.
●Nielsen€, Westerhörn 5, Tel. 3 16 64. Zwei FeWos in kleinerem Haus mit Garten.
●Dankers€€€, Westerhörn 46, Tel. (0221) 60 25 67. Eine FeWo in einem Haus in ruhiger Lage.

Privatzimmer

●Haus Ulrich€, C.P.-Hansen-Allee 4, Tel. 3 21 95. Kleines Reetdachhaus mit Etagendusche und Garten in zentraler Lage.
●Haus Johannsen€, Gaat 17, Tel. 3 18 48. Vier Zimmer in weißem Reetdachhaus mit Etagendusche, kaum 100 Meter vom Bahnhof entfernt.

Essen & Trinken

●Nielsen's Kaffeegarten, Am Kliff 5, Tel. 3 16 85. Toller Blick aufs Watt von der etwas erhöht liegenden Terrasse. Von Mo–Fr bereits ab 8.00 Uhr geöffnet.
●Pius, Am Kliff 5, Tel. 88 91 438, eine Vinothek, betrieben von *Pius Regli,* dem Wirt des Kampener Lokals „Manne Pahl". Auffällig viele Weinflaschen dekorieren schon draußen das Bistro. Reichlich offene Weine im Angebot, kleine Snacks und eine gemütliche Atmosphäre. Ab 14 Uhr.
●Kleine Küchenkate, Hoyerstig, Tel. 3 33 87. Ein winziges Lokal mit rustikal-gemütlichem Gärtchen.
●Karsten Wulff, Museumsweg 4, Tel. 3 03 00. Eigenwerbung: „die gute Fischküche". Der Patron fuhr einst zur See, heute werden die Gäste mit Köstlichkeiten, auch im gemütlichen Garten, verwöhnt. Originell gestaltete Speisekarte. Ab 12 Uhr, Mo Ruhetag.
●Watt'n Blick, Am Schwimmbad, Tel. 3 33 06. Der Name ist Programm, toller Blick aufs Freibad und bis zum Watt. Mi Ruhetag im Winter, So im Sommer.
●Landschaftliches Haus, Gurtstig 54, Tel. 3 18 40. Gemütliches Lokal mit friesischen Fliesen geschmückt. Gutbürgerlicher Küche. 12–14.30 und ab 18 Uhr.
●Alte Friesenwirtschaft, Gurtstig 32, Tel. 3 33 68. Lokal mit kleinem Garten und einer Küche, die auch über die Landesgrenzen schaut. Ab 12 Uhr.

- **Kleine Teestube,** Westerhörn 2, Tel. 3 18 62. Ein friesisch-gemütliches Lokal mit kleinem Garten, Spezialität sind hausgemachte Waffeln. Do Ruhetag.
- **Grünhof-Stuben,** Süderstr. 80, Tel. 3 15 01. Kleines, nettes Lokal, liebevoll eingerichtet, Hausmannskost, Mo Ruhetag.
- **Salon 1900,** Süderstr. 40, Tel. 93 60 00. Kleines Lokal mit Garten, Keitumer Szene-Treff von 12.00 bis 3.00 Uhr.
- **Fisch-Fiete,** Weidemannweg 2, Tel. 3 21 50. Der Name ist auch hier Programm. 12–15 Uhr und ab 18 Uhr, Mittwoch Ruhetag.
- **Il Padrino,** Gurtstieg 2, Tel. 3 18 84. Klassische Pizzeria
- **Sünhair,** Erich-Johannsen-Wai 2, Tel. 93 54 50. Kleiner Gag zur Begrüßung: der friesische Name des Lokals ist einem Ortsschild nachempfunden und bedeutet „Wohlsein". Besonders empfehlenswert sind die ungewöhnlichen Pizza-Angebote. 15–22 Uhr. Keine Reservierung.

Adressen

Fahrradverleih

- **Fahrrad Vermietung Sylt-Ost,** Gurtstig 44, Tel. 3 28 79.
- **Christel's Fahrradverleih,** Gurtstig 24 A, Tel. 3 27 97.
- **M&M,** Weidemannsweg 1, Tel. 3 01 20.

Schwimmbad

- **Meerwasserschwimmbad** am Kliff, So geschlossen.

Shopping

In Keitum hat sich speziell entlang der Hauptstraße Gurtstig eine kleine **Shoppingmeile** herausgebildet, in der neben den hier genannten Geschäften auch einige edlere Boutiquen liegen.

- **Der kleine Teeladen,** Gurtstig 44.
- **Witthüüs-Töpferei,** Am Kliff 1.
- **Friesische Keramik,** Am Kliff 25, Tel. 3 16 53.
- **Chez Bella,** Gurtstig 25. Finnische Mode.
- **Töpferei Skodula,** Gaat 6, Tel. 3 15 87.
- **Sylter Teekontor,** Siidik 15, Tel. 3 35 70. Teeverkauf und Versand in alle Welt. Jeden Dienstag um 19 Uhr hält *Martina Nimz-Janssen* ein Teeseminar mit Verkostung verschiedener Teesorten ab.
- **Das friesische Käselädchen,** Siidik 6, Mitte Feb.–Anf. Nov. Mo–Sa 10–13 Uhr, im Sommer auch 14–17 Uhr. Käsespezialitäten, Wurst, Weine, Brände.

Reiten

- **Reitschule Grünhof,** Süderstr. 80, Tel. 3 12 08. täglich Reitunterricht und Ausritte.
- **Reitstall Hoffmann,** Gurtstig 46, Tel. 3 15 63. Täglich um 10 Uhr Ausritte.

Kinder

- In der Saison von Ende Juni bis Ende August findet ein spezielles Kinderprogramm unter dem Stichwort **„KiPro-**

Club" in Sylt-Ost statt. Von Wattwandern über Tierparkbesuch bis zum Fußball- und Handballcamp reicht die Palette.

Taxi

- Tel. 66 99

Archsum

- **Vorwahl:** 04651
- **PLZ:** 25980
- **Einwohner:** 400
- **Kurverwaltung:** Alte Dorfstraße, Tel. 3 37 44, Fax 3 37 47, Internet: siehe Keitum.
- **Zimmernachweis:** Tel. 3 37 44
- **Kurtaxe:** die gleichen Sätze wie überall in Sylt-Ost, Details unter Keitum

Überblick

Archsum ist ein kleines, absolut **ländlich geprägtes Dorf.** Hier existieren sogar noch Bauernhöfe, die nicht die Landwirtschaft zugunsten der Touristen aufgegeben haben. Ein Spaziergang durch die wenigen Straßen ruft die Erinnerung an ein Dorf in der holsteinischen Marsch wach. Weit weg, so scheint es, liegen das mondäne Westerland und

155sy Foto: hjf

das prominente Kampen. Hier tuckert der Bauer mit seinem Trecker über die schmale Straße, hin zu seinem Feld, da muss dann auch der eilige Porschefahrer warten. Kaum verlässt man das Dörflein, wandert der Blick kilometerweit über das platte Land, erkennt erst am fernen Horizont einen Deich. Dünen fehlen hier völlig – auch das ist Sylt. Hier urlauben Feriengäste, die dem Sylter Trubel entgehen wollen und die Ferien auf dem Lande schätzen. Und zu den Stränden von Westerland ist es ja trotzdem nicht allzu weit. Die Bauernhöfe liegen weit am Ortsrand verstreut, genügend Friesenhäuser wurden im Dorfkern errichtet. Archsum wurde weniger von Fremden eingenommen, deshalb konnten sich hier friesischer Brauch und Sprache länger halten.

Sehenswertes

Burg

Schon vor rund 2000 Jahren war Archsum besiedelt, und genau wie in Tinnum wurde hier eine Burg errichtet. Die ehemalige Burg wurde im Laufe der Jahrhunderte nahezu vollständig zerstört. Reste von 65 **Findlingen aus dem Burgwall** liegen hübsch angeordnet im Dorfzentrum direkt neben der Kurverwaltung.

Modjes Küül

Eine weitere örtliche Sehenswürdigkeit kann nur mit etwas Aufwand und nur bei Ebbe betrachtet werden: Hinter dem Deich liegt ein gut 4000 Jahre altes **Megalithgrab.** Die Stelle wird „Modjes Küül" (Mutters Keller) genannt. Zu finden: Vom Dorfzentrum über Uaster Reeg fahren, rechts in den Weesterstich einbiegen, dann links in den Deichweg. Diesem bis zum Deich folgen, dort noch etwa 800 m auf dem Deich nach rechts gehen. Der **Deich** wurde 1938 errichtet, um das platte Land vor den herbstlichen Sturmfluten zu schützen.

S. 151: Ungewohnte Begegnung im ländlichen Archsum

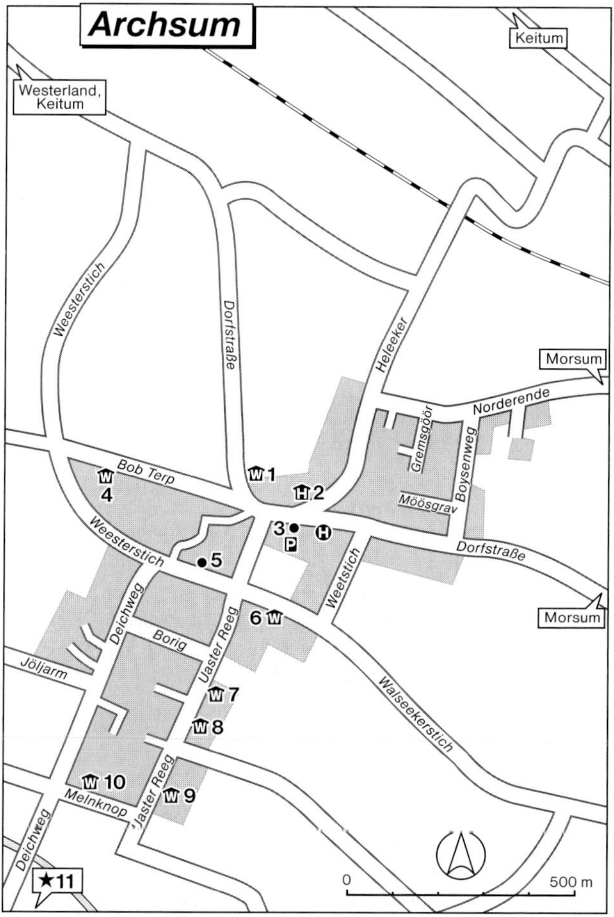

🏠	1	Ual Skiin
H	2	Hotel Christian VIII
•	3	Kurverwaltung
🏠	4	Feriendomizil Wünschmann
•	5	Fahrradverleih Schibielok
🏠	6	Teewelkenhüs
🏠	7	Thaysen
🏠	8	Jensen
🏠	9	Hinrichsen
🏠	10	Melnknop 1
★	11	Megalithengrab

Strandprofil

Archsum liegt ein bis zwei Kilometer vom **Wattenmeer** entfernt. Die dortigen Strände glänzen durch grandiose Einsamkeit, bleiben aber auch sehr schmal. Wer in der Brandung toben will, fährt gleich an die Westseite.

Unterkunft

Hotels

- **Hotel Christian VIII**€€€€€, Heleeker 1, Tel. 9 70 70, Fax 97 07 77, www.christianviii.de. Insgesamt 22 luxuriöse Suiten in drei reetgedeckten Häusern mit Restaurant, Schwimmbad, Sauna, Solarium in einem 7000 m² großem Park.

FeWos

- **Ual Skiin**€€, Dorfstr. 1 A, Vermieter: Litzkow, Tel. 97 70 70, Fax 97 70 71. Die „alte Scheune" liegt am Ortseingang, ein altes Reetdach-Haus mit Garten.
- **Thaysen**€€, Uaster Reeg 9, Tel. 89 07 04. Eine FeWo auf einem Friesenhaus aus dem Jahr 1784 in ruhiger Lage.
- **Jensen**€€, Uaster Reeg 17, Tel. 89 10 78, Fax 89 10 83. Eine 45 m² große FeWo, schöner großer Garten mit hohem Baumbestand.
- **Hinrichsen**€€-€€€, Uaster Reeg 23, Tel. 89 06 37, www.hinrichsen-sylt.de. Vier FeWos in ländlicher Idylle mit freiem Blick über die Wiesen.
- **Teewelkenhüs**€€€, Walseekerstich 4, Tel. 89 04 88. Vier FeWos in Einzelhaus mit großem Garten, Pool und Sauna.
- **Melnknop 1**€€€€, Hausteil in einem sehr schönen Reetdachhaus am Ortsrand mit freiem, weiten Blick über die Wiesen. Vermieter: Litzkow.
- **Feriendomizil Wünschmann**€€€€, Bobtäärp 13, Tel. 50 25. Zwei unterschiedlich große FeWos in mittelgroßem Reetdachhaus mit Terrasse und Strandkorb in leicht zurückversetzter Lage.

Adressen

Fahrradverleih

- **Schibielok,** Weesterstich 2, Tel. 89 03 49.

Morsum

- **Vorwahl:** 04651
- **PLZ:** 25980
- **Einwohner:** 1100
- **Kurverwaltung:** Muasem Hüs, Bahnhofstraße, Tel. 3 37 55, Fax 3 37 57, Internet: siehe Keitum.
- **Zimmernachweis:** Tel. 3 37 55
- **Kurtaxe:** siehe Keitum

Überblick

Aufpassen, wer über den Hindenburgdamm anreist, den empfängt als erster Ort Morsum. Allzu viel wird der eilige Bahnreisende wohl trotzdem nicht sehen, denn die **Bahntrasse** verläuft recht bald direkt vor einem Wall, der die Sicht versperrt. Vorher kann auf der rechten Seite aber das Restaurant Morsum Kliff erspäht werden, das erste Gebäude auf Sylter Boden. Kurz danach rollt der Zug durch eine weite, flache Wiesenlandschaft, und hier kann der Besucher noch einen Blick auf die letzten Häuser von Morsum erhaschen.

Morsum ist ein **kleines Dorf,** der Ortskern liegt zwischen Bahnhof, Kirche und Kurverwaltung. Schöne alte Friesenhäuser prägen das Bild, in den Ausläufern dann der eine oder andere bäuerliche Betrieb. Vor der Wattseite entstanden einige stilvolle Häuser. Auch hier im ländlichen Morsum macht sich eine Tendenz breit, die in Kampen zum Alltag gehört, nämlich, dass Häuser den überwiegenden Teil des Jahres leer stehen. Trotzdem bleibt Morsum von Promis und Schickis verschont, der dörflich-ländliche Charakter prägt Bewohner und Lebensrhythmus.

Sehenswertes

Kirche St. Martin

Die Morsumer Kirche St. Martin ist die **älteste Kirche von Sylt,** und wurde in der ersten Hälfte des 12. Jh. erbaut. 1240 wurde das Gotteshaus dann erstmals urkundlich erwähnt. Die Kirche ist relativ

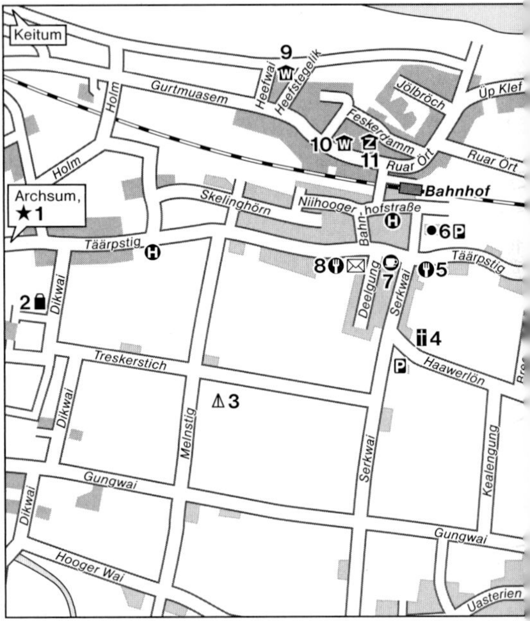

★ 1 Eisboot
2 Kosmetik-Pesel
⚠ 3 Campingplatz
4 Kirche St. Martin
5 Zum Sonnenschein
• 6 Kurverwaltung
7 Café Ingwersen
8 Morsumer Kayser und
✉ Post
9 Heefstegelik 3
10 Gurtmuasem
11 Landhaus Maron
12 Braunschweig
13 Nes Pük
14 Nuurhörn 30
• 15 M&M Fahrradverleih
16 Litjmuasem
• 17 Reiterhof Lobach
18 Fränkische Weinstube
19 Zum Wäldchen 13
20 Morsum Kliff
★ 21 Morsumkliff

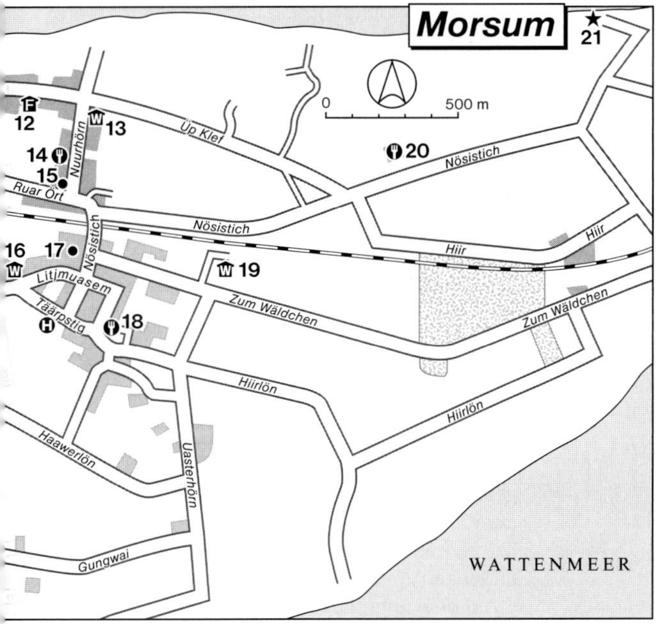

klein und schlicht. Sie steht leicht erhöht auf einem Hügel und hat eine deutliche Ähnlichkeit mit der St.-Severin-Kirche in Keitum. Im Gegensatz zu dieser fehlt der Morsumer ein Glockenturm, ein niedrig gebautes Glockengerüst muss als Ersatz dienen.

Die Kirche besteht aus **drei Teilen:** Schiff, Chor und Apsis. Da Morsum über Jahrhunderte nicht zu den wohlhabenden Orten zählte, konnte auch die Kirche nicht besonders geschmückt werden. Nur ein kleines Pfarrhaus wurde angebaut, somit blieb sie seit den Anfängen beinahe unverändert.

Im Inneren sollen das Weihbecken aus dem 10. Jh., die Kanzel von 1698 und der 1713 gefertigte Kronleuchter hervorgehoben werden. Der Hauptaltar fällt etwas schlicht aus, der wuchtige Flügelaltar steht an der nördlichen Seite der Kirche. Abgebildet sind neben Christus und Gott links St.

Martin, rechts St. Severin. An den Seitenwänden hängt eine komplette Übersicht aller Pastoren, angefangen von einem *Carsten* ohne weitere Daten, dem ein *Nies* aus Keitum folgte, der 1517 ertrank. Die Aufzählung endet in der Gegenwart. Sonntags finden um 20.30 Uhr Orgelkonzerte statt.

Auf dem angeschlossenen **Friedhof** liegt *Fabian von Schlabrendorff,* der in Morsum ein Haus hatte, unter einer Ulme begraben.

Morsumkliff

Die **Einzigartigkeit des Morsumkliffs** liegt darin, dass mehrere bis zu 10 Mio. Jahre alte Erdschichten sichtbar nebeneinander liegen.

Das Morsumkliff gehört mit dem Listland zu den ältesten Naturschutzgebieten in Schleswig-Holstein, das Kliff wurde bereits **1923 unter Naturschutz gestellt.** Es konnte damals gerade noch verhindert werden, dass die 10 Mio. Jahre alten Erdschichten abgetragen und für den Bau des Hindenburgdammes verwendet wurden. So leichtfertig gingen die technischen Planer schon damals mit der Natur um.

Die älteste Kirche auf Sylt: St. Martin

Fabian von Schlabrendorff

Fabian von Schlabrendorff (1.7.1907–4.9.1980) stammt aus einer alten Adels- und Offiziersfamilie. Er gehörte zu den wenigen überlebenden Widerstandskämpfern nach dem **Hitler-Attentat** vom 20. Juli 1944. Damals war *Schlabrendorff* 36 Jahre jung und Oberleutnant an der Ostfront. Im August '44 wurde er verhaftet. Nach schweren Folterungen durch die Gestapo wurde er doch vom Volksgerichtshof freigesprochen. Dieses Urteil änderte der Reichsführer der SS, Himmler, um, und steckte ihn, zum Tode verurteilt, ins KZ. Dort wurde *Schlabrendorff* durch das Kriegsende gerettet. Erst später wurde bekannt, dass er bereits 1943 eine Zeitbombe in *Hitlers* Flugzeug geschmuggelt hatte; der Zündmechanismus hatte allerdings versagt.

1946 verarbeitete er seine Erlebnisse in dem **Buch „Offiziere gegen Hitler"**, das ihm in den Jahren nach Kriegsende nicht nur Freunde einbrachte.

Schlabrendorff arbeitete später sehr erfolgreich als Jurist, wurde 1963 als Kandidat für den Posten des Generalbundesanwalts gehandelt. 1967 wurde er in das Amt eines **Bundesverfassungsrichters** in Karlsruhe gewählt, das er bis 1975 ausübte. In seiner Amtszeit wurde dem Grundgesetzartikel 20 ein Zusatz gegeben, der das Recht zum Widerstand konstituiert. Und so heißt es noch heute im Artikel 20, Absatz 4: „Gegen jeden, der es unternimmt, diese Ordnung zu beseitigen, haben alle Deutschen das Recht zum Widerstand, wenn andere Abhilfe nicht möglich ist." Ein spätes Vermächtnis und eine Lehre aus dem 20. Juli 1944.

079sy Foto: hjf

Grabstein Fabian von Schlabrendorffs

080sy Foto: hjf

Heute steht ein 43 ha großes Gebiet unter Schutz. Nur auf zwei Wegen dürfen Besucher hier durchwandern. Selbst Fahrräder müssen an einem Parkplatz in Höhe des Restaurants abgestellt werden, Autos natürlich sowieso. Dort befindet sich auch eine Hinweistafel, auf deren Rückseite die Entstehungsgeschichte des Morsumkliffs anschaulich erklärt wird.

Auf einem Weg aus Holzbohlen wird der Besucher durch eine Heidelandschaft zur Kliffkante geführt. Nach links zweigt ein Weg über 100 m ab zu einem Aussichtspunkt. Dort gibt eine Info-Tafel noch einmal vertiefende Einblicke, erklärt auch die unterschiedlichen **Farbtöne der Erdschichten,** die deutlich an der 21 m hohen Abbruchkante zu erkennen sind: die untere, dunkelgraue Glimmertonschicht (6–10 Mio. Jahre), die mittlere, rote Limonitsandsteinschicht (4–6 Mio. Jahre) und die

Das Morsumkliff

Das Eisboot am Dorfeingang

hellere Schicht ganz oben, Kaolinsand (2–3 Mio. Jahre). Etwa vor 500.000 Jahren verschob ein Gletscher die Erdschichten, die bis dahin übereinander gelegen hatten. Durch die Verschiebung brachen die einzelnen Schichten ein und lagen nun im 33°-Winkel nebeneinander frei sichtbar.

Zwei **Wege** führen zum Kliff, einer misst 1,2 km, der andere 2,8 km. Wer dem Rundweg vom Parkplatz in Richtung Bahnschienen folgt, passiert nach einiger Zeit Hünengräber rund um den Markmannshoog.

Führungen: Mo, Mi, Fr, 11 Uhr. Treff am Parkplatz, Infos unter Tel. 4 44 21.

Eisboot Man sieht ein halbes Dutzend Rudergestalten in Ölzeug (nur im Winter, sonst in Fischerhemden), die sich mächtig in die Riemen legen. Eine solche Szene wird dargestellt bei dem Eisboot, das am Ortsausgang Richtung Archsum linker Hand zu finden ist. Seit Mitte des 18. Jh. pendelten unregelmäßig Postboote zwischen Keitum und dem Festland, ab 1855 wurde dann ein regelmäßiger Dienst eingerichtet. In strengen Wintern fror das Wattenmeer zu, dann kamen die „Eisboote" zum Einsatz:

0Ⓢsy Foto: hjf

Es waren offene, robuste Boote, die **sowohl Segel als auch Kufen** hatten. Diese Boote wurden über das Eis geschoben, und nur an offenen Stellen wurde gerudert. So bewegten mutige und kräftige Männer die Eisboote von Nösse zum Festland.

Strandprofil

Einige Häuser liegen sehr malerisch an der **Wattseite,** und dort schlängelt sich auch ein **schmaler Strand** entlang. Seine Fortsetzung verläuft am Morsum-Kliff vorbei und verliert sich schließlich beim Hindenburgdamm. Natürlich findet hier der Sonnenanbeter sein geschütztes, einsames Plätzchen, mehr aber auch nicht. Eine Strandpromenade existiert nicht, denn hier hat die Natur Vorrecht.

Unterkunft

Vermieteragenturen

- **Marina Litzkow,** Terpstig 25, Tel. 97 70 70, Fax 97 70 71, www.litzkow-sylt.de.

Ferienhaus

- **Braunschweig**€€€, Üp Klef 20, Tel. 89 03 06. Ruhige Lage am Watt, netter großer Garten.

FeWos

- **Gurtmuasem 6**€€€€€ (Vermieter: Litzkow). Der Eigenwerbung „schöner Wohnen unter Reet" kann kaum noch etwas hinzugefügt werden. Mehrere nette Friesenhäuser mit angenehmem Garten.
- **Heefstegelik 3**€€-€€€€. Mehrere unterschiedlich große Wohnungen in schönem, weißen Reetdachhaus in ruhiger Sackgassenlage. Vermieter: Litzkow.
- **Zum Wäldchen 13**€€€€, Reetdachhaus in ländlicher Umgebung mit schönem Garten. Vermieter: Litzkow.
- **Nurhörn 30**€€€€. Letztes Haus vor dem Wanderweg zur Nösse. 2 FeWos mit weitem Blick übers Watt in sehr ruhiger Lage. Im Prospekt der Vermietungsagentur heißt es völlig zutreffend: „Ein Logenplatz". Vermieter: Litzkow.
- **Litjmuasem 2B + 2C**€€€€€. Leicht versetzt gebaute Doppelhäuser unter Reet mit zwei großen FeWos in ländlicher Umgebung, mit Garten und Strandkorb. Vermieter: Litzkow.

Privatzimmer

- **Landhaus Maron**€€, Feskerdamm 7, Tel. 89 03 24, www.landhaus-maron-sylt.de. Fünf Zimmer in schnörkellosem Reetdach-Haus.

Campingplatz

• **Campingplatz Am Mühlenhof,** Melnstig 7, Tel. 89 04 44, Fax 97 80 11, www.campingplatz-sylt.de. Ganzjährig geöffnet, etwas abseits vom Dorf. Wird seinem eigenen Motto voll gerecht (Camping auf dem Lande). Moderne Ausstattung und großzügige Stellflächen von 100 m^2 zeichnen den Platz aus.

Essen & Trinken

• **Fränkische Weinstuben,** Täärpstig 87, Tel. 89 04 40. Highlights: Uromas Zwetschgenkuchen und erlesene Frankenweine. Di Ruhetag.
• **Ingwersen,** Täärpstig 76, Tel. 89 02 35. Eine Café- und Teestube, mitten im Ort gelegen, mit superbem Frühstück.
• **Nes Pük,** Nuurhörn 7, Tel. 89 06 54. Der Dorfkrug von Morsum in einem Gebäude aus dem Jahr 1820.
• **Morsumer Kayser,** Täärpstig 72, Tel. 89 02 56. Lamm, Wild und Fisch stehen auf der Karte.
• **Zum Sonnenschein,** Täärpstig 78, Tel. 88 96 20, Di Ruhetag. Kleines Lokal im Ortskern mit einer Sonnenterrasse.
• **Morsum Kliff,** Nössestig 13, Tel. 83 63 20, www.hotel-morsum-kliff.de. Das vorweg: Übernachten kann man hier auch und zwar in 10 Zimmern€€€€€ mit traumhaftem Blick über die Heide und dem Watt. Eine ähnlich ruhige Lage muss man schon lange suchen. Das Restaurant hat ein schönes Motto: Küche von zehn bis zehn und Frühstück bis 17 Uhr. Kein Wunder, hier bleibt wohl jeder mal gerne etwas länger sitzen, beispielsweise auf der netten Terrasse in den Strandkörben. Geboten wird (Zitat): „eine unprätentiöse Küche, regional gefärbt mit frischen Zutaten der Saison."

Adressen

Fahrradverleih

• **M&M,** Nuurhörn 1, Tel. 89 06 21.

Reiten

• **Reiterhof Morsum,** Tel. 89 02 39, Litjmuasem 14. Unterricht für Kinder und Erwachsene, tägliche Ausritte (keine Anfänger).

Sauna

• **Kosmetik-Pesel,** auf dem Catharinen-Hof, Dikwai 4, Tel. 89 07 55. Neben Sauna und Sonnenbänken wird ein kosmetisches Rundum-Programm geboten.

Shopping

• **Friesland Strandkörbe,** Am Bahnhof, Tel. 89 13 21. Auf Wunsch auch individuelle Anfertigungen.
• **Hof-Galerie,** Serkwai 1, Tel. 89 17 61.

Tinnum

- **Vorwahl:** 04651
- **PLZ:** 25980
- **Einwohner:** 2900
- **Kurverwaltung:** Dirksstr. 11, Tel. 3 37 11, Fax 3 37 17, Internet: siehe Keitum.
- **Kurtaxe:** siehe Keitum

Überblick

Bereits im Jahr 1440 wurde Tinnum urkundlich erwähnt, aber schon viel früher **besiedelt.** So existiert ein schriftlicher Hinweis auf eine mächtige Wallanlage, die Tinnumburg, aus dem Jahr 1326. Deren Ursprünge reichen aber sogar noch viel weiter zurück.

1960 erhielt Tinnum den Status „Luftkurort", die Entwicklung verlief dann so rasant, dass **heute** die meisten Gäste aller Gemeinden von Sylt-Ost hier gezählt werden. Kein Wunder, Westerland ist nah und das Preisniveau liegt etwas darunter. Tinnum gilt als **Vorort von Westerland,** wer über die Keitumer Landstraße Westerland verlässt, bemerkt kaum den Übergang. Hier erstreckt sich auch keine Schokoladenseite; ein riesiges Industriegebiet,

082sy Foto: hjf

mehrere Kaufhäuser, der Flugplatz und eine stark befahrene Straße prägen das geschäftige Bild.

Das **dörfliche Tinnum** liegt auf der anderen Seite der Bahnschienen, dort befinden sich alte Friesenhäuser (u.a. die Landvogtei, das vermutlich älteste Haus der Insel), aber auch jede Menge Neubauten. Nur ein, zwei Straßenzüge weiter öffnen sich weite Wiesen und Weiden, hier können Kinder prima rumtoben. Wohl mit ein Grund, warum es Familien verstärkt nach Tinnum zieht.

Sehenswertes

Tinnumburg

Die Tinnumburg ist etwa 2000 Jahre alt; sie wurde nach heutigem Forschungsstand um die Zeit von Christi Geburt errichtet. Später soll sie von den Friesen ausgebaut und genutzt worden sein. Da das Land weit und breit völlig flach ist, dürfte die Wallanlage strategisch genutzt worden sein.

Heute erheben sich die **Reste** der Tinnumburg auf einer Wiese am Ortsrand. Viel zu sehen ist nicht, ein übergrünter 5–7 Meter hoher Ringwall, mit einem Durchmesser von etwa 50 Metern.

Am 21. Februar, wenn überall auf Sylt die Biike brennt, hat man von hier oben, vom Wall der Tinnumburg, den besten Blick auf den langen **Fackelzug** und den später brennenden Holzstapel. Wenn, ja, wenn nicht der Wind aus der falschen Richtung bläst. Denn dann treibt er den Rauch leider direkt auf die Tinnumburg zu ...

Tierpark Tinnum

Geöffnet: Anfang Mai bis Ende Oktober 10–19 Uhr, Eintritt Erwachsene 10,20 €, Kinder von 3–14 Jahre 5,10 €. Der Tierpark Tinnum ist ein **kleiner Privatzoo,** der 1971 eröffnet wurde. Aus bescheidenen Anfängen schuf die Familie *Christiansen* einen beachtlichen Tierpark, in dem heute rund 400

In Tinnum sind reetgedeckte Häuser selten

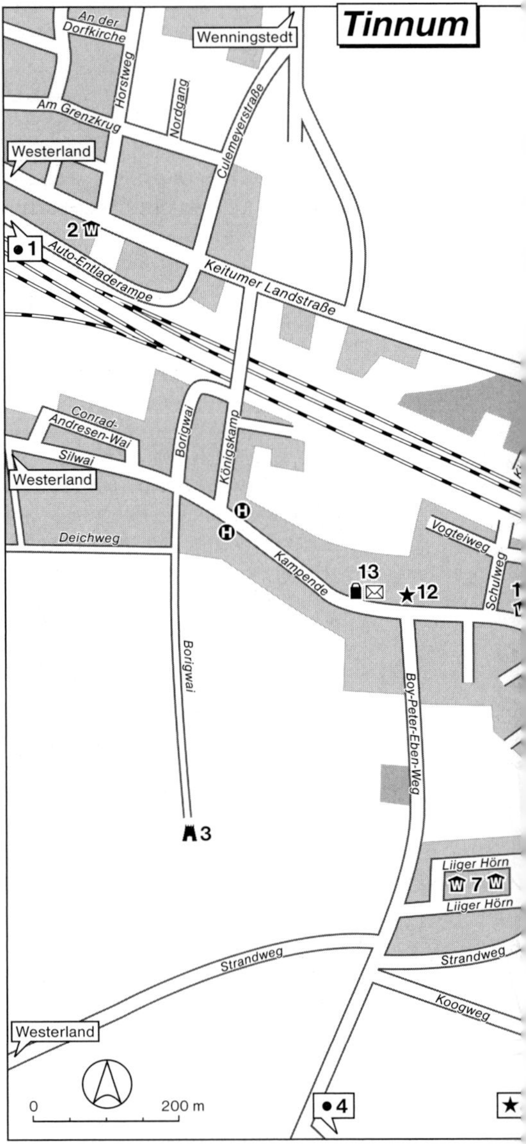
Tinnum
An der Dorfkirche
Wenningstedt
Horstweg
Nordgang
Culemeyerstraße
Am Grenzkrug
Westerland
2
1
Auto-Entladerampe
Keitumer Landstraße
Conrad-Andresen-Wai
Borigwai
Königskamp
Silwai
Westerland
Deichweg
Kampende
13
12
Vogteiweg
Schulweg
Borigwai
Boy-Peter-Eben-Weg
3
Liiger Hörn
7
Liiger Hörn
Strandweg
Strandweg
Koogweg
Westerland
0
200 m
4

●	1	Auto-Entladerampe Bahnhof Westerland
Ⓦ	2	Sylt Tourismus Zentrale
♜	3	Tinnumburg
●	4	Reitstall Friesenhof
★	5	Tierpark
⛺	6	Campingplatz
Ⓦ	7	in Straße Liiger Hörn
●	8	Fahrradverleih Touring
Ⓦ	9	Haus Sylter Spatz
●	10	Kurverwaltung
Ⓦ	11	Friesenhaus Katrin
★	12	Alte Landvogtei
🛍 ✉	13	SPAR-Markt mit Poststelle
🛍	14	Einkaufszentrum mit Aldi u.a.
Ⓗ Ⓡ	15	Hotel und Restaurant Landhaus Stricker
Ⓦ	16	Hansen Hof
●	17	Fahrradverleih Drechsler
●	18	Reitstall Olivenhof
Ⓦ	19	Schernus/Rohlf
Ⓗ	20	Hotel Christiansen
Ⓡ	21	Zur Eiche
●	22	Fahrradverleih Krtschek
Ⓨ	23	Fisch Blum
🛍	24	Weinhandlung Vino Vin

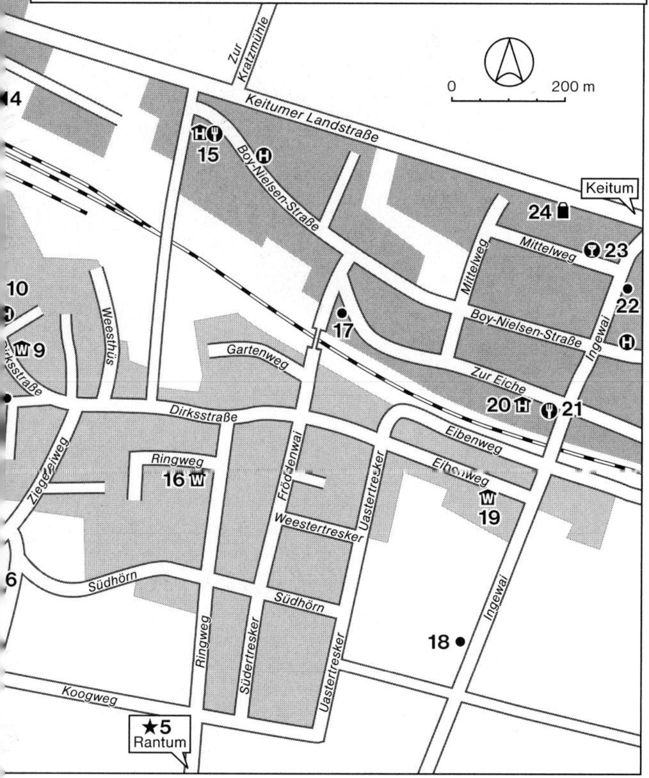

Tiere leben. Flamingos staksen herum, Papageien krächzen, Ziegen meckern, aber auch Emus, Adler, Eulen, Affen, Kraniche und Schildkröten wollen bestaunt werden. Auf einem kleinen künstlichen See dürfen Große wie Kleine per Tretboot ihre Runden drehen. Und zum Abschluss wollen natürlich alle Kinder noch mal in die Hüpfburg, ist ja klar. Tel. 3 26 01.

Die „Alte Landvogtei“

Alte Landvogtei

Die alte Landvogtei gilt als eines der ältesten Häuser von Sylt, erbaut wurde es 1649. Das längliche Reetdach-Haus bewohnte der Landvogt, einer der höchsten Verwaltungsbeamten der Insel, der Vertreter des Landesherrn auf Sylt. 1891 wurde dieses Amt abgeschafft; das Haus aber blieb erhalten, es steht an der Straße Kampende.

Strandprofil

Tinnum hat **keinen eigenen Strand,** zum Baden fährt alle Welt rüber nach Westerland.

Unterkunft

- **Sylt Tourismus Zentrale,** Keitumer Landstr. 10 B, Tel. 60 26, Fax 2 81 80. www.sylt-tourismus.de. Einer der größten Anbieter der ganzen Insel mit eigenem Prospekt.

Hotels

- **Hotel Christiansen**€€€€, Zur Eiche 32-34, Tel. 93 00, Fax 93 01 28, www.hotelsylt.de. Insgesamt 21 Zimmer, zu den Service-Einrichtungen zählen Fitness-Raum, Garten mit Liegewiese und ein zusätzlicher Schlafraum bei vielen Doppelzimmern.
- **Landhaus Stricker**€€€€€, Boy-Nielsen-Str. 10, Tel. 8 89 90, Fax 88 99 499, www.landhaus-stricker.de. Tolles 5-Sterne-Haus mit 38 Suiten und Zimmern, eingebettet in eine idyllische Parklandschaft. Außerdem ein 700 m² großer Wellness- und Fitnessbereich, sowie drei Restaurants.

Ferienhäuser

- **Schernus/Rohlf**€€€, Eibenweg 26, Tel. (05331) 90 60 oder (04168) 4 91. Kleines Einzelhaus mit Garten in ruhiger Lage.

FeWos

- **Hansen Hof**€€€€, Ringweg 50, Tel. (0511) 32 32 00, www.sylt-appartment.info. Historisches weißes Haus unter Reet mit Garten, drei FeWos für 2–8 Personen.
- **Haus Sylter Spatz**€€, Dirksstr. 27, Tel. 3 35 45. Neubau mit Garten.
- **Friesenhaus Kathrin**€€-€€€, Dirksstr. 1, Tel. 3 22 90, www.laemmle-sylt.de. Insgesamt vier FeWos unterschiedlicher Größe in sehr schönem, 200 Jahre alten Reetdach-Haus mit größerem, angenehmem Garten.

In der Straße Liiger Hörn wird etwa jedes zweite Haus vermietet, der Autor konnte hier keine individuellen Stärken oder Schwächen entdecken. In ruhiger Nebenlage verläuft Liiger Hörn als Ringstraße, in der ausschließlich Einzelhäuser stehen, allerdings keine reetgedeckten. Vermietet werden ein bis drei FeWos, das Preisniveau schwankt zwischen €€ und €€€€. Nähere Infos entweder direkt über die Vermieter oder durch das Gastgeberverzeichnis Sylt-Ost.

Campingplatz

- **Campingplatz Südhörn,** Tel. 36 07, Fax 36 19. www.campingplatz-suedhoern.de. Ganzjährig geöffnet. Der Platz liegt am Ortsrand, weist 170 große Parzellen auf und alle notwendigen Service-Einrichtungen. Hunde sind nicht erwünscht.

Essen & Trinken

- **Zur Eiche,** Zur Eiche 38, Tel. 3 11 44. Gutbürgerliche Küche in uriger Atmosphäre, 900 Bierkrüge schmücken den Raum. Ab 18 Uhr, Mi Ruhetag.
- **Fisch Blum,** Mittelweg 7, Tel. 34 01. Die Lage im Industriegebiet ist alles andere als idyllisch, das Angebot gut, wie immer bei Blum.

Adressen

Fahrradverleih

- **Krtschek,** Ingewai 3, Tel. 3 02 50 und Südhörn 17, Tel. 3 26 26.
- **Christiansen,** Horstweg 33, Tel. 2 61 44.
- **Touring,** Dirksstr. 30, Tel. 3 21 10.
- **J. Drechsler,** Zur Eiche 16, Tel. 3 52 58.

Shopping

- **SPAR Markt** mit Poststelle, Kampende 11.
- **Vino Vin,** Keitumer Landstraße, Mo–Fr 14.30–18 Uhr, Sa auch vormittags. Gut sortierte Weinhandlung.
- **R&F Strandkörbe,** Keitumer Landstr. 38, Tel. 3 25 99.
- Das große **Einkaufszentrum** rund um Aldi und Wandmaker liegt an der Keitumer Landstraße, hier kauft die halbe Insel ein, entsprechend voll ist es eigentlich immer.

Reiten

- **Reitschule Wiesengrund,** Zum Wiesengrund, Tel. 3 16 00. Ponys und Pferde. Unterricht, Ausritte auf Anfrage.
- **Reitstall Olivenhof,** Ingewai 40, Tel. 3 29 06. Am Ortsrand zwischen den Wiesen gelegener Reiterhof. Einzelunterricht sowie Ausritte werden angeboten.

Hotel im alten Ortskern von Wenningstedt

Wenningstedt

- **Vorwahl:** 04651
- **PLZ:** 25996
- **Einwohner:** 1500
- **Kurverwaltung:** Strandstr. 25, Tel. 44 70, Fax 4 47 40, e-mail: info@wenningstedt.de, www.wenningsted. de, geöffnet: Mo–Do 8–12 Uhr, 14–16.30 Uhr, Fr 8–12 Uhr, Sa und So geschlossen.
- **Tourist-Information:** Westerlandstr. 1, Tel. 9 89 00, Fax 4 57 72, e-mail: tourist-information@wenningstedt.de, www.wenningstedt.de, geöffnet: Mo–Fr 9.00–13.00 und 14.00–18.00 Uhr, Sa 10.00–16.00 Uhr.
- **Kurtaxe:** 1.5.–30.9.: 2,50 €, übrige Zeit: 1 €, Kinder bis 18 Jahre in Begleitung Erziehungsberechtigter sind frei.
- **Strandkorb:** 12 € für 2 Tage und bei längerer Miete wird es jeweils preiswerter.

091sy Foto: hjf

Überblick

Aus zwei mach eins, sagten sich zwei Dörfer, und seitdem werden **Wenningstedt und Braderup** verwaltungstechnisch als eine Einheit geführt. Wir dröseln sie aber hier wieder auf, denn zu unterschiedlich fallen sie doch aus. Also, offiziell heißt der Ort Wenningstedt-Braderup, und die Kurverwaltung verwaltet denn auch beide Orte.

„Familienfreundliches Nordseeheilbad" nennt ein Prospekt Wenningstedt, und das dürfte auch ein adäquates Adjektiv sein. Während Nachbar Westerland schon beinahe städtisches Flair hat, bleibt Wenningstedt ruhig und **beschaulich,** die Hauptstraße nach Kampen und List führt weit genug am Ort vorbei.

Das **Ortsbild** zeigt sich recht kompakt zwischen Meer, Dünenlandschaft und Hauptstraße. Der alte Ortskern liegt rings um den Dorfteich und im Bereich der Westerlandstraße. Praktisch in allen Querstraßen zwischen Meer und Westerlandstraße liegen touristische Unterkünfte, hier wurden viele schöne Anlagen gebaut. Die meisten Gäste schätzen die komfortablen Quartiere und die Nähe zum Strand. Der Autoverkehr hält sich spürbar in Grenzen, die Wege sind sowieso kurz. Eine Art geschäftiges Zentrum liegt an der kurzen Strandstraße. Dort befinden sich die Kurverwaltung, ein paar gastronomische Betriebe und eine Handvoll Shops.

Wenningstedt gilt als **einer der ältesten Orte der Insel,** soll bereits vor der Ankunft der Friesen im 9. Jh. existiert haben. Schriftliche Dokumente reichen bis ins Jahr 1463 zurück, mündliche Überlieferungen erzählen von noch früheren Zeiten, als gewaltige Sturmfluten Schiffe und Hafen verschlungen haben sollen, noch fehlt dazu aber der letzte Beweis.

Lange Zeit blieb Wenningstedt ein verschlafenes Dörflein. Frühe **touristische Chroniken** erwähnen das Jahr 1858, als erste Feriengäste kamen. Die wurden alle noch per Handschlag begrüßt, so wenige „verirrten" sich hierher. Das hat sich gründlich geändert, jetzt warten etwa 5600 Betten auf Urlauber.

Sehenswertes

Allzu viel los ist hier gerade nicht, eine Flaniermeile fehlt ebenso wie ein ausgeprägtes Nachtleben. Ein **Spaziergang** endet immer unweigerlich am „Kliffkieker" oder gegenüber bei „Gosch". Ansonsten kann der Dorfteich angesteuert werden, oder man läuft auf dem kombinierten Rad- und Fußweg Richtung Westerland. Dieser führt ganz nett zwischen Dünen- und Waldlandschaft oberhalb des Strandes entlang, weit ab von der Hauptstraße. Und sonst? Da bleibt tatsächlich nicht viel, kein Wunder, dass es verstärkt Familien nach Wenningstedt zieht.

Denghoog

Geöffnet: April–September Mo–Sa 10–16 Uhr, Oktober–März nach telefonischer Vereinbarung unter Tel. (04651) 3 16 50. Eintritt: Erw. 1,70 €, Kinder (6–17 J.) 0,85 €. Die örtliche Attraktion ist der Denghoog, ein **Megalithgrab.** Es handelt sich um das größte und besterhaltene auf Sylt. Wer es von innen besichtigen möchte, muss sich sehr bücken und beinahe hineinkrabbeln, der Eingang erhebt sich gerade mal einen Meter hoch. Von außen sieht man zunächst nur einen bewachsenen Hügel, das Innere misst etwa 5 x 3 m, und in der Höhe kaum 1,50 m. Damit die Besucher nicht die ganze Zeit hocken müssen, wurden Sitzbänke installiert.

Der Denghoog setzt sich aus **32 Findlingen** zusammen, jeder einzelne zentnerschwer. Das Beeindruckendste dürfte die Vorstellung sein, wie diese riesigen Findlinge überhaupt bewegt wurden und mit welcher Präzision sie aufgebaut wurden. Wahrscheinlich wurde der Denghoog um 3300 v. Chr. errichtet.

Man vermutet, dass der Ort ursprünglich für rituelle **Handlungen** genutzt wurde und erst später als Grabstätte diente. Der Name leitet sich übrigens

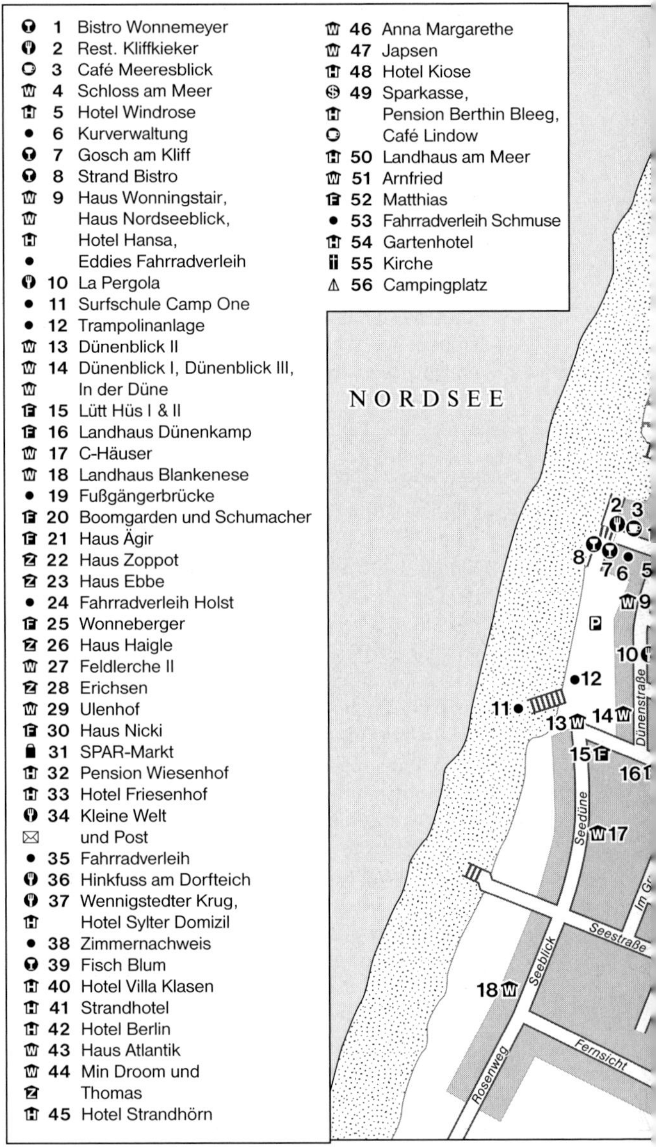
1 Bistro Wonnemeyer
2 Rest. Kliffkieker
3 Café Meeresblick
4 Schloss am Meer
5 Hotel Windrose
6 Kurverwaltung
7 Gosch am Kliff
8 Strand Bistro
9 Haus Wonningstair,
Haus Nordseeblick,
Hotel Hansa,
Eddies Fahrradverleih
10 La Pergola
11 Surfschule Camp One
12 Trampolinanlage
13 Dünenblick II
14 Dünenblick I, Dünenblick III,
In der Düne
15 Lütt Hüs I & II
16 Landhaus Dünenkamp
17 C-Häuser
18 Landhaus Blankenese
19 Fußgängerbrücke
20 Boomgarden und Schumacher
21 Haus Ägir
22 Haus Zoppot
23 Haus Ebbe
24 Fahrradverleih Holst
25 Wonneberger
26 Haus Haigle
27 Feldlerche II
28 Erichsen
29 Ulenhof
30 Haus Nicki
31 SPAR-Markt
32 Pension Wiesenhof
33 Hotel Friesenhof
34 Kleine Welt
und Post
35 Fahrradverleih
36 Hinkfuss am Dorfteich
37 Wennigstedter Krug,
Hotel Sylter Domizil
38 Zimmernachweis
39 Fisch Blum
40 Hotel Villa Klasen
41 Strandhotel
42 Hotel Berlin
43 Haus Atlantik
44 Min Droom und
Thomas
45 Hotel Strandhörn
46 Anna Margarethe
47 Japsen
48 Hotel Kiose
49 Sparkasse,
Pension Berthin Bleeg,
Café Lindow
50 Landhaus am Meer
51 Arnfried
52 Matthias
53 Fahrradverleih Schmuse
54 Gartenhotel
55 Kirche
56 Campingplatz
NORDSEE
Dünenstraße
Seedüne
Seestraße
Seeblick
Fernsicht
Rosenweg
P

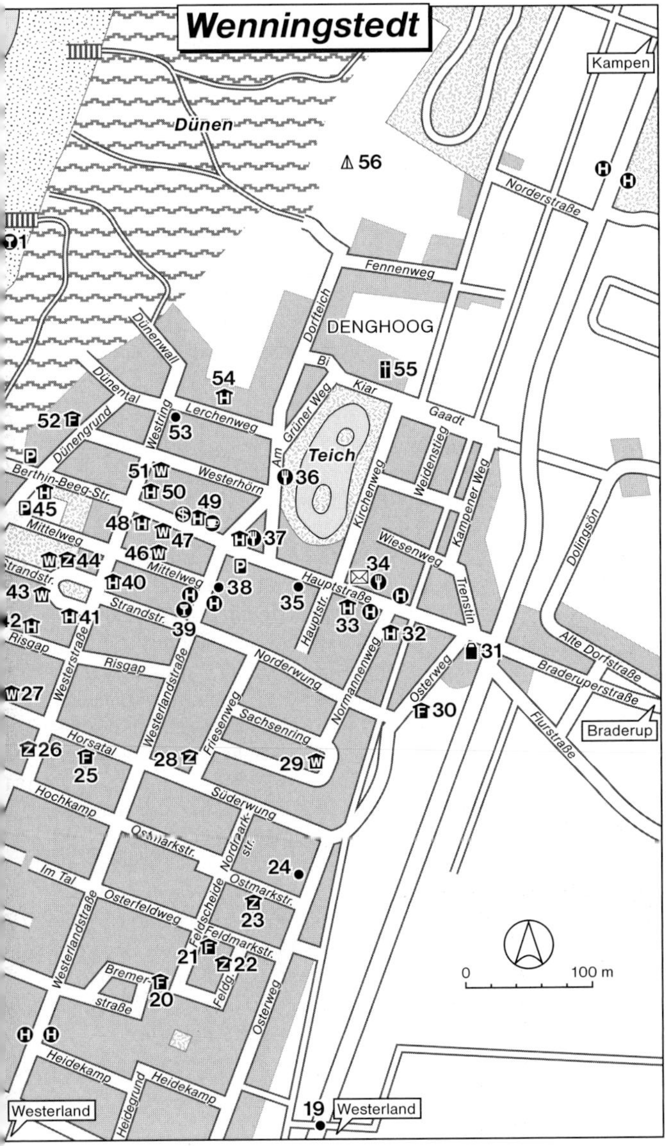
Wenningstedt
Dünen
56
Kampen
Norderstraße
Fennenweg
DENGHOOG
Dorfteich
Bi
Kiar
55
Gaadt
Dünenwall
Dünental
54
Lerchenweg
Westring
53
52
Dünengrund
Am Grüner Weg
Teich
Kirchenweg
Weidenstieg
Kampener Weg
Dolingsön
51
Westerhörn
36
Berthin-Beeg-Str.
50
49
45
48
47
37
Mittelweg
46
44
Wiesenweg
34
Strandstr.
40
Mittelweg
38
35
Hauptstraße
Trenstin
43
Strandstr.
Hauptstr.
33
41
39
32
Risgap
Westerstraße
Risgap
Westerlandstraße
Norderwung
Normannenweg
Osterweg
31
Alte Dorfstraße
Braderuperstraße
27
Friesenweg
Sachsenring
30
Flurstraße
Braderup
26
Horsatal
25
28
29
Hochkamp
Süderwung
Ostmarkstr.
Nordmarkstr.
24
Im Tal
Osterfeldweg
Feldscheide
Ostmarkstr.
23
Feldmarkstr.
21
22
Westerlandstraße
Bremer
20
straße
Feldg.
Osterweg
0
100 m
Heidekamp
Heidekamp
Heidegrund
Westerland
19
Westerland
Die Orte

002sy Foto: hjf

von einer Versammlungsstätte ab, dem „Deng" (wie altgermanisch „thing") am „hoog" (Hügel). Bei einer Ausgrabung im Jahr 1868 wurden menschliche Knochen und Grabschmuck gefunden.

Dorfteich

Nur wenige Schritte vom Denghoog entfernt erhebt sich beim Friedhof die **Dorfkirche.** Schräg gegenüber liegt der **Dorfteich,** auf Friesisch *Kiar* genannt, deshalb heißt die vorbeiführende Straße auch entsprechend. Er fällt nicht allzu groß aus, einmal umrunden ist so etwas wie touristische Pflicht. Ganz nett spuckt ein Springbrunnen seine Fontänen in die Höhe, watscheln ein paar Enten am Rand, alles bleibt beschaulich.

093sy Foto: hjf

Eingangstür Haus Teunis

Und doch hat der Wenningstedter Dorfteich etwas an Attraktionen zu bieten. Hier liegt nämlich eines der führenden Restaurants der Insel, **„Hinkfuß am Dorfteich"**. Und nur wenige Schritte entfernt findet man eines der meistfotografierten Motive der Insel, die wunderschöne **Eingangstür am Haus der Walfängerfamilie Teunis.** Sie soll bereits im Jahr 1786 angefertigt worden sein und wurde nach einem Brand im Jahr 1923 liebevoll restauriert.

Eingang zum Megalithgrab Denghoog

Strandzugänge

Der Strand wird von einer durchgehenden Dünenreihe begrenzt, die aber nicht allzu breit ausfällt, hinunter führen einige wenige spezielle Strandübergänge. Einer davon, nämlich die Verlängerung der Berthin-Bleeg-Straße, besteht **aus recycelten Reststoffen!** Auf immerhin 440 m marschieren nun die Strandläufer nicht mehr über traditionelle Holzstege, sondern auf Kunststoff. Das bedeutet einerseits einen Bruch mit der Tradition, aber auch keine Splitter mehr im Zeh.

Strandprofil

Das Doppeldorf hat sowohl Kontakt zum Watt als auch zum offenen Meer. Wenningstedts Strand zeichnet sich durch eine geologische Besonderheit aus, das **Rote Kliff.** Diese immerhin knapp 4,4 km lange Kliffwand verwandelt sich bei Sonnenuntergang in ein rot leuchtendes Naturphänomen, früher für vorbeifahrende Seeleute ein untrüglicher Markierungspunkt. Das Rote Kliff erstreckt sich bis nach Kampen, erreicht immerhin eine Höhe von gut 25 m, flacht dann an den Rändern merklich ab. Verschiedene Gesteinsarten haben sich hier im Laufe von Jahrmillionen gesammelt, überdeckt durch eine Lehmschicht, die auch Eisenteile enthält. Durch Oxidation entstand ein rötlich-brauner Grundton, der in der Abendsonne regelrecht rot aufleuchtet. Alljährlich raubt die Nordsee in den Herbststürmen allerdings einen Teil des Kliffs, unterspült es regelrecht. Dem wird mit Sandvorspülungen begegnet, ein immerwährender Kampf gegen die Elemente.

Ansonsten ist Wenningstedts Strand sehr breit, bei Ebbe teilweise bis zu 70 m. Im nördlichen Bereich beginnen die **Strandabschnitte** mit dem FKK-Bereich, „einen Schlag" weiter finden Hundebesitzer „ihren" Bereich. Im südlichen Teil hat eine Surfschule ihr Quartier. Zwei gemütliche **Bistros** direkt am Strand locken Gäste auf ihre großen Strandterrassen. Direkt am Strandübergang Strandstraße liegt das „Strand-Bistro", etwa in Höhe des Zeltplatzes das „Wonnemeyer". Dort gibt's alles, von Currywurst bis Austern.

Unterkunft

Vermieter-agenturen

In Wenningstedt-Braderup haben sich sechs Vermieteragenturen zur **VWA** (Verein Wenningstedter Apartmentvermieter) zusammengeschlossen und geben einen gemeinsamen Katalog heraus. Einheitliche Telefon- und Faxnummern: Tel. 94 31 94, Fax 94 31 95, www.sylturlaub.de. Folgende Agenturen zählen zur VWA:

- **Andersen Immobilien,** Berthin-Bleeg-Str. 19A, Tel. 4 34 41, Fax 4 12 31.
- **Brigitte Führ,** Hauptstr. 11, Tel. 9 84 20, Fax 4 54 33.
- **Hausen & Gottschalk,** Dünenstr. 15, Tel. 4 14 26, Fax 4 56 68.
- **Sylter Appartement Service,** Berthin-Bleeg-Str. 4, Tel. 4 10 62, Fax 4 57 33.
- **Christa Stockfleth,** Norder Wung 4, Tel. 4 14 41, Fax 4 14 16.
- **Baerbel Wiegandt,** Strandstr. 4, Tel. 4 29 17, Fax 4 55 03.
- Außerdem: **Ida Klein,** Kampener Weg 2 A, Tel. 4 14 91 oder 4 14 75, Fax 4 57 64, www.ida-klein.de

Hotels

Hotelpreise gelten pro Zimmer inkl. Frühstück.

- **Lindner Hotel Windrose**€€€€€, Strandstr. 21-23, Tel. 94 00, Fax 94 08 77, www.lindner.de. Insgesamt 98 Zimmer Haus in Strandnähe mit Sauna und Schwimmbad.
- **Strandhotel**€€€€€, Strandstr. 11, Tel. 9 89 80, Fax 98 98 98. Kleines Hotel mit 22 Zimmern, in Strandnähe.
- **Hotel Villa Klasen**€€€€€, Westerstr. 7, Tel. 4 10 95, Fax 4 21 35. Kleines, persönlich geführtes Haus mit 21 Zimmern.
- **Pension Wiesenhof**€€€, Normannenweg 1, Tel. 4 13 66. Kleines Haus mit 8 Zimmern.
- **Hotel Friesenhof**€€€€€, Hauptstr. 16, Tel. 94 10, Fax 94 12 22, www.sylt-friesenhof.de. Eines der ältesten Häuser der Insel, 13 Zimmer, großer Garten, Bierstube.
- **Hotel Wenningstedter Hof**€€€€, Hauptstr. 1, Tel. 9 46 50, Fax 4 39 88, www.hotel-wenningstedter-hof.de. Mit gutem Restaurant, Acht Zimmer.
- **Hotel Kiose**€€€€, Berthin-Bleeg-Str. 15, Tel. 9 84 70, Fax 4 10 14, www.hotel-kiose.de. 20 Zimmer, mit Sauna.
- **Hotel Landhaus am Meer**€€€€€, Westring 2, Tel. 4 51 00, Fax 4 56 75, www.landhaus-am-meer.de. Strandnahes Haus mit 11 Zimmern.
- **Hotel Strandhörn**€€€€€, Dünenstr. 1, Tel. 9 45 00, Fax 4 57 77, www.strandhoern.de. 26 Zimmer in persönlich ge-

führtem, strandnahem Haus mit Top-Restaurant und 400 m² Wellness-Bereich.

- **Pension Berthin Bleeg**€€, Berthin-Bleeg-Str. 6, Tel. 4 17 60. Sechs Zimmer, Liegewiese.
- **Sylter Domizil**€€€€€, Berthin-Bleeg-Str. 2, Tel. 8 29 00, Fax 82 90 29, www.sylter-domizil.de. First-class Hotel Garni, das aus zwei Häusern besteht mit komfortablen Zimmern, Bar, Wellness-Bereich, Sauna. Außerdem auch verschiedene Komplettangebote.
- **Ulenhof Gartenhotel garni**€€€€€, Lerchenweg 6, Tel. 945 40, Fax 945 431, www.ulenhof.de. Insgesamt 21 Zimmer, Garten, Wellnessbereich und allgemein eine sehr ruhige Lage.
- **Hotel Berlin**€€€€, Risgap 16, Tel. 98 46 00, www.hotel-berlin-sylt.de. Kleineres Haus mit 13 Zimmern, etwa 200 m vom Strand entfernt in ruhiger Lage. Interessantes Detail: es gibt auch Schnupperangebote.
- **Hotel Hansa**€€€€, Dünenstr. 11, Tel. 4 10 67, www.sylt-haus-hansa.de. Sehr zentral gelegen, nur wenige Schritte zum Meer (laut Eigenwerbung: 111). 16 Zimmer, Begrüßungsgetränk, Fahrradverleih, Strandkorbterrasse.

Ferienhäuser

- **Wonneberger**€€€€€, Horsatal 7, Tel. (0731) 4 12 91. Ein Haus für 5 Personen auf 1200 qm großem Grundstück.
- **Lütt Hüs I & II**€€€€, Hochkamp 15, Tel. 2 29 82, Fax 20 13 54. Zwei kleine, reetgedeckte Häuschen, von hohen Hecken umgeben.
- **Landhaus Dünenkamp**€€€€€, Hochkamp 9A (Vermieter: Ida Klein). Exklusives 4-Zimmer-Haus, strandnah.
- **Boomgarden**€€€€€, Bremer Str. 7A, Tel. (04171) 7 77 78. Haus unter Reet in ruhiger Ecke, großer Garten.
- **Schumacher**€€€€€, Bremer Str. 6, (VWA). Haus für 4 Pers.
- **Haus Matthias**€€€€€, Dünengrund 3, Tel. 4 26 06. Strandnahes Einzelhaus für 5 Personen.
- **Nicki**€€€€, Osterweg 11, Tel. 2 29 82. Kleines Haus im älteren Ortsteil.
- **Haus Ägir**€€€€€, Feldscheide 1, Tel. 4 14 41 (Vermieter: Andersen). Ein Haus für 7 Personen. 230 €.

FeWos

- **Schloss am Meer**€€€, Dünenstr. 6 (VWA). 3 Gebäude in Top-Lage direkt hinter den Dünen.
- **Min Droom**€€€-€€€€, Strandstr. 16, Tel. 4 29 10. Vier, teilweise recht große FeWos in gepflegtem Haus.
- **Haus Atlantik,** Strandstr. 19 (teilweise über VWA) Mittelgroßes Gebäude.
- **Anna Margarethe**€€€€€, Westerstr. 5, Tel. 9 84 70, Fax 4 10 14, Haus im friesischen Stil mit finnischer Sauna und 8 FeWos.
- **Feldlerche II**€€€-€€€€, Horsatal 12, Tel. 9 47 07, Fax 4 59 36, www.feldlerche-sylt.de. Sechs FeWos, u.a. mit Sauna und Hallenbad.

•**Ulenhof**€€€-€€€€€, Sachsenring 14 und Ostmarkstr. 13, Tel. 9 45 40, www.ulenhof.de. Stilvolle Anlage unter Reet mit Top-Einrichtung in ruhiger Lage. 35 FeWos.
•**Japsen**€€, Berthin-Bleeg-Str. 7, Tel. 4 25 66. Fünf FeWos unweit vom Strand.
•**Haus Arnfried**€€€€€, Westring 6 (VWA). Exklusive FeWos im friesischen Stil in ruhiger Lage.
•**In der Düne**€€€€, Dünenstr. 22, (Vermieter: Ida Klein). Sechs FeWos mit guter Einrichtung, Blick auf Dünen.
•**Dünenblick I**€€€€€, Dünenstr. 20A (VWA). Vor den Dünen gelegen.
•**Dünenblick III**€€€€, Dünenstr. 20 (VWA). Reetdach-Haus in toller Lage vor den Dünen.
•**Dünenblick II**€€€€, Hochkamp 18 (VWA). Reetdach-Haus vor den Dünen.
•**Landhaus Blankenese**€€€€€, Seeblick 6 (VWA). Ein Tophaus in Toplage, direkt vor den Dünen.
•**C-Häuser**€€€, Im Grund und Seedüne (VWA). Mittelgroße, funktionale Häuser.
•**Haus Wonningstair**€€€€€, Dünenstr. 10 (VWA). Unverbauter Blick aufs Meer.
•**Haus Nordseeblick**€€€€, Dünenstr. 8 (VWA). Ähnlich schöner Blick.

Privatzimmer

•**Thomas**€€, Strandstr. 14, Tel. 4 30 40. 5 Zimmer mit Etagenbad.
•**Haus Zoppot**€€, Feldgasse 6, Tel. 4 54 39. 2 Zimmer mit Frühstück.
•**Haus Ebbe**€€, Ostmarkstr. 22A, Tel. 47 63. 4 Zimmer mit Etagenbad.
•**Haus Haigle**€€, Westerstr. 20, Tel. 4 30 66. 3 Zimmer mit Etagenbad.
•**Erichsen**€€, Friesenweg 22, Tel. 4 42 80. 5 Zimmer in kleinem Haus, Etagenbad.

Campingplatz

•**Campingplatz Wenningstedt,** der Platz liegt direkt an den Dünen, vielleicht 10–15 Min. Fußweg vom Zentrum Wenningstedts entfernt. Über 280 Stellplätze, geöffnet 1.3.–31.10. Infos und Anmeldung: Wenningstedt Camp, Am Dorfteich, Tel. 94 40 04, Fax 94 40 06, in der Winterpause: 4 47 47, www.wenningstedt.de.

Essen & Trinken

•**Strand-Bistro,** Tel. 4 17 03. Direkt am Strand gelegenes Lokal mit großer Terrasse zum Strand, über den Zugang Strandstraße erreichbar.
•**Wonnemeyer,** Tel. 4 52 99. Ebenfalls direkt am Strand gelegenes Lokal, etwa in Höhe des Zeltplatzes. Motto des

094sy Foto: hif

Hauses „Von Currywurst bis Austern". Offizielle Adresse: FKK-Strand Nord.

● **Gosch am Kliff,** Strandstr. 27, Tel. 4 56 88. Direkt oberhalb des Kliffs hat Gosch hier eine seiner bewährten Lokalitäten mit traumhaften Sonnenuntergangs-Stehtischen. Geöffnet ab 10 Uhr.

● **Kliffkieker,** Strandstr. 24, Tel. 4 28 31, liegt genau gegenüber, und von der Terrasse schaut man tatsächlich vom Kliff aufs Meer. Abends wird Danz op de Deel versprochen – und gehalten! Geöffnet ab 11 Uhr.

● **Meeresblick,** Strandstr. 22, Tel. 4 44 22. Gediegenes Restaurant, in dem am Nachmittag leckerer Kuchen serviert wird. 9–22 Uhr.

● **Admirals Stuben,** im Lindner Hotel Windrose, Strandstr. 21, Tel. 94 08 21. Eine relativ kleine Karte, auf der hauptsächlich norddeutsche Gerichte angeboten werden.

● **La Pergola,** Dünenstr. 15, Tel. 4 61 08. Italienische Küche mit breiter Auswahl.

● **Kleine Welt,** Hauptstr. 23, Tel. 4 35 49. Ein buntes, „welt weites" Angebot an Speis und Trank, aber auch Bodenständiges wie Holsteiner Kartoffelsuppe.

● **Café Lindow,** Berthin-Bleeg-Str. 10, Tel. 9 89 50. Ein Kaffeehaus mit gemütlichem Garten.

● **Fisch-Blum,** Westerlandstr. 8, Tel. 47 10. Eine Mischung aus Fisch-Höker und Schnellrestaurant, dabei gut und preiswert. Schließt gegen 21 Uhr.

● **Hinkfuss am Dorfteich,** Am Dorfteich 2, Tel. 54 61. Eines der Top-Lokale von Sylt. Abends wird groß aufgetischt,

Gosch am Kliff

u.a. die „Grand Parade", mittags dagegen die feine Deftigkeit zu moderaten Preisen. Geöffnet 12–17 Uhr und ab 18 Uhr. Mo Ruhetag.

• **Lässig,** im Hotel Strandhörn, Dünenstr. 1, Tel. 9 45 00. Noch ein Spitzenkoch, *Dirk Lässig,* führt dieses Lokal und hat sich in kürzester Zeit viel Lob erkocht. Sehr beliebt ist das wechselnde Strandhörn-Menü. Ab 18 Uhr, Mi Ruhetag.

• **Wenningstedter Krug,** Hauptstr. 1, Tel. 94 65 30. Kleines Lokal mit fundierter Küche. Ab 8 Uhr zum Frühstück geöffnet.

Adressen

Badeärzte

• **Dr. Cegla,** Hauptstr. 5, Tel. 94 40 98.

Fahrradverleih

• **Fahrradverleih Schmüser,** Westring 18, Tel. 4 35 87.
• **H. Holst,** Osterweg 22, Tel. 4 33 15.
• **Eddies Fahrradverleih,** Dünenstr. 11, Tel. 4 10 67.
• **Fahrrad Konzept,** Hauptstr. 16, Tel. 4 66 43.
• **M&M,** Hauptstr. 8-14, Tel. 4 59 06.
• **Leksus,** Westerstr. 3, Tel. 8 35 00.

Kinder

Wenningstedt möchte die Nr. 1 für Familienurlaub werden, deshalb gibt es im Sommer einige Angebote:

• **Strand-Olympiade** wird von der Kurverwaltung organisiert. Bei sportiven Spielen im Wettkampfformat geht's um die Wurst. Termin unter Tel. 44 70 erfragbar.

• **InselCircus,** von Anfang Juli bis Ende August hebt sich täglich um 17 Uhr der Vorhang. Dieser Zirkus für Kinder gastiert unweit der Friesenkapelle, dort können die Kleinen eine Woche lang jeden Tag drei Stunden lang ein eigenes Programm einstudieren. Am Ende dieser spannenden Woche treten die kleinen Artisten am Freitag auf. Infos: www.inselcircus.de.

• **Trampolinplatz** an der „Kartoffelkiste", unweit vom Kliff.

Kirche

• **Friesenkapelle** am Dorfteich, Gottesdienste am So um 10 und 11 Uhr.

Minigolf

• an der Dünenstraße, nur eine Minute vom Strand entfernt.

Sauna

• **Strandsauna** am FKK-Strand, täglich ab 11 Uhr, Tel. 4 52 99.

Surfen

• **Camp One,** das Surfzentrum, schlägt sein Quartier unterhalb des Trampolinplatzes auf. Angeboten werden auch spezielle Kurse für Kinder und für Könner Brandungskurse. Tel. 4 33 75 im Sommer, www.surfschule-wenningstedt.de.

Taxi

• Tel. 55 55 oder Tel. 50 50.

Braderup

Obwohl zu einer Verwaltungseinheit mit Wenningstedt verschmolzen, hat das 130-Einwohner-Dorf Braderup ein **eigenständiges Ortsbild** erhalten können. Ländlicher Dorfcharakter inklusive eines kleinen Tante-Emma-Ladens wechselt sich ab mit hochmodernen reetgedeckten **Villen,** deren Millionenwerte den Betrachter nur in Erstaunen setzen können. Besonders die Häuser zur Wattseite zählen zu den allerersten Toplagen der Insel und damit auch ganz Deutschlands. Ein Blick in den Immobilienteil der Sylter Rundschau verdeutlicht die Dimensionen, unter mehreren Millionen läuft hier gar nichts. Die meisten Häuser können nicht gemietet werden, leben hier doch sowohl Fischkönige als auch Fernsehstars.

Trotzdem könnte Braderup für manchen Urlauber interessant sein, denn hier hat man wahrlich seine **Ruhe.** Ein Restaurant lockt Gäste, ansonsten bleibt nur der Spaziergang entlang des Weißen Kliffs oder durch die Heidelandschaft.

Sehenswertes

Weißes Kliff

Direkt vor dem Wattenmeer erhebt sich die **Steilküste** des Weißen Kliffs. Im Gegensatz zum Wenningstedter Roten Kliff leuchtet diese Steilküste hell durch den feinen Kaolinsand. Vom Parkplatz am Ende der Straße Up de Hiir führt ein Holzsteg hinunter zum Strand, und dort kann dann entlang der Wattküste vor dem Weißen Kliff gewandert werden. Hier liegt auch das **Wrack eines Dreimasters,** der zur Jahrhundertwende gebaut wurde. Nach vielen Überseefahrten und späteren Irrungen landete er schließlich hier im Watt und bleibt bis heute ein Spielball der Elemente.

Braderuper Heide

Die Braderuper Heide erstreckt sich bis nach Kampen, ein **einmaliges Naturgebiet,** das unter Naturschutz gestellt wurde. Markierte Wege

führen hindurch, bringen den Wanderer bis zur Küste und weiter nach Kampen. Das Naturzentrum Braderup veranstaltet regelmäßig Führungen durch die Braderuper Heide.

Strandprofil

Wie überall auf der Sylter Wattseite ist der Strand schmal, kein Vergleich mit der Seeseite. Dabei zeigt sich der Braderuper durch die Einbettung in die Heidelandschaft und vor dem Kliff noch recht **schön.** Es fehlen hier aber auch jegliche Einrichtungen, Strandkörbe, Flaniermeile; es gibt nichts dergleichen. Man kann nur spazieren gehen und die Naturschönheiten genießen.

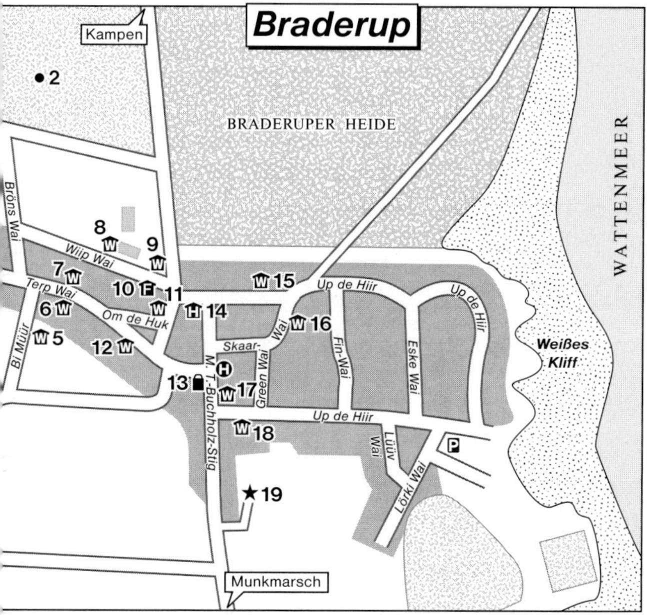

★ 1 Leuchtturm "Rotes Kliff"
• 2 Golfplatz (18-Loch-Anlage)
• 3 Bodil's Pferdefarm
W 4 Uthland
W 5 Friesenhaus Kroll
W 6 Westmüür
W 7 Schmidt
W 8 Horsa
W 9 Hengist
F 10 Ahrens
W 11 Weißes Haus
W 12 Dana's Hüs
13 Friesenlädchen
H 14 Hotel Weißes Kliff
W 15 Tammensiel
W 16 Wit Klef
W 17 Friesenhaus Jensen
W 18 Brinkmann
★ 19 Naturzentrum

095sy Foto: hjf

Unterkunft

Hotel

•**Weißes Kliff**€€€€, M.-T.-Buchholz-Stig 9, Tel. 4 30 08. Vermietet werden 6 Zimmer in diesem Haus aus dem Jahre 1852. Liegewiese hinterm Haus.

Ferienhäuser

•**Ahrens**€€€€€, Wiip Wai 2, Tel. 93 50 47, Fax 93 50 48. Kleines, nettes Haus mit eigenem Garten.

•**Jouin**€€€€€, Terp Wai 20, Tel. 4 24 44, Fax 4 62 90. Eine Haushälfte mit großem Garten bei „Bodils Pferdefarm".

FeWos

•**Uthland**€€-€€€€, Terp Wai 18, Tel. (040) 20 97 71 33, www.sylt-friesenhaus.de. Drei FeWos in einem alten, hellen Friesenhaus mit großem Garten.

•**Weißes Haus**€€€€€, Om de Huk 2, Tel. 93 50 47. Ein komplett renoviertes Friesenhaus, über dem Eingang prangt die Jahreszahl 1759. Ruhige Lage, großer Garten mit Strandkorb.

Das weiße Kliff

● **Horsa**€€€, Wiip Wai 3, Tel. 84 48 53. Eine Nichtraucher-Wohnung über zwei Ebenen unter Reet in einer Seitenstraße mit Blick über die Felder.
● **Hengist**€€€ bzw. €€€€€, Wiip Wai 1, Tel. 93 50 47, www.syltappartements.de. Zwei FeWos in hellem Reetdach-Haus, netter Garten.
● **Friesenhaus Kroll**€-€€, Bi Müür 1, Tel. 4 18 36. Drei FeWos in einem Reetdachhaus mit 2000 qm großem Garten.
● **Westermüür**€€€€€, Terp Wai 15, Tel. (0561) 94 95 80. Drei FeWos in Haus mit schönem friesischem Garten, inklusive Strandkörbe.
● **Schmidt**€€ bzw. €€€, Terp Wai 10, Tel. 94 30 00, Fax 94 30 01. Drei FeWos in größerem Haus mit Garten.
● **Dana's Hüs**€€-€€€€, Terp Wai 9, Tel. und Fax 4 16 70. Vier FeWos inkl. Schwimmbad, Sauna und Solarium.
● **Tammensiel**€€€, Up de Hiir 3, Tel. 4 35 79, www.tammensiel-sylt.de. Zwei FeWos in größerem, freistehendem Reetdachhaus mit Blick über die Heide.
● **Wit Klef**€€€-€€€€, Skaar Wai 8, Tel. (040) 3 78 61 50. Drei FeWos in ruhiger Seitenstraße, großer Garten.
● **Brinkmann**€€-€€€, Up de Hiir 49, Tel. 4 19 01. Drei FeWos in kleinerem Einzelhaus mit Liegewiese.
● **Friesenhaus Jensen**€€, Up de Hiir 42, Tel. 4 26 01. Zwei FeWos in historischem Friesenhaus, Nichtraucher.

Essen & Trinken

● **Landgasthof Weißes Kliff,** M.-T.-Buchholz-Stig 9, Tel. 4 30 08. Regionale ländliche Spezialitäten zu portemonnaie-freundlichen Preisen. Geöffnet 12–14 Uhr und ab 17.30 Uhr, mittwochs sowie Nov.–März geschlossen.

Adressen

Einkaufen

● **Friesenlädchen,** Terp Wai, Ecke M. T.-Buchholz-Stig, kleiner Tante Emma-Laden mit angeschlossenem Café.

Naturzentrum

● **Naturzentrum Braderup,** M.-T.-Buchholz-Stig 1, Tel. 4 44 21, Fax 4 64 33. Öffnungszeiten: Anfang April–Ende Oktober Mo–Sa 10–12 Uhr, 14.30–18.30 Uhr. Ausstellungen zum Nationalpark Wattenmeer, der Lebensraum Heide und Teich wird vorgestellt. Infos zum Morsum Kliff, diverse Vorträge und Führungen, auch naturkundliche Radtouren sind im weiteren Angebot. Hier befinden sich auch ein Bioland-Naturkostladen und eine Werkstatt für Ledermoden.

Pferdehof

● **Bodil's Pferdefarm,** Terp Wai 20, Tel. 4 24 44.

Kampen

- **Vorwahl:** 04651
- **PLZ:** 25999
- **Einwohner:** ca. 615
- **Tourismus-Service:** Kaamp-Hüs, Hauptstr. 12, Tel. 4 69 80, 46 98 33, Fax 46 98 40, e-mail: info@kampen.de, www.kampen.de, geöffnet: Mo–Fr 9–18, Sa 9–13, So 10–13 Uhr.
- **Zimmernachweis:** Tel. 46 98 33.
- **Kurtaxe:** 15.5.–30.9.: 2,80 €, übrige Zeit: 1,60 €, Kinder bis 18 J. in Begleitung Erziehungsberechtigter frei.
- **Strandkorb:** 7,50 €/Tag, 2.–7. Tag: 6,50 €/Tag, 8.–21. Tag: 5,50 €/Tag, ab 22 Tage: 4,50 €/Tag

Überblick

Sylt ist der **Treffpunkt der Schönen und Reichen,** in Kampen hat dieses Bild seine Berechtigung. Hier urlauben oder residieren sie tatsächlich, all die Promis und Schickis, aber auch die Reichen und Schwerreichen. Tagsüber sieht man sie weniger, denn da liegen sie am Strand, vorzugsweise an Buhne 16. Am späten Nachmittag tauchen die ersten dann tatsächlich auf, verteilen sich auf die Handvoll Lokalitäten am Strön-Wai. Sehen und Gesehen werden! So will es das Klischee, und im Juli, August kommt die Wirklichkeit dem Image auch ziemlich nahe. Edle Boutiquen der Klasse Jil Sander und Joop! warten auf „anspruchsvolle Kundschaft" (so inserierte eine Kampener Boutique in der Sylter Rundschau und suchte Mitarbeiter mit einer „positiven Lebenseinstellung"). Die Anzahl der Porsche Cabrios oder der „Kampen-VW's" (Mercedes Cabrio) kann im Sommer nur geschätzt werden. Ja, es stimmt schon, ein wenig St. Tropez schimmert hier durch. Aber allzu viel dann doch nicht, denn die Whisky-Meile, so wurde der Strön-Wai irgendwann einmal getauft, misst nur wenige hundert Meter, und gerade ein halbes Dutzend Lokalitäten buhlen um Kundschaft. Dazu kommt noch ein weiteres knappes Dutzend zwischen „Manne Pahl" und „Dorfkrug", das war's dann beinahe auch schon.

096sy Foto: hjf

Kampen ist ein **Dorf mit einem schönen Gesamtbild,** allerdings etwas vom Meer entfernt liegend. Die Dünenlandschaft steht komplett unter Naturschutz, hier dürfen auch Kampens „rich and famous" nur über Bretterbohlen zum Strand. Das Ortsbild wird von Reetdachhäusern geprägt, eines nobler als das andere. Und doch wirkt beispielsweise Keitum mit seinen idyllischen Reetdachhäusern gemütlicher.

Sehenswertes

Reetdachvillen

Die reetgedeckten Häuser und Villen, speziell entlang der Wattseite, sind schon eine Sehenswürdigkeit ganz besonderer Art. Teilweise kann man nur staunen, welche ausgesprochen hübschen Häuser hier stehen und man ahnt nur das **Preisniveau.**

Villa in Kampen

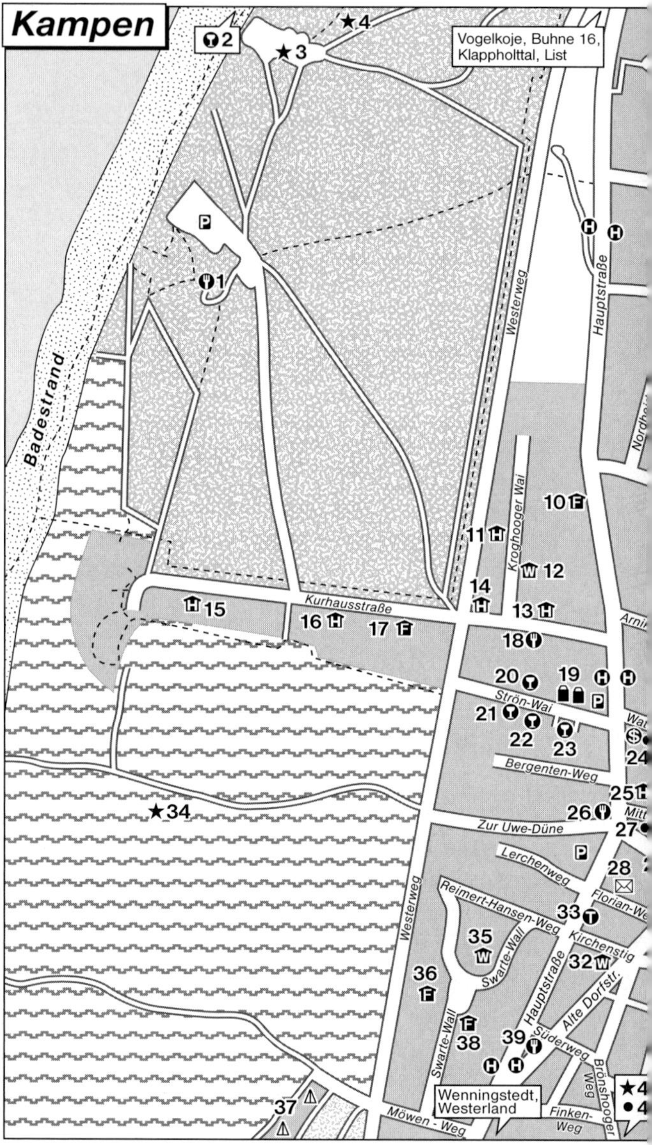
Kampen
2
3
4
Vogelkoje, Buhne 16, Klappholttal, List
Badestrand
1
Westerweg
Hauptstraße
Kroghooger Wai
10
11
12
13
14
15
16
17
18
19
20
21
22
23
24
25
26
27
28
Kurhausstraße
Strön-Wai
Bergenten-Weg
Zur Uwe-Düne
Lerchenweg
Reimert-Hansen-Weg
Florian-We
Kirchenstig
Swarte-Wall
Alte Dorfstr.
Süderweg
Brönshooger Weg
Finken-Weg
Möwen - Weg
Wenningstedt, Westerland
32
33
34
35
36
37
38
39

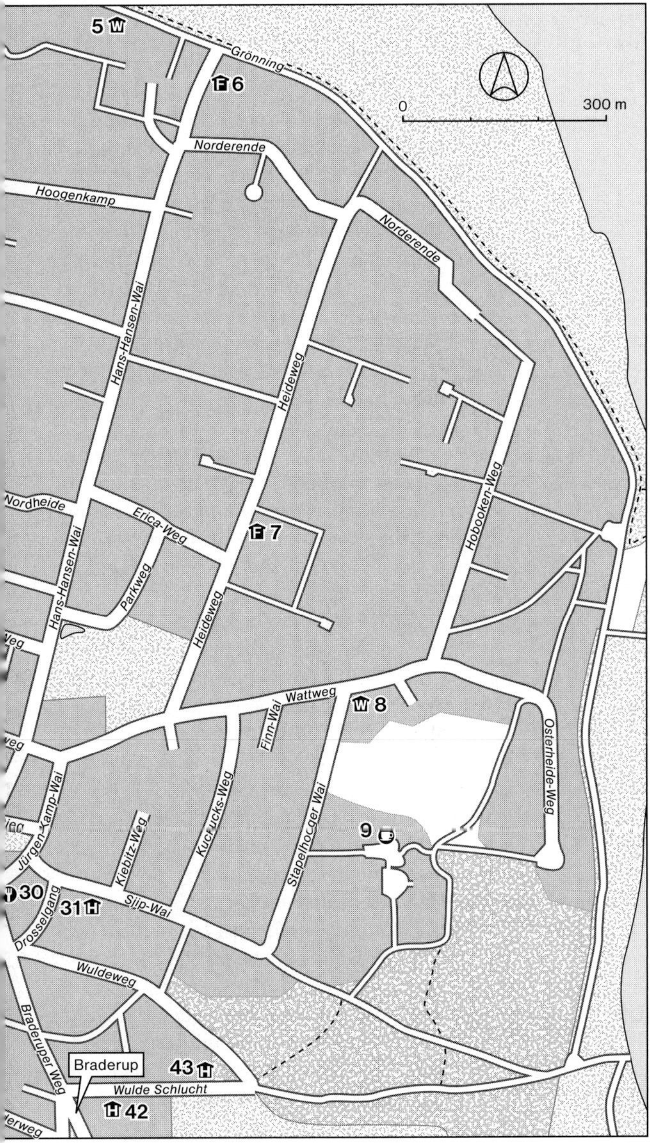
5
Grönning
6
0
300 m
Norderende
Hoogenkamp
Norderende
Hans-Hansen-Wai
Heideweg
Hobooken-Weg
Nordheide
Erica-Weg
7
Hans-Hansen-Wai
Parkweg
Heideweg
Wattweg
8
Finn-Wai
Osterheide-Weg
Jürgen-Kamp-Wai
Kucucks-Weg
Kiebitz-Weg
Stapelhooger Wai
9
30
31
Sjip-Wai
Drosselgang
Wuldeweg
Braderuper Weg
Braderup
43
Wulde Schlucht
42

Das wird durch feine Grenzlinien bestimmt, beispielsweise der „ersten" Wattseite. Die gilt – natürlich – als die teuerste, genießt man doch freien, unverbauten Blick aufs Meer, der kostet halt. Drei bis fünf Millionen muss der Käufer schon über haben, vereinzelt noch mehr. Dahinter dann die „zweite" Wattseite, eben ohne Meeresblick, was dann auch ein Milliönchen billiger kommt. Genug davon, Neid soll gar nicht erst aufkommen.

Die **Bauweise** ist übrigens verbindlich vorgeschrieben. Seit 1913 dürfen in Kampen nur reetgedeckte Häuser gebaut werden. Das wird konsequent umgesetzt. So bekam selbst die Freiwillige Feuerwehr vor ein paar Jahren ein reetgedecktes Gerätehaus.

Strön-Wai

Auch ein Bummel über den gar nicht so langen Strön-Wai sollte auf dem Programm stehen. Er ist eine Sehenswürdigkeit, keine Frage. **Am Nachmittag** herrscht verstärktes Porscheaufkommen, man hockt in Gartenlokalen, zeigt viel Haut und eine Menge Blasiertheit.

Am Straßenrand parkt eine **Armada** von 911er, vereinzelt unterbrochen von Daimlers. Wie kann man da noch auffallen? Ganz einfach, mit einem VW Käfer Cabrio, da drehen sich dann sogar die Ferrarifahrer um, die es natürlich auch gibt. Auf der gegenüberliegenden Straßenseite schieben die „Normalos", Familienväter, ihre Kinderkarre und versuchen, möglichst unauffällig zu den Autos zu schielen. Unübersehbar zieht hier ein Mythos Reiche und scheinbare Reiche an, und die Normalos kommen auch, zum staunenden Gucken. Das Ganze als Kampener Eigenart betrachtet, ergibt durchaus eine eigene Sehenswürdigkeit.

Uwe-Düne

Darüber hinaus befindet sich inmitten der Dünenlandschaft **Sylts höchste Erhebung,** die Uwe-Düne. Stolze 52,5 m misst sie, und eine steile Holztreppe führt hinauf. Benannt wurde sie nach *Uwe Jens Lornsen,* einem Keitumer Streiter für Schles-

	1	Sturmhaube
	2	Bistro La Grande Plage
★	3	Kliffende
★	4	Kleiner Leuchtturm
	5	Sonnenkliff
	6	Heidling
	7	Norderheide II
	8	Lotsenhof
	9	Café Kupferkanne
	10	Birkenkamp
	11	Hotel Rechel
	12	Frisia
	13	Hotel Westerheide
	14	Hotel Ahnenhof
	15	Hotel Rungholt
	16	Hotel Walter's Hof
	17	Inga
	18	Friesenkate
	19	diverse Boutiquen
	20	Rauchfang
	21	Pony
	22	Odin
	23	Gogärtchen
•	24	Kurverwaltung und Sparkasse
	25	Friesenhaus Jürgen Bleicken
	26	Manne Pahl
•	27	Fahrradverleih Brodersen
⊠	28	Post
	29	Zum Österreicher
	30	Dorfkrug Rotes Kliff, Disko Club Rotes Kliff
	31	Landhaus Südheide
	32	Villa Elly
	33	Tankstelle
★	34	Uwe Düne
	35	En'Enhoog
	36	Frehüs
⚠	37	Campingplatz
	38	Austernfischer
	39	To'n Smoortaal
★	40	Leuchtturm "Rotes Kliff"
•	41	Golfplatz
	42	Hotel Uns to Hus
	43	Hotel Wuldehof

wig-Holsteins Unabhängigkeit. Von oben genießt man einen **tollen Rundblick** über Kampen und die Dünenlandschaft, außerdem erklären etliche Hinweistafeln viele Naturphänomene.

Haus Kliffende

Nur wenige Schritte entfernt verläuft das Rote Kliff (siehe auch Wenningstedt). Dort, wo die Steilküste langsam ausläuft, steht das Haus „Kliffende". Kaum ein Haus auf der ganzen Insel kann eine schönere Lage vorweisen, einsam **mitten in den Dünen**.

Verleger *Heinrich Tiedemann* erbaute dieses Anwesen 1923, seitdem urlaubten hier **jahrzehntelang Künstler** und andere Prominente. Aus der illustren Gästeliste sollen nur *Thomas Mann, Ernst Rowohlt* oder *Max Liebermann* genannt sein. 1955 erwarb die Deutsche Bank das Haus und betrieb es jahrzehntelang als Feriendomizil für die Angestellten, 1997 verkauften die Deutschbänker das Haus.

Dekorative Türme

Am südlichen Ortsrand reckt sich ein schwarzweißer **Leuchtturm** 38 m in die Höhe. Seit 1855 schickte er sein Licht aus, immerhin 21 Seemeilen (ca. 40 km) weit. In direkter Nachbarschaft breitet sich ein Golfplatz aus. Nette Hinweisschilder warnen übrigens vor „fliegenden Bällen".

156sy Foto: hjf

098sy Foto: hjf

Am nördlichen Rand von Kampen steht ein so genanntes **Quermarkenfeuer.** Dieser wuchtige rote Backsteinturm in achteckiger Form wurde 1912 erbaut, seit 1974 ist er außer Funktion. Kurz bevor der nun nutzlose Turm abgerissen werden sollte, erwarb ihn die Gemeinde Kampen. Seitdem bleibt der Turm als dekoratives Fotomodell in der Dünenlandschaft weiter stehen.

Kampener Vogelkoje

Geöffnet: Karfreitag bis Freitag vor Pfingsten sowie im Oktober Di–So 13–16 Uhr; Pfingsten bis September Di–So 10–16 Uhr. Eintritt: Erw. 1,70 €, Kinder (6 bis 17 Jahre) 0,85 €.

Etwa 3 km außerhalb in Richtung List liegt direkt am Watt die Kampener Vogelkoje. Hier wird zu

Demonstrationszwecken eine **alte Wildentenfanganlage** vom Söl'ring Foriining unterhalten, um zu zeigen, wie in früheren Zeiten Wildenten gefangen wurden. 1767 genehmigte der dänische König den Bau, und dann wurde bis 1921 Entenfang betrieben. Ein etwa 700 m langer Rundweg mit Lehrpfad führt zu einem Beobachtungsstand. In sich ständig verjüngenden Reusen wurden die Wildenten gefangen, teilweise bis zu 25.000 Stück. Die Reusen (Pfeifen genannt) waren auf einem Teich angebracht. Durch spezielles Futter und zahme Enten wurden die Wildenten angelockt, die sich schließlich aus den Reusen nicht mehr befreien konnten. Am Ende wurde ihnen ganz brutal der Hals umgedreht.

Ein gemütliches **Restaurant** mit Garten ist angeschlossen.

Klappholttal

Wer von Kampen auf der alten Trasse der Inselbahn nach List radelt, passiert nach ein paar Kilometern eine einfache kleine Siedlung, einsam und idyllisch in den Dünen gelegen, das Klappholttal. Es handelt sich um die älteste **Volkshochschule** des Landes, immerhin schon 1919 gegründet. Sie ist jedermann zugänglich und eine einzigartige Stätte der Weiterbildung. „Akademie am Meer" wird sie auch genannt. Die gesamte Anlage wirkt spartanisch, das aber stellt gerade für viele den großen Reiz dar, und die Nachfrage bleibt ungebrochen. Wissen zu vermitteln steht im Vordergrund, Kampens Schickeria bleibt Lichtjahre entfernt. Infos: Tel. 95 50, Fax 9 55 55, www.akademie-am-meer.de.

Strandprofil

Der Kampener Strand zeigt sich breit, feinsandig und nicht übermäßig überlaufen, jedenfalls verglichen mit Westerland. Allerdings fehlt auch eine Flanierpromenade, nur einige wenige Wege ermöglichen den Zugang zum Strand. Zwei **Ab-**

schnitte sind für Hunde reserviert, nämlich A (bei Buhne 16) und N (bei der „Sturmhaube"), und etwa an der Hälfte des Kampener Strandes dürfen sich die Nackten tummeln, zwischen den Abschnitten A und H (etwa bei „Kliffende").

Besondere Erwähnung verdient der Strandabschnitt **Buhne 16,** der jahrzehntelang der Treffpunkt schlechthin war. Geldadel, Wirtschaftswunderdeutsche, Filmstars und -sternchen, Chefredakteure, sie alle streckten ihren blanken Hintern der Sonne entgegen. Buhne 16 war und möglicherweise ist der berühmteste Strand Deutschlands. Warum gerade hier? Keine Ahnung, aber hier versammelten sich die prominenten Kampen-Urlauber schon immer, an dem 16. Wellenbrecher (Buhne), etwa 3 km nördlich von Kampen. Wer die Straße nach List an der richtigen Stelle verlässt, landet auf einem gebührenpflichtigen Parkplatz. Von dort führt ein Holzbohlenweg durch die schöne Dünenlandschaft zum Strand der Promis. Aber ob die sich wirklich noch immer hier sonnen? Vielleicht. Wer es denn wünscht, wird auch von einem Kellner bedient, der Schampus stilecht im Frack an den Strandkorb bringt – man gönnt sich ja sonst nichts.

Unterkunft

Vermieteragenturen

- **Sibylle Lützen,** Postfach 1001, Tel. 4 20 00, Fax 4 54 03, www.luetzen-sylt.de
- **Apartments & Mehr,** Möwenweg 3, Tel. 99 59 50, Fax -15, oder free call: 0800 152 67 36, www.kampeninfo.de

Hotels

- **Hotel Walter's Hof**€€€€€, Kurhausstr. 23, Tel. 9 89 60, Fax 4 55 90, www.tappes.de. Das exklusive Haus liegt unweit der Dünen, hat 26 individuelle Zimmer und bietet Langschläfern auch noch ein spätes Frühstück.
- **Hotel Rungholt**€€€€€, Kurhausstr. 35, Tel. 44 80, Fax 4 48 40, www.hotel-rungholt.de. Ebenfalls bei den Dünen gelegen, mittelgroßes Haus mit einem großen Wellness-Bereich.
- **Hotel Rechel**€€€-€€€€, Kroghooger Wai 3, Tel. 9 84 90, Fax 98 49 44, www.haus-rechel.de. Acht Zimmer in liebevoll eingerichtetem Haus mit großem Garten.
- **Landhaus Südheide**€€€€€, Sjip-Wai 4, Tel. 9 45 90, Fax 94 59 11, www.landhaus-suedheide.de. Ein weißes, ehemali-

Buhne 16 damals und heute

Damals war's, in den guten alten Zeiten, so Ende der 50er Jahre, Anfang der **60er Jahre.** Die Republik hatte sich gerade wieder von den Kriegsfolgen berappelt, und auf Sylt kam der Tourismus wieder in Schwung. Natürlich war die Prominenz ganz vorn dabei. Abends wurde in Kampen gefeiert, tagsüber am Strand gebraten. Aber nicht an irgendeinem, sondern nur an Buhne 16. Denn hier konnte man die Hüllen fallen lassen, sich nackt im Sand aalen, sich sogar textilfrei in die Brandung stürzen. Das war alles andere als selbstverständlich damals an deutschen Küsten. Reiche, Schöne und Schickis demonstrierten ihre freie Einstellung, ihr „Anderssein". So mancher altgewordene Kampener Dauergast erinnert sich heute wehmütig an „damals": Man fuhr noch mit der Inselbahn Richtung List, der Schampus floss unterwegs, die Stimmung stieg.

Und dann war da noch **Herbert, der Parkplatzwächter** an Buhne 16. Er hatte alles unter Kontrolle, reservierte für wenige die erste Reihe, für andere die zweite, und der Rest musste am weitesten laufen. Hier parkten sie alle, zahlten ihren Obolus und plauderten eine Runde. Konzernlenker, Industriebosse und Promis hockten sich mit einer Buddel Bier in einen wackeligen Campingstuhl und philosophierten mit *Herbert* über Gott und die Welt. Auf der Suche nach dem einfachen Leben und den einfachen Wahrheiten.

Und heute? An einem beliebigen Juliwochenende kann der neugierige Tourist locker ein gutes Dutzend Porsches, ein halbes Dutzend Mercedes Cabrios und den einen oder anderen Ferrari auf besagtem Parkplatz sehen. Aber frage niemals, wo der Fahrzeugbrief liegt, bei der Bank oder zu Hause. Viel zu viele Möchtegerns kommen im Miet-Porsche und lassen für ein Wochenende die Sau raus. „Traue niemals einem Ferrari-Fahrer, es sei denn, du kennst ihn seit 10 Jahren", so lautet eine der ungeschriebenen Kampen-Regeln. Echte „Kampianer" verziehen sich diskret hinter ihre millionenteuren Friesenhäuser.

Noch immer zieht es alle zur Buhne 16. Buhne 16 lebt heute von dem **Mythos vergangener Tage.** Immer noch kommen Promis und Wohlhabende, aber immer mehr mischen sich auch andere darunter, junge, forsche „Immer-dabei's" und sonst wer. Buhne 16 heute, ein Strandabschnitt wie viele andere eben auch, beinahe jedenfalls.

ges Kapitänshaus aus dem Jahr 1763, das über Eck gebaut wurde und einen gemütlichen Garten hat. Stilvoll eingerichtete Zimmer.

●**Residence Westerheide**€€€€€, Kurhausstr. 6, Tel. 8 28 10. 11 Zimmer in schickem Haus mit toller Ausstattung.

●**Hotel Uns to Hus**€€€€, Wulde Schlucht 2, Tel. 9 85 80, Fax 98 58 28. Kleines, privat geführtes Haus mit 8 Zimmern in ruhiger Seitenstraße in Wattnähe.

●**Hotel Wuldehof**€€€€€, Wulde Schlucht 5, Tel. 98 510, www.wuldehof.de. Familiäres Haus mit 10 Zimmern und nettem Garten, direkt am Naturschutzgebiet.

●**Hotel Ahnenhof**€€€€€, Kurhausstr. 8, Tel. 4 26 45, www.ahnenhof.de. Das Haus hat 14 Zimmer, liegt sehr zentral und gleichzeitig ruhig an der Kampener Heide mit schönem Blick bis zum Meer. Außerdem: ein netter Garten mit Strandkörben, sowie ein 100 m² großer Saunabereich.

●**Friesenhaus Jürgen Bleicken**€€€, Mittelstieg 1, Tel. und Fax 4 30 19. Frühstückspension mit großem Garten mitten im Zentrum, Bad auf Etage.

Ferienhäuser

●**Austernfischer**€€€€€, Swarte-Wall 5 A, Tel. und Fax 4 16 51. Haus in ruhiger, bewaldeter Lage mit nettem Garten.

●**Frehüs**€€€€€, Swarte-Wall 8, Tel. 3 12 08, Fax 36 93. Doppelhaus, schön unter hohem Baumbestand.

●**Inga**€€€€, Kurhausstr. 17, Tel. 4 13 86, Fax 47 70. Doppelhaus ohne Reet, zentrale Lage.

●**Birkenkamp**€€€€, Hauptstr. 23, Tel. 47 83, Fax 4 62 10. Zwei kleine Häuschen in einem großen Garten.

●**Heidling**€€€€€, Hans-Hansen-Wai 46, Tel. 3 15 07, Fax 3 34 37. Ein Haus, das auf einer Anhöhe liegt und einen superben Blick über das Watt bietet.

●**Norderheide II**€€€€€, Heideweg 16, Tel. 4 40 05. Doppelhaus mit Garten.

FeWos

●**Lotsenhof**€€€€€, Stapelhooger Wai 1, Tel. (040) 86 78 80, Fax 8 66 30 69 (Dr. Schwanke), www.lotsenhof.de. Acht FeWos in größerem Haus in landschaftlich schöner Lage.

●**Sonnenkliff**€€€-€€€€, Grönning 9, Tel. 4 23 74, Fax 4 52 71. Sechs FeWos in traumhafter Lage, etwas erhöht mit Blick aufs Watt. Jede FeWo mit Strandkorb und eigener Terrasse.

●**Frisia**€€€€, Kroghooger Wai 2, Tel. 4 25 03. Sieben FeWos in ruhiger Lage mit Garten.

●**En'Enhoog**€€€€€, Swarte-Wall 2, Tel. 4 48 84, Fax 94 83 69. Schönes Haus mit fast freiem Blick auf die Dünen in einem tollen Garten. 2 FeWos.

●**Villa Elly**€€€, Alte Dorfstr. 14, Tel. (0481) 6 45 96. Zwei FeWos in kleinem, niedlichem Haus.

Campingplatz

●**Campingplatz Kampen,** am Ortsanfang von Kampen links dem Möwenweg folgen. Tel. 4 20 86, Fax 4 62 35, www.campen-in-kampen.de. Geöffnet: Ostern bis 15.10.

Nicht zu groß, aber direkt vor den Dünen gelegen. So hat man es weder zum Strand noch zum Ort (jeweils etwa 500 m) allzu weit. Ein Fahrradverleih ist vorhanden.

Essen & Trinken

- **Zum Österreicher,** Alte Dorfstr. 2, Tel. 44 61 60, geöffnet ab 12 Uhr. Gemütlich-rustikale Einrichtung, österreichische Gerichte dominieren die Karte, aber es gibt auch andere. Bei gutem Wetter sitzt man auch nett draußen, ansonsten kann man an der gemütlichen Bar einen Drink nehmen.
- **To'n Smoortaal,** Süderweg 2, Tel. 44 041. Die Spezialität des Hauses ist Räucheraal in allen möglichen Variationen, es gibt aber auch andere Fisch- und Fleischgerichte.
- **La Grande Plage,** Tel. 88 60 78. Ein Strandbistro neben der Sauna am nördlichen Ortsrand von Kampen. Kleine Gerichte, aber auch eine wechselnde Tageskarte sowie leckerer Kuchen.
- **Friesenkate,** Kurhausstr. 1, Tel. 4 40 22. Breite Auswahl an preiswerten Gerichten.
- **Dorfkrug Rotes Kliff,** Braderuper Weg 3, Tel. 4 35 00. Ein Gasthof aus dem Jahr 1876 im klassischen Sinne, den „Muffel" Stoltenberg seit über 20 Jahren schmeißt. Im Gegensatz zum Kampener Chic mit bodenständiger Küche, die Bratkartoffeln werden inselweit gerühmt. Ab 12 Uhr.
- **Manne Pahl,** Hauptstr. 2, Tel. 4 25 10. Eine Institution! Der Schweizer *Pius Regli* verwöhnt seine Gäste u.a. mit einem exzellenten Frühstück. Ab 10 Uhr.
- **Rauchfang,** Strön-Wai 5, Tel. 4 26 72. Deftiges und Feines, ganz im Stil der „Drön-Wai"-Szene, mit Außentresen und Terrasse. Ab 12 Uhr.
- **Gogärtchen.** Strön-Wai 12, Tel. 4 12 42. Dürfte zu den bekanntesten Lokalen der Republik zählen. Schon als noch *Inge Gogarten* den Laden in den 50er Jahren schmiss, drängelten sich die Promis am Tresen. Heute nimmt „man" hier den Nachmittagskaffee im Garten ein, abends serviert *Rolf Seiche* dann leckere Gerichte. Ab 13 Uhr.
- **Pony,** Strön-Wai 6, Tel. 4 21 82. Der Kampener Treff, Musikbar oder Disko, seit vier Jahrzehnten beliebt und der Eintritt so begehrt, dass an der Tür gesiebt wird. Am Nachmittag herrscht Hochbetrieb an der Außenbar, nachts geht's drinnen dann rund.
- **Odin,** Strön-Wai 10, Tel 4 54 55. Trägt den Zweitnamen „Der kleine Leysieffer", entsprechend gibt's hier viele Leckereien und kleine Gerichte, die sich trefflich im Vorgarten verköstigen lassen.
- **Sturmhaube,** Riepersstig 1, Tel. 99 59 40. Nach dem Umbau erstrahlt dieses Ur-Kampener Lokal in völlig neuem

157sy Foto: hjf

Glanz. Amerikanisch angehaucht gibt es unten im „Emma's" schnelle Gerichte und ein Restaurant für 50 Gäste. Oben werden Kaffee und Kuchen ausgeschenkt sowie Drinks in der Bar Willy's, den sagenhaften Blick aufs Meer gibt's dazu.

●**Kupferkanne,** Stapelhooger Wai 7, Tel. 4 10 10. Ein Café mit großem Kaffeegarten, in der Heidelandschaft vor dem Watt gelegen. Das Lokal feierte 2000 seinen 50. Geburtstag! Es liegt halb unterirdisch, war einst ein Flakbunker.

●**Vogelkoje,** an der Straße nach List, Tel. 9 52 50. Ein nettes Lokal mit Terrasse. Frühstück ab 10 Uhr, nachmittags leckerer Blechkuchen.

●**Club Rotes Kliff,** Alte Dorfstraße, Tel. 4 34 00. Hier geht die nächtliche Post ab, aber erst nach 23 Uhr.

●**Buhne 16,** Tel. 49 96. Der Treff am Strand der Reichen und Schönen. Hier hocken die Promis in einer Bretterbude am Tresen und verdrücken eine Currywurst. Wird auch „Klo-Gärtchen" genannt, weil es hier das einzige WC weit und breit gibt.

Das rote Kliff bei Kampen

Buhnen auf Sylt

Eine Zeitlang galt der Bau von Buhnen als der beste Küstenschutz, heute hat man von dieser Idee Abstand genommen. Eine Buhne war ein etwa 20 m ins offene Meer hineinragender Schutzwall. An einer Buhne sollten sich die Wellen brechen, so dass sie ihre Kraft verlieren und mit weniger Wucht den Strand erreichen. So hoffte man, dem Raubbau des Sandes zu begegnen. Schon im vergangenen Jahrhundert entstanden erste Buhnen, zunächst aus Holz, viel später aus Stahlbeton. Alle Buhnen entlang der Westküste von Sylt wurden durchnumeriert, berühmt wurde die Buhne 16 in Kampen als Treff der Nackten, Reichen und Schönen. Buhnen werden auf Sylt schon lange nicht mehr gebaut, bilden aber teilweise noch eine Gefahr für die Badenden. Durch Erosion und Sturmfluten brachen Teile ab, übrig blieben teilweise scharfkantige Reste, vor denen auch am Strand gezielt gewarnt wird durch ein gelbes Andreaskreuz.

Adressen

Fahrradverleih

- **M&M,** Alte Dorfstraße, Tel. 3 57 77.
- **Brodersen,** Mittelstig, Tel. 4 51 72.

Kinder

- **Listen von Babysittern** liegen bei der Kurverwaltung aus.
- **Kampino Kinderclub,** In den Sommermonaten finden mehrmals pro Woche spezielle Animationsprogramme für Kids statt. Infos über Tel. 4 69 80.

Taxi

- Tel. 55 55 oder 77 77 oder 50 50.

606sy Foto: hjf

List

- **Vorwahl:** 04651
- **PLZ:** 25992
- **Einwohner:** 2500
- **Kurverwaltung:** Am Brück 1, Tel. 9 52 00, Fax 87 13 98, e-mail: prospekt@list-sylt.de, www.list.de, geöffnet: Mo–Fr 9–12 Uhr, 14–16 Uhr, Do 14–18 Uhr, Sa 10–12 Uhr, So (Juli, August) 10–12 Uhr.
- **Zimmernachweis:** Haus des Kurgastes, Tel. 9 52 00
- **Kurtaxe:** 16.5.–30.9. Erw. über 18 J. 2 €, 1.4.–15.5. und 1.10.–31.10. 1,50 €. Kinder und Jugendliche bis 18 J. in Begleitung eines Erziehungsberechtigten sind frei.
- **Strandkorb: 16.5.–30.9.:** pro Tag 6,90 €, ab ca. 14 Uhr 4,60 €, ab 4. Tag pro Tag 6,10 €, ab 8. Tag pro Tag 4,90 €, ab 15. Tag pro Tag 4,50 €, ab 22. Tag pro Tag 4,10 €
1.5.–15.5.: pro Tag 4,60 €, ab ca. 14 Uhr 2,90 €, Wochenkorb 32,80 €

Überblick

List nennt sich Deutschlands nördlichste Gemeinde, und genau dies ist auch das Bemerkenswerteste. Wohlgemerkt, an dem **Ort selbst,** denn die Landschaft in der Umgebung sucht ihresgleichen.

Wind und Wellen – ein Traum für Surfer

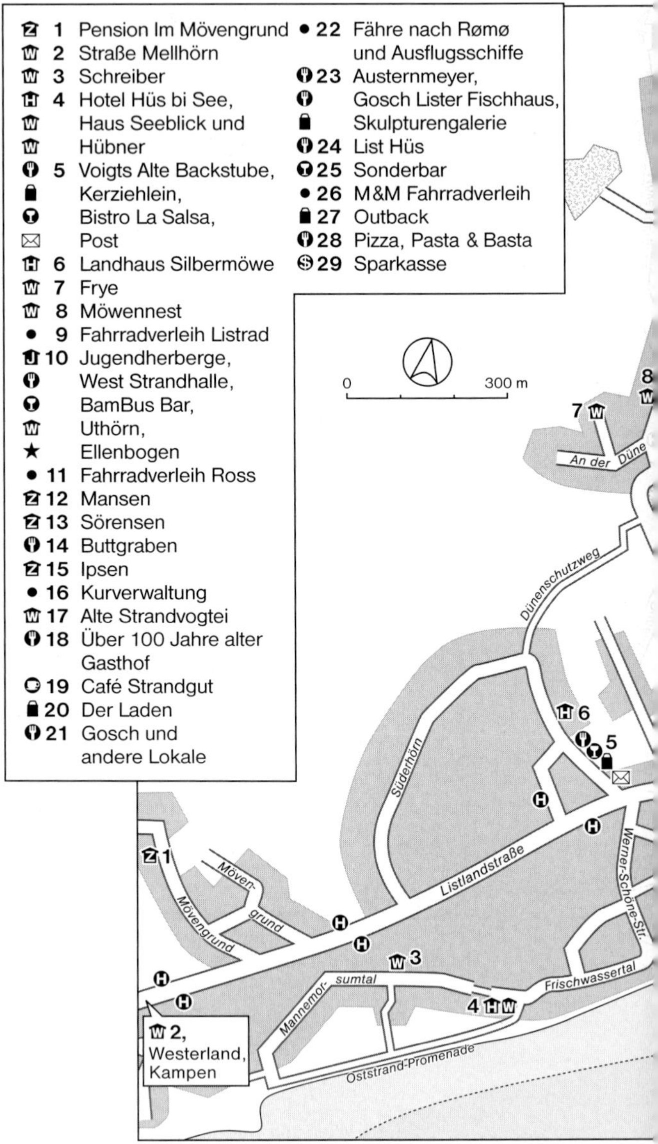
1 Pension Im Mövengrund
2 Straße Mellhörn
3 Schreiber
4 Hotel Hüs bi See, Haus Seeblick und Hübner
5 Voigts Alte Backstube, Kerziehlein, Bistro La Salsa, Post
6 Landhaus Silbermöwe
7 Frye
8 Möwennest
9 Fahrradverleih Listrad
10 Jugendherberge, West Strandhalle, BamBus Bar, Uthörn, Ellenbogen
11 Fahrradverleih Ross
12 Mansen
13 Sörensen
14 Buttgraben
15 Ipsen
16 Kurverwaltung
17 Alte Strandvogtei
18 Über 100 Jahre alter Gasthof
19 Café Strandgut
20 Der Laden
21 Gosch und andere Lokale
22 Fähre nach Rømø und Ausflugsschiffe
23 Austernmeyer, Gosch Lister Fischhaus, Skulpturengalerie
24 List Hüs
25 Sonderbar
26 M&M Fahrradverleih
27 Outback
28 Pizza, Pasta & Basta
29 Sparkasse
0
300 m
An der Düne
Dünenschutzweg
Süderhörn
Listlandstraße
Möven-grund
Mövengrund
Werner-Schöne-Str.
Frischwassertal
Mannemor-sumtal
Oststrand-Promenade
2, Westerland, Kampen

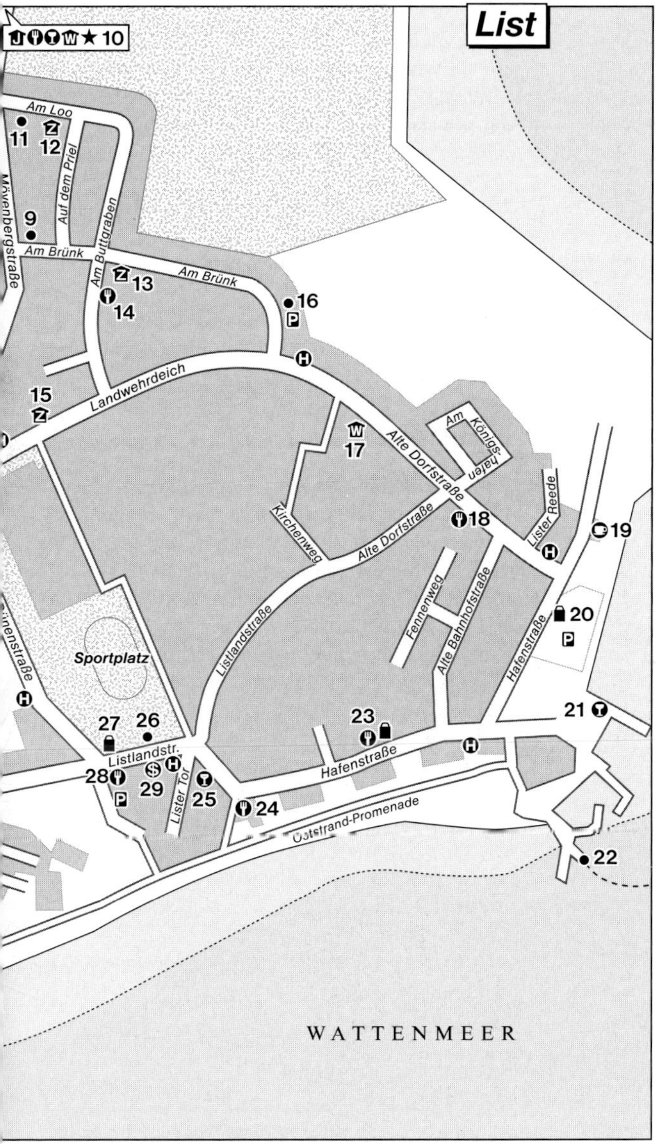
List
10
Am Loo
11
12
Auf dem Priel
9
Mövenbergstraße
Am Brünk
Am Butgraben
Am Brünk
13
14
16
Landwehrdeich
15
17
Am Königshafen
Alte Dorfstraße
Kirchenweg
Alte Dorfstraße
18
Lister Reede
19
Fennenweg
Alte Bahnhofstraße
Hafenstraße
20
Listlandstraße
Sportplatz
21
23
27
26
Listlandstr.
Hafenstraße
28
29
25
Lister Tor
24
Oststrand-Promenade
22
WATTENMEER

Der Lister Hafen ist im Ort das einzig nennenswerte Ziel, legt hier doch die Fähre nach Rømø ab, aber auch einige Ausflugsdampfer. Und dann wäre da ja noch „Gosch", die nördlichste Fischbude, ein „Muss" für jeden Sylt-Urlauber. Neben „Gosch" bieten noch eine Handvoll Imbisse ihre Leckereien an, viel Trubel also. List selbst kann kaum mit einer besonderen dörflichen Atmosphäre glänzen.

Die **Umgebung** allerdings zählt mit zum Schönsten, was die Nordsee zu bieten hat: die sagenhafte Dünenlandschaft von Listland, ebenso die kilometerlangen, einsamen Strände vom „Ellenbogen", ein weiteres „Muss".

Sehenswertes

Hafen

Also nochmals, der Hafen mit seinen Lokalen. Viele Jahre standen hier mehr oder weniger rustikal-gemütliche Bistros und Kioske mit dem unbestrittenen Mittelpunkt, der Bootshalle von „Gosch". Auf einen Besuch verzichtete beinahe kein Sylt-Urlauber, einmal „goschen" war (und ist!) Pflicht. Nicht ganz zu Unrecht wurde der bunte Budenzauber „List Vegas" genannt.

Das ist nun vorbei. 2004 wurde kräftig investiert und eine völlig neu gestaltete Meile mit richtig schicken Gebäuden errichtet. So gibt es eine neue nördlichste Fischbude von Gosch, ebenso eine neue Markthalle und diverse weitere Kiosk- und

So sah „List-Vegas" vor dem Umbau aus

Bistrogebäude. Auch ein Pavillon der Adler-Schiffe entstand. Bei Redaktionsschluss für dieses Buch wurde noch kräftig gebaut, aber auf Schautafeln konnte der Autor einen ersten Eindruck gewinnen. Wird schick aussehen!

Eine echte Besonderheit sind die **Sylter Austern.** Schon in vergangenen Jahrhunderten wurden hier Austern gezüchtet, heute (seit 1986) arbeitet in List die „Dittmeyer Austern Compagnie" sehr erfolgreich. In der Blidselbucht, kurz vor List an der Wattseite gelegen, wachsen die Sylter Austern zur Marktreife heran, mittlerweile alljährlich zwei Millionen Stück. Zur Winterzeit ziehen die Austern übrigens um, sie werden in 15 überdachte Becken umgelagert und dort mit frischem Salzwasser aus einer 1,5 km langen Leitung versorgt. Die meisten Austern werden exportiert, einmal probieren kann jeder in der Probierstube, Hafenstr. 10-12, warme Küche von 12 bis 21 Uhr, außerhalb der Saison montags Ruhetag. Dort kann auch die so genannte „Sylter Royal" mitgenommen werden, original im Spankorb und mit Austernmesser. Und wer auch zu Hause nicht darauf verzichten möchte, der kann sich die Lister Austern schicken lassen: Bestellung Tel. 87 75 25 oder übers Internet: www.sylter-royal.de.

153sy Foto: hjf

Im Hafen liegt auch der **Seenotrettungskreuzer** „Minden", Tag und Nacht einsatzbereit. Vier Mann leben hier ständig an Bord, im Wechsel mit einer anderen Crew, 2 Wochen an Bord, 2 Wochen an Land. Den Kreuzer treiben zwei Motoren an, jeder mit knapp 1000 PS. Am Heck ruht einsatzbereit das Tochterboot „Margarete", das immer in flachen Gewässern zum Einsatz kommt. „Margarete" ist unsinkbar und wird mit einem 180-PS-Motor angetrieben.

Gosch, der Fischhöker von List

Es gibt sie noch, jedenfalls manchmal, die Tellerwäscher-Millionär-Karrieren. Nicht nur in Amerika, auch in List ist so etwas möglich. *Jürgen Gosch* hat's geschafft. Ende der 1960er Jahre kannte ihn niemand, heute ist es unmöglich, ihm auf Sylt zu entgehen. Wie kam das? *Jönne Gosch* kam als junger Handwerker nach Sylt und hatte eines Tages die zündende Idee, Fisch zu verkaufen. Und zwar an die Urlauber. Damals wurden Hummer und Scampis nur in edlen Restaurants angeboten, *Jönne* machte es anders. Er kaufte den Fischern am Lister Hafen Krabben und Aale ab und verscherbelte sie an Touristen, die am Strand lagen. Ein paar Jahre lang zog er so über die Strände, bot Aal und Hering mit kernigen Sprüchen an. Dann erwarb er am Lister Hafen einen kleinen Kiosk, und von da an war *Gosch* nicht mehr aufzuhalten. Er verkaufte zwar nicht als einziger Fischbrötchen dort oben, aber er war der lauteste und lustigste. Das sprach sich herum, die Kunden kamen immer zahlreicher. Fast zwangsläufig musste angebaut werden, die nördlichste Fischbude Deutschlands platzte aus allen Nähten. Dann kam irgendwann die urige Bootshalle dazu, Dependencen in Westerlands Friedrichstraße und in Wenningstedt am Kliff, schließlich sogar in Hamburg und Stuttgart. Überall dort werden Scampis, Krabbenbrötchen und Fischsuppe verkauft. Einmal zu „Gosch", das ist für Sylt-Urlauber heute Pflicht. Warum genau, kann niemand sagen. Die Stimmung, das Ambiente und natürlich Entertainer *Gosch* selbst, der manchmal abends wie ein Seemann seinen Song schmettert: „Ein Matjes passt in jedes Portemonnaie."

Am Hafen befindet sich auch ein **Denkmal zur Erinnerung an Wolfgang von Gronau.** In den 20er Jahren war in List eine Flugschule errichtet worden, und *von Gronau* startete 1930 zu einem damals noch ungewöhnlichen Flug nach New York. Zwei Jahre später brach er von List aus sogar zu einem Flug rund um die Welt auf.

Biologische Station

Die Biologische Station List liegt an der Hafenstr. 39, gewährt Besuche aber nur von 16 bis 17 Uhr. Hier kann man viel **Informatives zur Tier- und Pflanzenwelt** erfahren. Besichtigungen sind nur nach telefonischer Absprache möglich. Eine Spende wird gewünscht. Tel. 95 80 22.

Listland

Das Listland darf getrost als einmaliges Naturphänomen charakterisiert werden. Zwischen List und dem Weststrand erstreckt sich eine kilometerlange **Dünenlandschaft.** Die meisten Dünen wurden bepflanzt, die alljährliche „Wanderung" damit eingeschränkt, die große Düne bewegt sich aber immer noch zwischen 3 und 7 m! Weißen Tupfen gleich ragen die bis zu 35 m hohen Dünen aus dem Grün des Strandhafers hervor. Nur einige wenige markierte Wege führen hindurch, und die sollte auch niemand verlassen, denn das gesamte Gebiet steht unter Naturschutz. Auf 13 km² erstreckt sich Listland, übrigens in Privatbesitz einer Erbengemeinschaft.

Strandprofil

Der **Oststrand** von List ist schmal, die Häuser an der Zufahrtsstraße stehen teilweise nur wenige Meter vom Wattenmeer entfernt. Allzu idyllisches Sonnenbaden darf hier nicht erwartet werden, außerdem rauscht mehrmals am Tag die Rømø-Fähre in den nahen Hafen.

Nördlich von List liegt ein kleines Surfrevier, quasi zwischen Ellenbogenspitze und Vogelinsel Uthörn.

102sy Foto: hjf

Eindeutig die schönsten Strandzonen befinden sich auf der **Westseite,** etwa drei, vier km außerhalb von List. Sowohl ein FKK-Abschnitt als auch Textilstrand, die beide bewacht werden, sind zu finden, genügend Parkraum ebenfalls. Vom jeweiligen Parkplatz führen Holzbohlenwege über gut 400 m durch die Dünen zum Strand, an beiden Übergängen sind Gastronomiebetriebe zu finden. Am letzten Strandübergang vor dem Ellenbogen laden die „Strandhalle" und die „BamBus Bar" ein. Sogar eine Strandsauna gibt es bei Pricke 20 (Übergang 20), geöffnet von April bis Oktober, sie liegt etwas geduckt in den Dünen, unmittelbar hinter dem Strand.

Der **Ellenbogen** ist ein weiteres Naturphänomen. Warum diese Halbinsel so heißt, zeigt ein Blick auf die Karte. Wie ein leicht angewinkelter Arm erstreckt sich dieses Stück Land an der Nordspitze von Sylt ins Meer. Der Ellenbogen ist ein Nehrungshaken, ein zum Strand parallel verlaufender Landstreifen. Dieser entsteht durch Ablagerungen, die von der Strömung an die Küste getrieben werden. Da die Küstenströmung konstant bleibt, lagern sich immer an derselben Stelle Partikel ab, woraus sich im Lauf der Zeit ein Landstreifen, Nehrung genannt, entwickelt.

Links und rechts hinter den Dünen liegen schöne, einsame Strände, eine einzige Straße führt bis an die Spitze. Das Kuriose: Dieses Gebiet ist Privatbesitz! Besucher dürfen hineinfahren, müssen aber eine Art Maut bezahlen: 5 €. Radfahrer zahlen übrigens nichts, müssen aber sechs harte, windgepeitschte Kilometer abstrampeln. Zwei Leuchttürme erheben sich fotogen aus den Dünen, ansonsten gibt es bis auf eine einzige Unterkunft (Ferienhaus Uthörn) nichts, absolut nichts! An der Spitze liegt ein Parkplatz, und von dort kann man einen Strandspaziergang um die nördlichste Ecke machen. Aber auf das Baden muss man verzichten, durch die Strömungen wäre es lebensgefährlich! Früher wurde hier übrigens Übungsschießen der Luftwaffe abgehalten, deshalb können immer noch Munitionsreste gefunden werden, ein Schild warnt entsprechend.

Zwischen Ellenbogen und List liegt der so genannte **Königshafen,** eine Bucht mit der kleinen Insel Uthörn, einem Vogelschutzgebiet. Der Name der Bucht geht auf den dänischen König *Christian IV.* zurück, der 1644 hier eine Seeschlacht gegen Schweden und Niederländer ausfocht.

Unglaublich, aber wahr: 1965 wurde hier sechs Monate lang nach **Öl** gebohrt, aber nichts gefunden. Ein immerhin 53m hoher **Bohrturm** wurde auf- und ein halbes Jahr später abgebaut. Öl gab's keins, nur ein bescheidenes Wasserreservoir wurde entdeckt. Außer Spesen nix gewesen.

Dünenlandschaft am Lister Ellenbogen

Unterkunft

Vermieter-Agenturen

- **Roswitha Middeke,** Lister Reede 11, Tel. 95 48 10 0 Fax 95 48 10 22, www.list-sylt.de/middeke.
- **A. Riechelmann,** Am Brück 70, Tel. 87 03 32, Fax 87 18 88, www.list.de/riechelmann/home.html

Hotels

- **Landhaus Silbermöwe**€€€€€, Süderhörn 7, Tel. 9 52 20. Nettes Haus unter Reet in ruhiger Seitenlage. 14 Zimmer.
- **Gästehaus Im Mövengrund**€€€, Mövengrund 31, Tel. 87 02 25, www.moevengrund.de. Kleines nettes Reetdachhaus mit 5 Zimmern in einer Sackgasse am Ortsrand gelegen. Schöner Fernblick über die Dünenlandschaft.

FeWos

In der **Straße Mellhörn** werden etwa 20 FeWos und Häuser angeboten, sie liegen alle sehr schön an einer kleinen, etwas verzweigten Straße vor dem eigentlichen Ortskern von List an der Wattseite. Die Lage ist durchweg hervorragend, von vielen Häusern schaut der Gast direkt aufs Meer, aber nicht von allen. Einzelne Hervorhebungen sind schwierig.

- **Hüs bi See**€€€€€, Frischwassertal 17 B, Tel. 87 05 91, Fax 87 13 35. Insgesamt 9 Zimmer an toller Wattseitenlage.
- **Üthörn**€€€-€€€€€, direkt am Ellenbogen in kilometerweiter Einsamkeit, eine abgelegenere und ruhigere Unterkunft gibt es auf der ganzen Insel nicht. Tel. 87 02 18, www.uethoern.de. Insgesamt 11 FeWos in unterschiedlichen Größen.
- **Möwennest**€€, Mövenbergstr. 2 A, Tel. 87 03 32. Vier FeWos in kleinem Reihenhaus neueren Stils.
- **Frye Ferienwohnungen**€€-€€€€, An der Düne 3 und 3A, Tel. (05422) 93 00 96, www.frye-ferienwohnungen.de. 14 FeWos unterschiedlicher Größe im friesischen Stil, bei den Dünen gelegen, Sauna und Solarium im Haus.
- **Alte Strandvogtei**€€€, Alte Dorfstraße 25, Tel. 95 80 23, Fax 83 58 090. Zwei FeWos über zwei Ebenen in historischen Resthof mit hochwertiger Einrichtung.
- **Haus Seeblick**€€-€€€€, Frischwassertal 17 C, Tel. 87 73 62, www.sylthausseeblick.de. Drei FeWos, die den Namen des Hauses voll gerecht werden, liegt das Haus doch direkt an der Wattseite in ruhiger Sackgasse.
- **Hübner**€€-€€€€, Frischwassertal 17, Tel. und Fax (0431) 68 37 37. Fünf FeWos an Wattlage in ruhiger Straße.
- **Schreiber**€€€€€, Mannemorsumtal 33-34, Tel. (04331) 3 11 12. Zwei große FeWos für 5 bzw. 6 Personen in einem Doppelhaus, das sehr ruhig an der Wattseite liegt.

Privatzimmer

- **Ipsen**€€, Landwehrdeich 4, Tel. 87 13 00. Ein Zimmer in Reihenhaus, Nichtraucher.
- **Sörensen**€€, Am Brünk 31, Tel. 87 71 20. Zwei Zimmer in Reihenhaus.

●Mansen€€, Am Loo 7, Tel. 87 06 94. Zwei Zimmer, Bad auf Etage.

Jugendherberge

●Jugendherberge List, sie besteht aus mehreren Gebäuden, die etwa 2 km außerhalb an der Straße zum Ellenbogen liegen und hat 338 Betten. Per Bus zunächst mit Linie 1 bis List Hafen fahren, von dort mit Linie 5 bis Mövenberg. Tel. 87 03 97, Fax 87 10 39, www.jugendherberge.de/jh/list.

Essen & Trinken

●Buttgraben, Am Buttergraben 21, Tel. 87 03 32. Wie es so schön heißt: gutbürgerlich.

●Über 100 Jahre alter Gasthof, Alte Dorfstr. 5, Tel. 87 72 44. Traditionsreiches Lokal in schönem reetgedecktem Friesenhaus mit netter Gartenterrasse. Der Betreiber kommt aus Kalifornien und führt Weine aus seiner Heimat. 13–22 Uhr, Mo Ruhetag (nicht im Juli, August).

●Café Strandgut, Hafenstr. 41, Tel. 87 71 64. Uriges Lokal, einem Zelt nachempfunden, etwas versteckt hinter der biologischen Station gelegen, aber mit superbem Blick aufs Watt. Moderate Preise.

●BamBus, von Mai bis Oktober finden diese Events statt, direkt an der letzten Haltestelle des Busses, bei der Strandhalle. Tel. 87 13 60. Nicht viel mehr als ein Tresen an einem Kiosk, gilt aber als ein kultiger Szenetreff, da hier Vollmondparties stattfinden! Aber auch sonst werden durstige Kehlen gekühlt.

●La Salsa, Süderhörn 4, Tel. 83 58 101. Karibisch angehauchtes Bistro, ab 18 Uhr geöffnet, Di Ruhetag.

●Gosch am Hafen, Hafenstr. 16, Tel. 87 10 70. Der Klassiker, hier begann *Jönne Gosch* vor zwei Dutzend Jahren, Fischbrötchen zu verkaufen. In der urigen Bootshalle, die im Laufe der Jahre dazukam, ist schon so manche Landratte am Tresen versackt, Entertainer *Gosch* vertellt dazu Döntjes (erzählt Geschichten), und der Bierhahn kommt nicht zur Ruh'. Ab 11 Uhr.

Neben Gosch liegen weitere Kioske und Lokalitäten.

●West Strandhalle, Tel. 87 02 66. Direkt am Strandübergang liegt dieses Holzhaus mit breiter Terrasse. Toller Blick über die Dünen bei leckerer hausgemachter Fischsuppe. Ab 11 Uhr.

●Austernmeyer, Hafenstraße 10-12, Tel. 87 75 25. Nicht zu großer Laden, der seine selbst gezüchteten Austern portionsweise verkauft, auch passendes Besteck dazu. Obendrein kann ein Blick ins Austernbecken geworfen werden. Ab 12 Uhr.

●Gosch Lister Fischhaus, Hafenstr. 16, Tel. 87 13 21. Noch ein Ableger, für den, der es etwas ruhiger mag. Ab 11 Uhr.

- **List Hüs,** Hafenstr. 7, Tel. 87 03 77. Jede Menge Fisch und Gegrilltes, nicht allzu teuer.
- **Sonderbar,** Hafenstr. 1, Tel. 87 14 66. Ein nettes Bistro.
- **Pizza, Pasta & Basta,** Listlandstr. 17, Tel. 87 72 66. Alles klar?
- **Voigt's Alte Backstube,** Süderhörn 2, Tel. 87 05 12. Nettes, altes Gebäude mit gemütlichem Garten, die Betreiber offerieren anerkannt gute Gerichte, obendrein 15 verschiedene Arten von Pfannkuchen.

Adressen

Fahrradverleih

- **M&M,** Listlandstr. 16-18, Tel. 3 57 77.
- **Ross,** Am Loo 1, Tel. 87 08 67.
- **Listland,** Am Brünk 66, Tel. 87 76 87.
- **Tieves,** Listlandstr. 15, Tel. 87 02 26.

Kinder

- **Minigolf:** am Hafen.
- **Spielplatz:** am Hafen und bei der Schule.

Post

- Als Agentur bei „Kerziehlein".

Sauna

- **Strandsauna,** am FKK-Strand, Tel. 87 71 74.

Segeln

- **Wassersportcenter Dinklage,** am Strand nördlich vom Hafen, Tel. 94 40 78, www.dinklage-sylt.com. Hier kann man das Katamaransegeln sowie Surfen erlernen. Chartertörns werden auch angeboten.
- **Lister Yachtclub,** Am Hafen, Tel. 95 80 60.

Schiffsausflüge

- **Autofähre nach Rømø,** List, Hafenstr. 5, Tel. (0180) 310 30 30, www.syltfaehre.de. Bis zu 11 Verbindungen in der Hochsaison rüber zur dänischen Insel Rømø nach Havneby. Die Überfahrt dauert 55 Min. An Bord werden Speisen serviert zu moderaten Preisen.
- **Gret Palucca,** ein alter Kutter, der täglich auf Krabben- und Seetierfang geht. Am Di und Fr um 16 Uhr geht's auf „Piratenfahrt", eine zweistündige Tour für Kids unter Anleitung eines Animateurs. Anmeldung unter Tel. 9 87 00.
- Die **Adler-Schiffe** der Paulsen-Reederei legen auch in List ab und fahren auch mehrmals am Tag für zwei Stunden zum Ellenbogen. Tel. 87 72 80.

103sy Foto: hjf

Shopping

- **Kerziehlein,** Süderhörn 4, Tel. 87 74 54. Kerzen selber machen.
- **Der Laden,** am Hafen, mit einer breiten Auswahl von Maritimem, Andenken und vielen Büchern über Sylt.
- **Outback,** Listlandstraße, noch einmal die Sylter Kuh.
- **Skulpturengalerie,** Hafenstraße, direkt neben Austernmeyer. Afrikanische Bildhauerkunst wird unter freiem Himmel angeboten.

Ausflugsdampfer

Ausflüge von Sylt aus

Sylt ist schön, keine Frage, aber warum nicht einmal über den Tellerrand gucken und die Umgebung erkunden. Nichts leichter als das, hier ein paar Vorschläge: Die benachbarten nordfriesischen Inseln lassen sich bequem von Hörnum aus besuchen. Täglich legen von dort Schiffe ab, fahren nach Amrum, Föhr, Helgoland, den Halligen und an den Seehundbänken vorbei. Vom nördlichen Hafen List legt mehrmals täglich die reguläre Fähre zum dänischen Nachbarn Rømø ab. Von dort lassen sich dann beispielsweise Legoland, Tønder, Ribe oder der Hjemsted Oldtidspark besuchen. Das Emil-Nolde-Museum ließe sich auf diesem Weg auch besuchen, aber einfacher wäre eine Zugfahrt über den Hindenburgdamm nach Niebüll und von dort per Fahrrad nach Seebüll, wo das Museum liegt. Bahnfans können auch folgende **Variante** wählen: Von Westerland nach Niebüll fahren und dort umsteigen in einen Zug der Privatgesellschaft NVAG, der über die Grenze bis Esbjerg fährt. Infos: www.adler-schiffe.de bzw. www.faehre.de (für Helgoland).

Hier eine kurze Beschreibung der Ausflugsziele:

Amrum

Vom Hörnumer Hafen kann man die Nordspitze der Insel Amrum meist schon erspähen, aber die wahre Schönheit Amrums liegt an der Westseite. Dort erstreckt sich der **Kniepsand,** ein zumindest an der deutschen Nordseeküste **einmaliges Strandgebiet.** Stolze 15 km misst der Kniepsand in der Länge und unglaubliche 1,5 km an der breitesten Stelle. Und im Gegensatz zum dänischen Rømø, wo es einen ähnlich breiten Strand gibt, fahren hier keine Autos. Schiffe legen in Wittdün an, von wo es nicht allzu weit bis zum Kniepsand ist. Dorthin zieht es die meisten Besucher bei einem Tagesausflug.

Das **schönste Dorf der Insel** heißt Nebel, dort schmücken Reetdachhäuser das Ortsbild und erzählen Grabsteine von ehemaligen Seebären und Walfängern.

Föhr

Die zweitgrößte Nordseeinsel weist natürlich auch einen Strand auf, aber nicht nur deswegen wird Föhr besucht. Hier sind mit die **malerischsten Friesendörfer** zu finden. Weniger in Wyk, wo die Fähre anlegt, sondern mehr in Nieblum und dem Nachbarort Goting.

Ein ganz besonderes Erlebnis bleibt ein Marsch auf dem **Watt-Wanderweg von Amrum nach Föhr** unter dem Motto: Laufen, wo später die Schiffe fahren. Es werden genügend Führungen angeboten, selbst von Sylt aus kann ein kombinierter Ausflug mit den Adler-Schiffen gebucht werden. Von Hörnum geht es zunächst per Schiff auf eine der beiden Inseln (richtet sich nach der Tide), dann wird durch das Watt gelaufen zur anderen Insel, und von dort geht es wieder per Fähre zurück nach Sylt. Das Ganze ist natürlich abhängig von den Gezeiten. Keine Frage, niemand sollte auch nur auf die Idee kommen, dies allein machen zu wollen.

Helgoland

Ein Besuch auf Helgoland hatte für viele in früheren Jahren nur einen Zweck: **zollfrei einkaufen.** Kein Wunder, dass der wenig geschätzte Name „Fuselfelsen" entstehen konnte. Aber nur um ein paar Euro zu sparen, eine mehrstündige Schiffsfahrt unternehmen? Das wohl doch nicht. Helgoland fällt tatsächlich ein wenig aus dem Rahmen, liegt sie doch weit draußen in der Nordsee, 70 km vom Festland entfernt.

Allein das **An-Land-Gehen** gestaltet sich etwas umständlich, muss doch jeder Besucher ausgeboo-

tet werden. Die meisten Schiffe können nicht direkt im Hafen anlegen. Ankommende müssen von der Fähre in kleine offene Boote hinunterklettern, das versteht man unter Ausbooten, nur der Katamaran legt direkt an. Die Helgoländer haben sich diese lukrative Einnahmequelle bis heute erhalten können.

Ein Besuch der Insel ist relativ schnell abgehakt, selbst wer sich viel Zeit lässt, umrundet Helgoland in weniger als 2 Stunden. Sehenswert ist der **Kontrast zwischen Ober- und Unterland** (kann per Fahrstuhl überbrückt werden), die farbenprächtigen Hummerbuden am Hafen und, falls Zeit bleibt, ein Besuch auf der Düne, einer Art Nebeninsel. Nur dort kann an einem Strand gebadet werden.

Seehundbänke

Ein Besuch der Seehundbänke kann eigentlich gar nicht stattfinden, kein Schiff darf sich dieser Sandbank vor Hörnum nähern. Selbst die angepriesenen Ausflugsfahrten dorthin enden in respektvoller Distanz. Das ist auch notwendig, um die sensiblen Tiere nicht unnötig zu stören. Dennoch, mit einem Fernglas oder guten Teleobjektiven kann man die **Tiere gut beobachten.**

Annäherung an Helgoland

Halligen

Hallig Hooge oder **Hallig Gröde** sind die meistbesuchten Inselchen. Diese Mini-Eilande bieten keine klassischen Sehenswürdigkeiten, sie selbst sind das eigentlich Faszinierende. „Hier könnte ich nicht leben", diesen klammheimlichen Ausruf hört man immer wieder von staunenden Besuchern. Alles sei viel zu klein und zu einsam. Hooge misst 5,5 km², Gröde 2,8 km².

Als Besonderheit gelten die **auf Warften erhöht liegenden Häuser.** Da man ganz früher noch keine Deiche kannte, mussten die Häuser auf kleinen Erhöhungen errichtet werden, auf „Warften". Und im Herbst heißt es regelmäßig, „Land unter", dann überspült die graue Nordsee die gesamte Hallig, und die Bewohner hoffen das Beste, viel mehr können sie nicht tun.

Rømø

Der Strand von Rømø gilt als der **breiteste Strand an der Nordsee,** auf stolze 4 km dehnt er sich in der Breite aus. Dies war dann doch sogar den Dänen zuviel, sie gestatten deshalb das Autofahren am Strand. Den einmaligen Strand wird sich wohl niemand entgehen lassen; in Lakolk gibt's Möglichkeiten, sich mit Pølser (knallrote Würstchen) und Hot dogs zu stärken.

Wer, von Sylt kommend, **per Rad** eine Runde über Rømø dreht, wird im Norden schnell an seine Grenze stoßen, dort herrscht das Militär, und die sperren einen Teil der Insel ab. Wer noch rüber aufs Festland möchte, sollte a) beste Kondition haben für den 9,1 km langen Damm und b) auf den Wind achten. Diese Strecke bei Gegenwind ist eine einzige Qual!

Insgesamt bildet Rømø einen angenehmen Kontrast zum mondänen Sylt. So fallen sofort die einzeln stehenden **Ferienhäuser** auf, selten mit einem Zaun versehen und noch viel seltener als eine Art Ferien-Reihenhaus, wie es auf Sylt doch vorherrscht. Des Weiteren lockt eine **weite Heide- und Dünenlandschaft,** durch die viele Wanderwege führen.

Im nördlichen Ort Juvre steht ein Hof mit einem **Zaun aus Walrippen,** der 1772 errichtet wurde. Im Ort Kirkeby steht die einzige **Kirche,** die dem Schutzheiligen der Seefahrer, St. Clemens, gewidmet wurde. Die Kronleuchter im Inneren der weißen Kirche sind ein Geschenk von Seefahrern. Auf dem angrenzenden Friedhof erzählen auch ein paar reich verzierte Grabsteine von Schiffskommandeuren und teilweise traurigen Seemanns-Schicksalen.

Nicht weit vom Fährhafen liegt das **Rømø-Sommerland,** ein Freizeitpark für die ganze Familie. Insgesamt 50 verschiedene Angebote an Aktivitäten können die Kleinen wahrnehmen, wer möchte, kann hier auch übernachten.

Ribe

Ein **malerisches Städtchen,** möglicherweise sogar der schönste Ort Dänemarks. Immerhin wurden über 100 Bauwerke unter Denkmalschutz gestellt. Nette Gassen, historische Fachwerkhäuser, der mächtige Dom und ein edles Kunstmuseum sollen nur stellvertretend genannt sein. Und den Nordmännern, den Wikingern, wurden gleich zwei **Museen** gewidmet. Ribe liegt etwa 20 km nördlich vom Rømø-Damm, wäre also auch für Radler noch gerade erreichbar.

Tønder

Nur wenige Kilometer **hinter der Grenze** liegt Tønder. Das war in vergangenen Tagen auch schon mal anders: Da hieß der Ort Tondern und war deutschsprachig, aber 1920 wurde bei einer Volksabstimmung für Dänemark optiert. Einen netten Ortskern gibt es da zu entdecken und etwas außerhalb das schöne **Schloss Schnackenborg.** Etwa 30 km sind es vom Rømø-Damm, Radfahrer sollten deshalb von hier gleich weiter über die Grenze fahren und in Klanxbüll die Bahn zurück nach Sylt nehmen.

Legoland

Was bedeutet „Lego"? Es ist die verkürzte Form von „leg godt", also etwa „Spiel gut", und dieser Name wurde Programm. Wer kennt sie nicht, die bunten Plastiksteinchen, die Lego-Bausteine? Die Steinchen verkauften sich so gut, dass die Erfinder **1968** beschlossen, auf einer etwa 40.000 m^2 großen Fläche einmal Bastelanregungen zu geben. Und das wurde ein voller Erfolg.

Heute hat sich das Gelände verdoppelt, und die Besucher strömen immer noch, 1995 kamen immerhin 1,3 Millionen. Sie alle lassen sich verzaubern von den **fantastischen Bauwerken,** die die Legoland-Macher aus den Legosteinchen gebastelt haben. Das Geheimnis ist ganz einfach. Man schlendert durch den Park, staunt und denkt, „das könnte ich doch auch bauen". Im Prinzip jedenfalls, denn kaum jemand dürfte die passende Anzahl von Legosteinen haben, 44 Millionen sollen verbaut worden sein. Das Ergebnis ist wahrlich beeindruckend. Ganze Städte sind entstanden, holländische Giebelhäuser, das Schloss der dänischen Königin, der Kopenhagener Hafen, ein Dorf am Rhein, die Freiheitsstatue, und nicht mehr zählbare weitere Bauwerke. Aber das ist noch längst nicht alles, ein Lego-Zug tuckert durch die Anlage, im Piratenland weht die schwarze Flagge, und in der Lego-Westernstadt sorgt der Sheriff für Ordnung im Saloon und in der Goldmine. In der Verkehrsschule können die Kleinen den Legoland-Führerschein bestehen und danach auf einer Safari Lego-Nashörner und Antilopen bewundern. Also eine Mischung von staunendem Betrachten und Mitmachen, und natürlich dürfen die Kleinen auch selber bauen, genügend Steine liegen bereit.

- **Geöffnet** vom April bis 25.10. von 10 bis 20 Uhr, in der Hauptsaison auch bis 21 Uhr.
- **Eintritt** beträgt etwa 26,00 €, Kinder von 3–12 J. und Senioren (ab 60 J.) zahlen etwa 23,00 €.
- **Zu erreichen:** Legoland liegt bei Billund, ganz in der Nähe des Flughafens.
- **Infos:** Tel. (0045) 75 33 13 33, Fax (0045) 75 35 16 82.
- **Internet:** www.legoland.dk

Hjemsted Oldtidspark

Der Archäologische Park Hjemsted umfasst einen rekonstruierten Bauernhof aus der Eisenzeit, ein unterirdisches Museum, einen Aktivitätspark sowie ein Restaurant und Grillplätze. Das Leben der Krieger und Bauern in der Eisenzeit wird anschaulich dargestellt in dem architektonisch gelungenen, 1000 m² großen unterirdischen Museum. Darüber hinaus können die Besucher an verschiedenen Aktivitäten teilnehmen, beispielsweise wird man in die Kunst des Bogenschießens eingeführt, darf auch mal ein Kettenhemd anprobieren oder eine Fahrt im wackeligen Einbaum wagen. Alle Mitarbeiter tragen historische Kleidung, und mit entsprechend alten Geräten arbeiten Hand-

105sy Foto: legoland

werker. So werkeln ein Schmied, ein Weber oder ein Tischler mit unvorstellbar einfachem Werkzeug. Selbst nach alter Rezeptur gebrautes Bier (etwas bitter und ohne Kohlensäure) gibt's!

- **Geöffnet:** Mitte Mai bis Ende Oktober ab 11 Uhr, im Sommer täglich, außerhalb der Saison am Montag meist geschlossen.
- **Eintritt:** zwischen 40 und 90 Kronen, je nach Jahreszeit.
- **Zu erreichen:** Skærbæk, direkt nach Erreichen des Festlandes über den Rømø-Damm.

Windmillclimbing in Klanxbüll

Kurz bevor man den Hindenburgdamm erreicht, sind sie überall sehen, die gewaltigen **Windräder.** Sie stehen direkt hinterm Deich, allerdings nur auf dem Festland. Unter fachkundiger Anleitung kann man dort in Klanxbüll einen Ausflug in luftige Höhen machen. Oben genießt man von einer Plattform in 40 Meter Höhe sagenhafte Ausblicke, wahrscheinlich sogar bis nach Sylt.

- **Termine:** Von Mai–September jeden Mi um 15 Uhr, aber nur bei gutem Wetter. Treffpunkt ist das Infozentrum Wiedingharde in Klanxbüll, Toft 1. Zu erreichen: Mit dem Zug nach Klanxbüll fahren, raus aus dem Bahnhof und 100 Meter nach rechts gehen bis zur Querstraße, dort noch mal 100 Meter nach links.
- **Preis:** 18 € pro Kletterer (plus Bahnfahrt).
- **Infos:** Tel. (04668) 313.

Emil-Nolde-Museum

In Seebüll steht das **Atelier und Wohnhaus des großen Malers** *Emil Nolde.* Hier entstanden seine großartigen Werke, die von den Naturgewalten berichten, Sturm und Deich, rasender Himmel und Farbenpracht des Frühlingsraps. Auch die Geschichte der „ungemalten Bilder" wird erzählt, als

106sy Foto: hf

die Nazis mit einem Malverbot versuchten, *Nolde* kaltzustellen. Hervorzuheben bleibt auch sein prachtvoller Blumengarten.

- **Geöffnet:** März bis Oktober, 10–18 Uhr; November 10–17 Uhr, Dezember bis Februar geschl. Tel. (04664) 364, www.nolde-stiftung.de.
- **Eintritt:** 4,00 €.
- **Zu erreichen:** Am einfachsten sein gemietetes Fahrrad von Sylt mitbringen und hinradeln. Sowohl von Klanxbüll als auch von Niebüll sind es nicht mal 10 km, eine Anreise per Bus ist theoretisch machbar, aber auf Grund unpassender Zeiten schwierig. Das Museum ist überall zwischen den beiden Orten ausgeschildert.

Verbindungen

Zug nach Niebüll

- Nicht jeder Zug hält in **Klanxbüll,** aber in **Niebüll** wird immer gestoppt. Beinahe stündlich verkehrt ein Zug über den Hindenburgdamm, und nach einer knappen halben Stunde steigt man schon wieder aus.

Fähre List–Rømø

- Die **Fähre** legt in den Sommermonaten etwa sieben Mal ab, an den Wochenenden noch häufiger. Die Überfahrt dauert eine knappe Stunde, der Preis für eine Tagesrückfahrkarte beträgt 49,90 € (Auto und Insassen). Wer per

Fahrrad die Fähre nutzt, zahlt 12,25 € für die Rückfahrkarte zwischen Mai und September, außerhalb dieser Zeit 10,50 €. An Bord werden leckeres Frühstück und warme Mahlzeiten zu moderaten Preisen angeboten.

Schiffe ab Hörnum

Zwei Gesellschaften buhlen um Kundschaft, die Adler-Schiffe der Reederei Paulsen und die W.D.R. (Wyker Dampfschiffs-Reederei). In Hörnum haben beide ein Ticket-Häuschen direkt am Hafen. Abfahrtszeiten variieren ständig, je nach Gezeiten und Saison, aber es ist beinahe unmöglich, die Prospekte der beiden Gesellschaften zu übersehen.

- **Adler-Schiffe:** Infos, manchmal auch Tickets bei allen Kurverwaltungen, darüber hinaus: Westerland, Bahnhofsvorplatz; List, am Hafen; Hörnum, am Hafen.
- **W.D.R.:** Infos bei den Kurverwaltungen.

Die meisten **Touren dauern** den ganzen Tag, gestartet wird gegen 10 Uhr, die Rückkehr erfolgt etwa gegen 17 Uhr bzw. 19 Uhr. Der Aufenthalt fällt unterschiedlich aus, schwankt zwischen 3 und 5 Stunden; auf Helgoland z.B. hat man 4 Stunden Aufenthalt und muss mit jeweils 3 Stunden für Hin- bzw. Rückfahrt per Schiff rechnen. Nur der Katamaran benötigt 1½ Std.

Die **Adlerschiffe** fahren täglich um 11.55 Uhr und um 17.05 Uhr über Amrum und Hallig Hooge nach Nordstrand. Von dort geht es stantepede wieder zurück (10 Minuten nach dem Anlegen). Somit kann man einen Kurzbesuch auf beiden Inseln machen und mit der nächsten Fähre weiter- bzw. zurückfahren. Man kann aber auch eine so genannte Große Kreuzfahrt buchen, also einmal Nordstrand und zurück ohne Landgang. Außerdem starten die Adlerschiffe an bestimmten Tagen nach Amrum und Föhr sowie zu Kurztrips.

Nach Helgoland braust am Di um 13.00 Uhr ein **High Speed Katamaran,** die langsamere **„Funny Girl"** fährt von Juni bis September zumeist (nicht immer!) am Do um 9.00 Uhr.

Schiffe ab List

- Die **MS Adler VII** fährt täglich mehrmals **um den Ellenbogen** herum.
- Das **historische Schiff Gret Palucca** legt mehrmals täglich zu einer 90-minütigen Erlebnisfahrt ab (**„Piratenfahrt"**, zu den Seehundbänken oder zum Seetierfang).

Blick auf Garten und Haus des Emil-Nolde-Museums

111sy Foto: hjf

Informatives,
Besinnliches,
Lustiges –
Sylter Essays

Geschichte Sylts

3000 v. Chr. **Besiedelt** wird Sylt seit der jüngeren Steinzeit, d.h. seit etwa 3000 v. Chr. Zeugen dieser Phase sind die Megalithgräber, von denen drei heute noch gut zu besichtigen sind: Harhoog und Tipkenhoog in Keitum und Denghoog in Wenningstedt.

1800–800 v. Chr. Die **Bronzezeit** von 1800 bis 800 v. Chr. hinterlässt ebenfalls Spuren in Formen von Grabhügeln.

500 v. Chr.–400 n. Chr. Die Besiedlung Sylts ist zwischen 500 v. Chr. und 400 n. Chr. hoch, bevor im 5. Jh. eine größere Gruppe **nach England** auswandert.

7.–9. Jh. Etwa im 7. bis 9. Jahrhundert wandern die **ersten friesischen Stämme** ein, besiedeln das heutige Nordfriesland.

900–1000 Es verschlägt auch die **Wikinger** nach Sylt. Zu jener Zeit wird der Seeverkehr gut ausgebaut, die Wikinger bringen ihre langjährigen Erfahrungen mit. Außerdem gibt es nachgewiesene Handelsbeziehungen zu England. (1937 entdeckt man per Zufall in List ein Kuhhorn mit 616 Münzen aus der Zeit um 1000, die meisten Münzen stammen aus England.)

Um 1140 **Erste Kirchen** werden in Morsum und Keitum erbaut.

Um 1180 Uthland fällt unter **dänische Herrschaft.**

1231 Sylt wird als eine **„Harde“** erwähnt, eine Art Verwaltungsbezirk.

1141 Erstmals taucht der **Name Sylt urkundlich** auf, nämlich im Schenkungsbuch des Klosters Odense. Der dänische König schenkt den Mönchen eine jährliche Tributzahlung von der Insel *Sild* in Höhe von 30 Mark.

1292 Der dänische König schenkt der Stadt Ripen List.

1362 Die **Marcellusflut,** eine Jahrhundertflut, setzt das ganze Land unter Wasser, gestaltet die gesamte nordfriesische Topographie um. Ein Großteil des Landes bleibt dauerhaft überspült. Tausende ertrinken, deshalb wird die Marcellusflut auch „grote Manndrenke" genannt. Sie vernichtet auf Sylt die Ortschaften Lystum (Alt-List) und Eidum, Alt-Rantum wird stark beschädigt.

14. Jh. Die Sylter Bevölkerung ist stark dezimiert. Neben den regelmäßigen Sturmfluten leiden die Bewohner unter der **Pest** und den Seeräubern. In *Manfred Wedemeyers* „Kleiner Geschichte der Insel Sylt" liest sich das so: „In dieser Pest war ganz Morsum bis auf elf Personen ausgestorben, in Archsum kein Mensch am Leben geblieben. Personen oder Familien, die in Rantum übrig geblieben, zogen nach Archsum und nahmen allda die besten Häuser und Ländereyen als Eigentum in Besitze. In Eidum sollen nur drei Familien am Leben geblieben seyn."

15. Jh. Die Sylter leben hauptsächlich vom **Heringsfang.** Durch Einsalzen können die Heringe haltbar gemacht werden, so wird der „Sild" (Hering) zum ersten Wappentier. Der Fischfang fordert regelmäßig Opfer unter den Seemännern.

1435 Im Friedensvertrag von Wordingsbord wird Sylt dem Herzogtum **Schleswig zugesprochen.**

1436 Nachdem Eidum endgültig untergegangen ist, wird als neue Ortschaft **Westerland gegründet** durch die restlichen Eidumer Bürger.

17. Jh. Die Sylter wechseln vom Heringsfang auf **Walfang.** Viele Kapitäne und Seeleute heuern auf holländischen Walfängern an, fahren monatelang bis nach Grönland. Die Walfänger bringen einen gewissen

Wohlstand zurück nach Sylt und neue kulturelle Einflüsse, beispielsweise die blau glasierten Kacheln. Unterdessen bestellen die Frauen die Felder.

1629 Abermals wütet die **Pest** auf der Insel, eine Gedenktafel in der Morsumer Kirche erinnert daran.

1644 **Seeschlacht vor List,** Dänenkönig *Christian IV.* besiegt eine dreifach überlegene schwedisch-holländische Flotte.

1769 Eine **Volkszählung** auf Sylt ergibt 713 Häuser, 2814 Einwohner, davon 1634 weiblich und 1180 männlich. Das Übergewicht entsteht durch tragische Verluste auf See.

1777 In Munkmarsch wird eine Poststation mit regelmäßigem **Fährverkehr zum Festland** nach Hoyer eingerichtet (heutiges Højer in Dänemark).

1793 **Uwe Jens Lornsen** wird in Keitum geboren.

Ende 18. Jh. Die Sylter sind wieder erfolgreich im **Seehandel** tätig.

1825 Durch eine besonders starke **Sturmflut** werden in Rantum viele Häuser beschädigt.

1840 Erstmals taucht der **friesische Freiheitsruf** *„Lewwer duad üs Slaav"* auf. Sowohl in Gedichten als auch auf Dorffesten wurde dieses friesische Motto verbreitet, auch Sylts Chronist *C. P. Hansen* erwähnt es in einem Werk über friesische Sagen. Die größte literarische Verbreitung findet es in der Ballade von „Pidder Lüng", die *Detlev von Liliencron* 1892 schreibt, zehnmal taucht der stolze Satz dort auf.

1857 **Westerland** wird **Badeort.**

1864 Im Friedensvertrag von Wien werden Schleswig (und damit auch Sylt) und Holstein preußisch.

Um 1880 Die **ersten Touristen** kommen nach Westerland, das bringt auch eine langsame Veränderung der Kultur mit sich. In den Ostdörfern erhält sich dagegen noch die friesische Sprache und Kultur.

1888 Eine **Bahnlinie zwischen Munkmarsch und Westerland** wird eingerichtet.

1901 **Bahnverbindung zwischen Hörnum und Westerland.** In Hörnum landen die Passagierschiffe, mit Urlaubern aus Hamburg.

1905 **Westerland** erhält **Stadtrechte.**

1920 **Nordschleswig wird dänisch** auf Grund einer Volksabstimmung, somit auch der Hafen Hoyer, von wo aus die Fähre nach Munkmarsch ablegte.

1927 Der **Hindenburgdamm** wird am 1. Juni eröffnet, damit existiert eine direkte Bahnverbindung mit dem Festland. Der Hafen Munkmarsch wird ein Jahr später geschlossen.

1939–1945 Während des Zweiten Weltkrieges werden bis zu 13.000 **Soldaten** auf Sylt stationiert.

Ende der 40er Jahre Viele **Flüchtlinge** kommen nach Sylt, die Bevölkerung steigt sprunghaft an.

50er Jahre Die **Touristen** kehren zurück.

1970 Die **Inselbahn** wird eingestellt.

70er Jahre Sylt wird langsam „chic", Kampen lockt Prominente und die wiederum Normal-Touristen.

Ein **Bauboom** setzt ein, aber gerade noch können Proteste ein gigantomanisches Projekt namens „Atlantis" zu Fall bringen: Ein Apartmenthaus von 80 Meter Höhe und mit 751 Wohnungen wird geplant, aber letztendlich doch nicht gebaut.

112sy Foto: hjf

80er Jahre Ungebrochene Entwicklung, **immer mehr Touristen** kommen auf die Insel, 1984: 356.000, 1989: schon 461.000.

Anfang der 80er Jahre erwirbt ein selbsternannter Bottropper **„König von Sylt"** 111 Immobilien und will die Insel auch für „Kumpel Anton" erschwinglich machen. Das Ganze platzt nach kurzer Zeit, eine dreistellige Millionenschuld steht im Raum, und am Ende muss der König die Sylter Luft mit schwedischen Gardinen vertauschen, für 5 Jahre.

90er Jahre Rund 625.000 **Urlauber** werden 1998 gezählt, nachdem 1997 654.000 und 1990 521.346 Touristen gekommen waren. Zwar urlaubten 1995 noch mehr Gäste auf Sylt (656.680), aber der bescheidene Rückgang hält den generellen Trend nicht auf: Sylt ist und bleibt eine beliebte Ferieninsel.

2000 Das neue Jahrtausend wird auf Sylt prächtig begrüßt, angeblich feierten 40.000 Gäste den Milleniumswechsel auf der Insel. Die Gästezahlen klettern auf rund 650.000.

2003/2004 Eine Befragung der Sylter Bürger ergab, dass die Mehrheit für eine **Fusion aller sieben Inselorte** war, was aber von den Kommunalpolitikern zunächst abgelehnt wurde.

Wie der Hindenburgdamm entstand

Der Namensgeber blieb nur vier Stunden, die Feierlichkeiten zur Eröffnung dauerten drei Tage, die Planungen beinahe ein Menschenleben.

Kaum ein Gast macht sich wohl Vorstellungen, unter welchen Mühen die Urlauber **vor der Erbauung des Damms** auf die Insel kamen. Mitte des letzten Jahrhunderts reisten die ersten Feriengäste nach Sylt, spätestens da wurde über eine regelmäßige Anbindung nachgedacht.

Zunächst pendelte an drei Tagen der Woche eine **Fähre zwischen Hoyer und Munkmarsch,** damals noch eine umständliche Tour, mussten die Gäste doch oft genug mitten im Watt in kleine Pferdewagen umsteigen. Die transportierten dann die Sommerfrischler über Wiesen und Heide nach Westerland. Um 1856 wurde ein erstes Dammprojekt gedanklich durchgespielt, der Damm hätte bis nach Hoyer führen sollen. Der Fremdenverkehr stieg langsam, aber stetig, die Frage der Anreise wurde wichtiger. Zunächst wurde in Hoyer eine Schleuse gebaut, seitdem konnten Dampfschiffe von dort regelmäßig nach Munkmarsch verkehren. Auf dem Festland wurde zwischenzeitlich das Schienennetz bis Tøndern und später bis Hoyer-Schleuse ausgebaut.

Ab 1890 richtete die Reederei Hapag einen regelmäßigen **Liniendienst von Hamburg** ein, der, nach einigen Zwischenstationen, ab 1901 **nach Hörnum** führte. Von dort, damals bestand Hörnum nur aus einer Handvoll Häuser, brachte eine Kleinbahn die Gäste nach Westerland. 1913 zählte man schon 32.000 Gäste, die Frage der Anreise wurde immer dringlicher. Dann unterbrach der Erste Weltkrieg alle Pläne. Anschließend erfolgte 1920 eine Volksabstimmung in Nordschleswig, bei der Hoyer zu Dänemark kam. Dies war noch eine Erschwernis für Syltreisende, die nur unter zeitraubenden Formalitäten bis zum Fährableger kamen.

007ns Foto: fr

1923 wurde dann tatsächlich mit dem **Dammbau** begonnen. Man wählte die schmalste Stelle zwischen der Insel bei Nösse und dem Festland. Über insgesamt 11 km wurde der Damm im Watt aufgeschüttet, er bekam die Form eines zweiseitigen, abschüssigen Deiches.

Am 1. Juni 1927 war es schließlich soweit, der Damm wurde für den Verkehr freigegeben. Der damals schon greise Reichspräsident *Hindenburg* kam zur **Eröffnung,** ließ ein paar Reden über sich ergehen, wurde durch Westerland chauffiert und reiste wieder ab. Die Sylter feierten drei Tage, eine neue Zeit konnte anbrechen.

Es dauerte nicht lange, da kamen die ersten **Forderungen nach einer Straße** über den Damm. Dies wurde bislang aber immer noch abgelehnt, einerseits verdient die Bahn kräftig am Autotransport, andererseits rollen wahrlich genügend Autos über die Insel. Spätestens in diesem Fall hätte Sylt den Inselstatus auch restlos verloren, und das will nun wirklich niemand.

Zugfahrt über den Hindenburgdamm

Die Natur will die Insel nicht

Wütend heult der Orkan über den Deich, Menschen können nur in Schräglage widerstehen. Riesige Wellen brechen sich viel weiter im Land, vom üblichen Ufer entfernt. Bange, ungestellte Fragen: **Wie lange hält der Deich?** Die Nordsee verwandelt sich in eine Mordsee, sie zerrt und zieht am Land, das sich ihr quasi in den Weg gestellt hat. Sylt mit seiner 40 km langen Nord-Süd-Küste liegt dem vom Westwind getriebenen Wellenberg wie eine Barriere quer im Weg.

Die Küste wurde schon immer von **Sturmfluten** heimgesucht. Besonders schwere waren die Sturmfluten der Jahre 1362 und 1634. Bei der ersten soll die sagenhafte Insel Rungholt untergegangen sein, bei der zweiten wurde eine Insel namens Strand in drei Teile zerrissen, Pellworm, Nordstrand und die Hallig Nordstrandischmoor entstanden. Die Verluste waren immens, 1362 ertranken 100.000 Menschen, 1634 sprach man von 6000 Toten.

Nach diesen Naturkatastrophen wurde der Deichbau verbessert, die Deiche erhöht, verbreitert und besser befestigt. Dennoch gab es bei Sturmfluten weitere Opfer: 1717 starben 11.000 Menschen an der gesamten Nordseeküste.

Aus jüngerer Zeit bleibt vielen Norddeutschen die Flut vom 16. Februar 1962 in Erinnerung. Damals drückte ein Nordweststurm gewaltige Wassermassen in die Elbe, so dass **halb Hamburg überschwemmt** wurde. Der Pegelstand im Hamburger Hafen zeigte Rekordwerte: 5,70 m über Normalnull. 315 Hamburger kamen ums Leben. Sogar in des Autors Heimat, einer Kleinstadt an einem Elbe-Nebenfluss, liefen unzählige Keller voll. Erste dunkle Kindheitserinnerungen zeichnen ein Bild von überschwemmten Häusern, verschlammten Straßen und sorgenvollen elterlichen Mienen. Nach diesem Unglück wurde massiv aufgerüstet: Deiche wurden erneuert, und Nebenflüsse der Elbe erhielten Sperrwerke. Sturmfluten gab es weiterhin, die Pegelstände in Hamburg stiegen 1976 auf 6,45 m und 1995 auf 6,02 m.

Auf Sylt machen sich nicht nur diese Rekordfluten nachhaltig bemerkbar, jeder „bessere" Sturm nagt am Strand, reißt ein Stückchen mehr ab. Die Winterstürme „Anatol" und „Kerstin" rissen 2000 gute 10 Meter vom Roten Kliff in Kampen ab.

Im Oktober 1996 erschreckten Schlagzeilen wie **„Sylt ist nicht mehr zu retten"** alle Inselfans. Was war geschehen? Der Direktor des Zentrums für Meeres- und Klimaforschung sprach nach einer Fachkonferenz eine bittere Erkenntnis aus: „Es ist gegenwärtig fast aussichtslos, die Insel Sylt zu halten, weil die Natur die Insel nicht will." Sein Fazit: am besten Sylt gleich aufgeben! Gleichzeitig war ihm bewusst, dass diese Forderung natürlich nicht durchzusetzen wäre. An den Fakten sei aber nicht zu rütteln. Der Meeresspiegel steigt, der Fischbestand geht zurück, nur bei der Ursachenforschung fehle der sichere Beleg.

Der **Sylter Küstenschutz** gleicht einer Sisyphusarbeit. Allein für das Jahr 2000 wurden 11 Mio. Euro für Sylt vom Land Schleswig-Holstein und dem Bund bewilligt, knapp 1/3 der Gesamtsumme, die das Land für den Küstenschutz bereit-

161sy Foto: hjf

hält. Ein Großteil fließt in Sandvorspülungen, tonnenweise wird Sand über mehrere Kilometer zu den Stränden an der Westseite gepumpt. Das kann den Küstenrückgang zwar aufhalten, aber nicht verhindern. Und so wird es wohl immer wieder zu Meldungen wie diesen kommen, als die Bildzeitung am 5.3.1998 titelte: „Der schöne neue Sand ist weg". In Hörnum Odde wurden die Sandvorspülungen vom Vorjahr kurzerhand vom Meer verschluckt.

Unablässig nagen der Wind und die Wellen an der Insel, im Schnitt betragen die **Landverluste** alljährlich etwa 1,50 m. Kommt es zu schweren Sturmfluten, fällt die Bilanz viel schlimmer aus. Erschreckend zu beobachten auf Fotos, die die Lage von Leuchttürmen oder markanten Häusern über mehrere Jahre vergleichen. Besonders eindrucksvoll dokumentiert dies in einem Sylt-Bericht die Zeitschrift Geo, Heft 7/84.

So stürzte beispielsweise vor vielen Jahren die „Sturmhaube" in Kampen ab, sie stand etwa dort, wo heute der Parkplatz vor den Dünen endet. Eine neue Sturmhaube wurde errichtet, gute 200 m vom Strand entfernt. Potenziell gefährdet sind auch das Haus Kliffende in Kampen und das Restaurant Kliffkieker in Wenningstedt. Hier sitzen die Gäste hinter riesigen Fensterscheiben direkt vor der Kliffkante. Schon einmal hatte der Betreiber Pech mit seinem Lokal. Am 18. Januar 1983 hing die halbe Gaststätte über dem Abgrund, die Nordsee hatte wieder zugeschlagen. Nach erfolgreichem Umbau taucht nun alljährlich die bange Frage auf: Wie lange noch?

Die Natur will die Insel nicht, sagte der eingangs zitierte Experte. Im Grunde kann sie gar nichts

Dezember – Sturmböen lassen den Weihnachtsbaum an der Westerländer Kurpromenade beinahe umknicken

dafür, denn die Insel liegt ihr einfach im Weg, quer zur Hauptwindrichtung. Zumeist weht Westwind, der die Nordsee mit **schweren Wellen anrollen** lässt, und die treffen plötzlich auf ein 40 km langes Hindernis. Nichts kann sie aufhalten, auch nicht die riesigen, in den 60er Jahren angelegten Tetrapoden aus Beton. Die meisten sind schon längst verschwunden, wurden vom Wasser unterspült und sackten ab. An Versuchen, diesem Naturphänomen zu begegnen, hat es nicht gefehlt. Früher versuchten die Sylter es mit Buhnen, Pfahlkonstruktionen aus Beton und Stahl, die weit ins Meer ragten. Diese sollten die Wucht der Wellen brechen, verursachten aber das genaue Gegenteil. Die Wirbelbildung wurde verstärkt, der Sandabtrieb nur noch erhöht.

An **Vorschlägen zur Rettung der Insel** hat es nie gemangelt, 1986 gingen bei einem Wettbewerb des Deutschen Küstenschutzes immerhin 121 Vorschläge ein, einer skurriler als der andere. Da war die Rede von einem künstlichen Bogenriff zum Einfangen des abgetragenen Sandes, von Wellenbrechern aus Muschelbänken oder gar von im Meer versenkten Panzern. Weitere Vorschläge: Riesige Matten aus künstlichem Seegras sollen auf dem Meeresboden die Strömung bremsen. Oder: Betonterrassen in die Dünen bauen, oder auch: mittels riesiger Druckkammern die Wellen beruhigen.

Die zurzeit favorisierte Methode der **Sandvorspülungen** scheint die einzige halbwegs funktionierende zu sein: Man nehme mehrere Millionen Kubikmeter Sand vom Meeresgrund, pumpe sie über viele Kilometer zum Strand, planiere sie dort sorgfältig und warte darauf, dass das Meer sich den Sand zurückholt. Wie war das doch gleich, die Geschichte mit Sisyphus? Die Kosten sind immens, etwa 76,5 Mio. Euro wurden allein seit 1988 für den Küstenschutz ausgegeben. Das sind allerdings „Peanuts", wenn man das Sylter Steueraufkommen dagegen rechnet: 70 Mio. Euro – im Jahr!

Große Sturmfluten

1164: Am 16. Februar Julianenflut.

1219: Am 16. Januar Marcellusflut.

1362: Marcellusflut oder auch „Grote Mandränke" genannt, in der die Insel Rungholt unterging.

Drei weitere Sturmfluten im 14. Jh. gelten als nicht restlos gesichert, aber ziemlich wahrscheinlich: 1313, 1341, 1380.

1436: Am 1. November fegte ein Orkan über die Küste, genannt die Allerheiligenflut, auf Sylt versank Eidum in den Fluten.

1483: Zwei Sturmfluten in einem Jahr.

1532: Am 2. Januar forderte die „große Flut" allein auf Nordstrand 1600 Tote.

1570: Allerheiligenflut.

1634: Zweite Grote Mandränke, die schlimmste Sturmflut bisher, die Insel Strand wurde in mehrere Teile zerrissen.

1717: Weihnachtsflut fordert 12.000 Tote.

1825: Große Sturmflut mit 800 Toten.

1962: Am 17. Februar stieg das Wasser so hoch, dass weite Teile Hamburgs überflutet wurden, etwa 300 Tote im Hamburger Raum.

1976: Große Flut mit dem höchsten Pegel, der je gemessen wurde, 6,45 Meter über NN.

1981: Schwere Sturmflut, der Pegelstand lag über dem von 1962, aber die Schäden blieben geringer, vor allem die Zahl der Opfer.

1990: Allein im Februar zogen fünf Stürme übers Land.

1994: Große Flut, der Pegel überstieg die 6-Meter-Marke.

1995: dito

1999: Zwei große Fluten, einmal im Februar, dann wieder im Herbst setzten der Küste zu, der Pegel blieb knapp unter 6 Meter.

Dezember 1999: Sturm Anatol richtet schwere Schäden an der Nordseeküste an.

Promis in Kampen

Ja, es gibt sie wirklich, die Reichen und Schönen im Kampener Sommer. So Ende Juli, Anfang August treffen sie alle hier ein, verlustieren sich auf rauschenden Festen. Wehe, wenn jemand mal nicht zu den richtigen Sommerparties eingeladen wird! Bei einigen muss man einfach dabei sein. Und damit die Nachwelt auch etwas davon hat, dürfen – wiederum nur die richtigen – Klatschreporter auch dabei sein.

Dabei fing es auch in Kampen mal beschaulich an. Knapp nach der Jahrhundertwende kamen die **ersten Künstler und Literaten,** waren fast noch Exoten damals. Wanderten durch die Dünen, ließen sich inspirieren oder verträumten die Tage am Strand. Einige Verleger erwarben dann gleich ganze Häuser, *Peter Suhrkamp* war einer von ihnen. Damals luden Verleger noch ihre Autoren ein, gaben ihnen den ausdrücklichen Rat, sich ruhig drei, vier Wochen gehen zu lassen. Ach, waren das noch Zeiten! Wenn doch die Verleger heute auch noch so spendabel wären!

Zeitweilig tummelte sich alles, was im **Literaturbetrieb der 20er, 30er Jahre** Rang und Namen hatte, am Strand von Kampen, *Thomas Mann* soll nur stellvertretend genannt sein. Literaturzeitschriften wurden damals von Sylt aus gemacht, Rezensionen fielen im Licht der untergehenden Sonne vor dem Roten Kliff milder aus.

Die Jahre gingen dahin, der Krieg unterbrach alles. In den 50er Jahren begann ein touristischer Neuanfang. Schriftsteller kamen jetzt seltener, Buchverleger verkauften ihre Häuser, Zeitungsverleger nahmen ihren Platz ein. *Axel Springer* erwarb ein Anwesen und läutete damit eine Zeitenwende ein. Literaten gingen, **Journalisten** kamen. Die Hamburger Medienwelt entdeckte Sylt. Ideologische Ausrichtungen zählten nicht. Spiegel-Augstein, Bild-Springer, Stern-Leute, Zeit-Redakteure und natürlich Tagesthemen-Friedrichs, sie alle gehörten dazu. Eine ganz neue Truppe sammelte sich hier. Hamburger Redaktionskonferenzen sollen sich damals am Flugplan nach Sylt orientiert haben. Bei einem Bier am Strand von Buhne 16 konnten spielend Kontakte geknüpft werden, man kannte sich ja. Ausgemusterte Chefredakteure buhlten um neue Posten, rasende Reporter versuchten, die Story ihres Lebens zu verkaufen.

Und die **Klatschpresse** entdeckte das lockere Treiben in den Dünen, das Sommerloch konnte gefüllt werden. Wo soviel Medienprominenz geballt auftritt, finden sich immer Mitsegler im Windschatten ein.

Neben der Pressemeute kamen auch die wirklich **Reichen und Bekannten.** Schauspieler, Fabrikbesitzer, Wirtschaftskapitäne, sie alle sonnten sich nackend am Strand. Der eine suchte verstärkt den Draht zu den Medien-Menschen, der andere gerade nicht. Wer wollte, bekam sein Foto, die Klatschpresse hatte jedenfalls ihr allsommerliches Spektakel. Aber einige der Reichen begannen sich schon zurückzuziehen, in ihre Millionenhäuser hinterm Friesenwall.

Mittlerweile hatte das **Privatfernsehen** die deutschen Wohnzimmer erobert, damit wurden neue Stars und Sternchen nach Sylt gespült. Assistentinnen von Moderatoren von Gameshows wurden mit einemmal zu gefragten Objekten, und irgendwann gab's „Sylter Geschichten", eine eigene Fernsehserie zur Insel.

Und heute? Doch, noch immer kommen sie, die Medien und die Promis, aber verstärkt auch hauptberufliche Söhne, Erben und Neureiche. Fahren mit schickem Wagen im Strön-Wai vor, gönnen sich Drinks für einen „Kampen-Dollar" (knappe 13 Euros) und tun so, als ob sie's haben. Manche haben es ja wirklich. Das sei trotzdem nichts als stilloses Geprotze, so schimpfen jedenfalls die (jetzt) alten Kampianer und rümpfen die Nase über das Jungvolk. Natürlich waren sie anders damals, klar doch! Nein, es sind nicht nur von Fortunas Füllhorn

Beglückte, die jetzt in Kampen die Sau raus lassen. So mancher Porsche wurde richtig ehrlich verdient und ist nicht nur fürs Wochenende gemietet, denn, so meint ein Wirt anerkennend, seine Gäste arbeiteten mindestens genau so hart, wie sie trinken. Na denn ist ja gut! Also lockt doch etwas, was außerhalb der Klatschspalten liegt. Sollte es etwa die Luft sein? Das Reizklima? Die sagenhafte Landschaft? Der endlose Strand? Dann wären Promis und Normalos ja vereint in ihrer Sylt-Liebe, gewissermaßen über alle Grenzen hinweg.

Sylt im Winter – ein Selbstversuch

Irgendetwas ist anders! Der **Zug** rattert über den Hindenburgdamm, läuft wenige Minuten später im Westerländer Bahnhof ein. Die Türen springen auf, aber es ist anders als sonst. Wo bleiben die Menschenmassen? Sonst quellen sie heraus, bevölkern den Bahnsteig, stolpern frohgelaunt taschenschulternd gen Strand. Heute nicht. Nur einige wenige Passagiere tröpfeln aus dem viel zu langen Zug, schlagen Mantelkragen höher und ziehen Handschuhe fester. Der Kalender zeigt den dritten Advent, kalter Wind pfeift über den Bahnsteig.

Die wenigen Reisenden verteilen sich ganz schnell, entern ein Taxi oder werden abgeholt, fast alle Einheimische. Touristen? Fehlanzeige. Trotzig marschieren wir zur **Friedrichstraße,** überqueren ohne Ampelstop die Straße. Es folgt die nächste Überraschung, hier stauen sich im Sommer die Autos wie zur rush hour in einer Großstadt. Heute verirrt sich nur ein Taxi, zieht ein Bus vorbei. Weiter geht's, an der Wilhelmine, einer Springbrunnenfigur, vorbei. Sogar die Bettler haben sich verzogen. Die Friedrichstraße: wie ausgestorben. Im Sommer schlendern Tausende hier hin durch, bevölkern Straßencafés, „Gosch" und „Leysieffer". Heute bleiben fast alle Lokale geschlossen, nur ein paar Unentwegte flanieren vorbei, dick vermummt den

Minusgraden trotzend. Viel zu sehen gibt es nicht, sind sie vielleicht gar die wahren Sylt-Fans? Die, die extra gegen den Besucherstrom schwimmen? Die kommen, wenn alle gegangen sind – wer weiß? Ein kurzer Schwenk in die Elisabethstraße und einmal „um den Block", zurück zur Friedrichstraße. Kein Mensch zu sehen, die Ferienwohnungen verwaist, freie Parkplätze ohne Ende.

Nun zum **Strand,** hier folgt das erste echte Wunder: Kein Mensch hockt in dem Kontrollhäuschen, fordert Kurkarte oder Tagesticket. Die Promenade ruht sich vom Sommerhoch aus, Strandkörbe warten auf den nächsten Frühling, die Lokale wurden schon vor Wochen verriegelt. Selbst die Möwen gehen auf Tauchstation.

Gegen den eiskalten Westwind schreiten tapfer einige Dickvermummte an, nur der Hund freut sich. Die Schlaueren wandern in die andere Richtung, denen bläst der Wind in den Rücken, treibt sie voran, bringt sie schneller hin zu Grog und Rumpunch. Wir laufen „falsch", der Wind schneidet ins Gesicht, treibt Tränen aus den Augenwinkeln. Das Meer rauscht, Wellen brechen sich so hoch, wie im Sommer nie beobachtet. Die Nase läuft. Feine Sandfontänen umspielen die Füße, Hunde jagen hinter Gischtwolken her, vereinzelte Juchzer: „Herrlich!". Herrlich? Na ja, die an die Stadtluft gewöhnten Lungen jubilieren, das Gehirn wird frei gepustet, Stress und Ärger sind wie weggeblasen. Trotzdem ist's saukalt und bis Wenningstedt noch weit! Wollen wir wirklich? Ja klar doch! Also weiter gestapft, machen andere ja auch.

Es gibt sie wirklich, Sylt-Urlauber, die im kalten Dezember auf die Insel kommen. Zu einer Zeit, wo fast alles geschlossen ist. Glücklich, wer etwas mit sich und der Zeit anzufangen weiß. **Silvester und Weihnachten** sieht es schon wieder etwas anders aus (gilt als besondere Saisonzeit). Spezielle Angebote locken Urlauber, Restaurants öffnen plötzlich wieder, unterbrechen ihre Winterpause. Aber ab Mitte Januar wird es wieder ruhig.

162sy Foto: hjf

Der Kliffkieker ist in Sicht, bald haben wir's geschafft. Die Nase läuft noch immer, aber so langsam gewöhnt man sich an die Kälte. Wie viel Grad haben wir? Knapp über oder schon unter Null? Zu Weihnachten und Neujahr **baden Leute in der eiskalten Nordsee,** kaum zu glauben! Am 2. Weihnachtstag findet ein traditionelles Weihnachtsbaden am Westerländer Strand statt! Einige Mutige stürzen sich in die knapp zwei bis drei Grad kalten Fluten, angefeuert von Hunderten von Schaulustigen, die, in Parka und Wintermantel, mit einem Glühwein in der Faust, schon beim Anblick frieren. Ein Nikolaus gibt seinen Segen und hinterher eine Urkunde.

Baden am Neujahrstag bei 2 Grad

Wenningstedt ist erreicht, die leicht angefrorene Holzbrücke hochgeklettert. Natürlich, Kliffkieker ist geschlossen, Gosch ebenso und Strandcafé dito. Wo gibt's jetzt einen Grog?

Zurück nach Westerland per **Bus,** der Zug fährt erst in einer Stunde. Zum Glück hat das Entrée geöffnet, rein und zwei Heißgetränke bestellt. Die wohlige Wärme macht schläfrig, das Gesicht glüht. Die Hände prickeln, wie nach einer Schneeballschlacht ohne Handschuhe. Gleich fährt der **Zug** wieder ab, es dämmert schon. Kaum jemand steigt ein. Wer Sylt im Winter einmal erlebt, der bleibt, Tagesgäste sind nicht vorgesehen.

My Strandkorb is my castle

Die Sonne brennt vom Himmel, ein laues Lüftchen weht vom Meer, das monotone Brechen der Wellen macht schläfrig, wohlig rekelt sich der Urlauber, die Augen fallen zu. Entspannung! Wie Perlen in einer Kette stehen sie, alle in Blickrichtung zur Sonne gerichtet. Von wem die Rede ist? Von **Strandkörben** natürlich. Kein Seeurlaub ohne Strandkorb; wer sich keinen mietet, dem entgeht etwas.

Alte Chroniken berichten, dass 1882 ein Korbmachermeister aus Rostock einer Rheuma geplagten Urlauberin einen Wäschekorb als Sitzgelegenheit zur Strandbenutzung umbaute. Eine **Idee war geboren,** trat ihren Siegeszug an, zunächst an der Ostseeküste, kam aber ganz schnell auch nach Sylt. Schon ein Jahre später wurden die ersten Körbe vermietet, von der Frau des Korbmachermeisters.

Und dann ging es auch bald richtig los, etwa ab der Jahrhundertwende. Ein ehemaliger Lehrling des Korbmachers der ersten Stunde stieg in den 20er Jahren zum größten **Hersteller von Strandkörben** überhaupt auf. Beschleunigt wurde die Entwicklung durch die Gründung von immer mehr Seebädern und gleichzeitig durch eine immer bessere Bahnanbindung.

115sy Foto: hjf

Kuriose Modelle gab es auch: zusammenlegbare Körbe, als Boot nutzbare und sogar drehbare (auf Kugellagern). Aber das Grundmodell hat sich seit den Anfängen kaum verändert.

Auf Sylt, so eine Schätzung, existieren heute an die 5000 Strandkörbe, nach etwa sieben Jahren Nutzung am Strand werden sie ausgetauscht.

Immer mehr Urlauber finden so sehr Gefallen an den gemütlichen „Zweisitzern", dass sie sich extra einen **für den heimischen Garten** herstellen lassen. Mehrere Firmen produzieren für den Kurgast, etwa 1785 Euro kostet ein schicker, persönlicher Strandkorb.

Warum ist er nun so beliebt? Steht er als Häuslebauer-Ersatz? Zeigt er den Rückzug ins Private, selbst am Strand? My Strandkorb is my castle? Vielleicht ist's ja viel profaner, nämlich einfach saugemütlich! Der Urlauber mietet sich einen Strandkorb, der in 14 Tagen zu „seinem" wird. Ein zweites Zuhause, ein home away from home. Aber wie wird ein x-beliebiger zu einem persönlichen Strandkorb? Durch die Nummer! Unübersehbar prangt sie auf der Rückseite, macht jeden Korb unverwechselbar.

An **praktischen Details** wären da zuerst mal die Handschlaufen, außen angebracht. Zwei Mann – zwei Ecken, und schon wird er etwas gedreht, schön hinein in die Sonne, den Wind (hoffentlich) im Rücken. Dann die Verriegelung kurz ausrasten lassen, das ganze Ding in Rückenlage stellen. Jetzt noch das Fußteil ausziehen, hier werden T-Shirt und Sonnencreme verstaut. Danach ein kleines Brettchen ausklappen und Getränke platzieren. Schließlich das Handtuch über die in Kopfhöhe gespannte Schnur hängen – und endlich kann man sich fallen lassen!

Sylter Immobilienpreise und die Folgen

Ein x-beliebiger Samstag, die Sylter Rundschau gekauft und **im Immobilienteil geblättert.** Dezente Anzeigen wie diese lassen sich in jeder Wochenendausgabe finden: „Traumhaftes Einzelhaus unter Reet am Watt: 1,25 Mio. Euro", oder „Stolzes Reetdachanwesen in Archsum: 1,65 Mio. Euro", oder „3-Zimmer-Wohnung mit Blick auf die Promenade: 575.000 Euro" oder auch „Freistehendes Reetdachhaus auf der Wattseite in Kampen, 3 Mio. Euro". Das sind Beträge! Umgekehrt wird „... eine nicht zu kleine, dennoch bezahlbare Wohnung" gesucht.

Keine Frage, die Preise sind aus dem Ruder gelaufen. Der Ring Deutscher Makler veröffentlichte unlängst eine Analyse, nach der auf Sylt die

höchsten Immobilienpreise Deutschlands gezahlt werden.

Ein Immobilien-Magazin vermeldete, dass im Jahr 2001 eine 50 m² große Wohnung in Kampen für runde 750.000 € verkauft wurde, was einem Quadratmeterpreis von nicht ganz 15.000 € entspricht. Ein Spitzenwert, aber keine generelle Ausnahme. Immerhin werden alljährlich Immobilien für gut 200 Mio. € ver- und gekauft. Kenner sprechen dann auch von einem auf hohem Niveau stagnierenden Markt. So würde eine Haushälfte an Kampens Wattseite für irgendwas zwischen 1 und 2 Mio. € zu haben sein, ein Einzelhaus dagegen für etwa 2 bis 3,5 Mio. €.

In **Kampen** fanden sich 1997 zwei Käufer, die jeweils knapp 5 Mio. Euro für ein Häuschen in dem Nobelort hinblätterten. Das „Handelsblatt" titelte zu dieser Entwicklung trocken: „In Kampen spielen Preise keine Rolle" und so kommentierte ein Makler in der „Welt", dass bei diesen Summen nicht mehr lange über 50.000 oder 150.000 Euro gefeilscht werde.

Auch in den **Ostdörfern** zahlt man noch schlappe 1 Mio. Euro für ein Einzelhaus. Selbst Eigentumswohnungen kosten in Top-Lagen ab 5000 Euro der Quadratmeter. Und das bei Sylter Maß, also inklusive der Dachschrägen.

Diese Preise können nur die wenigsten **Einheimischen** zahlen, Westerlands Kurdirektor schätzt, dass mehr als die Hälfte aller Häuser in Westerland sich in fremdem Besitz befindet. Was aber machen die Sylter, die nicht zur Millionärsklasse gehören? Die Insel sucht händeringend preiswerten Wohnraum, Ende 2000 standen 700 Interessierte inselweit in der Kartei als Wohnungssuchende. Jungen Familien fällt es zunehmend schwerer, eine finanzierbare Wohnung zu bekommen. Nicht wenige resignieren und ziehen aufs Festland, dort liegen die Preise deutlich unter Sylter Niveau. Etwa 2000 Menschen pendeln jeden Tag vom Festland auf die Insel.

Das war mal ganz anders. In den **50er Jahren** verschenkte die Gemeinde Hörnum sogar Grundstücke, um Fremde anzulocken und auf diese Weise Grundsteuern zu kassieren. Es klappte auch wunderbar, eine Spekulationswelle setzte ein, die bis heute noch nicht zum Stillstand gekommen ist.

Wer Hauseigentum besitzt, der vermietet auch – Ausnahmen bestätigen nur die Regel. **Kinder und Jugendliche** müssen in der Sommersaison aus ihren Zimmern raus, man benötigt Platz für die Gäste. Da werden dann sogar die Ferien verschoben. Ganz offiziell gelten für Sylt und Amrum frühere und kürzere Sommerferien, Ausgleich dafür gibt es im Herbst. Wohin aber mit den Jugendlichen? Tagsüber an den Strand, und sonst? Westerlands Bürgermeisterin erzählte schon 1993 in der Zeitschrift „Focus", dass Jugendliche dann in der Garage oder im Gartenhäuschen nächtigen oder sogar im Keller.

Kein Wunder, dass Frust entsteht, eventuell sogar Neid auf die vermeintlich wohlhabenden Gäste. Der entlädt sich vereinzelt in Randale oder auch Drogenmissbrauch, weshalb Jugendverbän-

17sy Foto: hjf

de von **„Saisonverwahrlosung"** sprechen. Eine erschreckende Zahl veröffentlichte die Landesstelle gegen Suchtgefahren. Jeder zehnte schleswigholsteinische Konsument von harten Drogen stammt von Sylt. Etwa 200 Konsumenten harter Drogen sind bekannt, das bedeutet im Verhältnis zur Sylter Bevölkerung (etwa 21.300 Einwohner) einen überproportional hohen Anteil.

Die Geister, die sie rief, wird die Insel nicht mehr los. Will sie natürlich auch nicht, denn Touristen geben viel Geld aus. Immerhin hat sich die durchschnittliche **Vermietungsdauer** von 90 Tagen im Jahr auf 140 Tage verlängert. Die Urlauber kommen bereits zur Osterzeit und auch noch im Herbst, immer stärker auch um Weihnachten und Silvester. Die touristische Statistik zeigt seit Jahren nur eine Richtung, leicht nach oben, von ca. 350.000 im Jahr 1984 über 521.000 (1990) auf zuletzt rund 650.000. Da lohnt sich dann sogar der Abriss eines älteren Hauses und Neubau von Ferienwohnungen, wie der Autor jedenfalls in Wenningstedts zweiter Reihe beobachten konnte. Sicher auch wieder ein Millionenobjekt.

Liebenswertes Unikum: die Inselbahn

Ein Spaziergang durch die kleine, nördlichste Gemeinde **List** führt vielleicht auch durch die Alte Bahnhofstraße. „Bahnhofstraße?" mag man fragen, „wo gibt es denn hier einen Bahnhof?" Heute nicht mehr, aber ein knappes halbes Jahrhundert zurück, als List genau wie Hörnum auf Schienen zu erreichen war.

Weitsichtige Sylter Unternehmer dachten schon Ende des vergangenen Jahrhunderts darüber nach, wie die **Anreise für die Sommergäste** verbessert werden könnte. Den Hindenburgdamm gab es noch nicht, das letzte Stück der Reise musste per Schiff erfolgen. Lange Zeit führte dieser

Weg vom heutigen dänischen Højer hinüber nach Munkmarsch, von dort per Pferdewagen weiter nach Westerland.

Folgerichtig wurde zunächst diese Verbindung verbessert, 1888 verband eine **erste Inselbahn** über vier Kilometer Munkmarsch mit Westerland. Als dann auf dem Festland die Bahnverbindung über Tondern zum Hafen Hoyer-Schleuse (beide Orte liegen heute auf dänischem Territorium) weitergeführt wurde, ergab sich eine erneute Komfortsteigerung.

Hamburger Reeder beschlossen um die Jahrhundertwende ein damals wahrhaft ehrgeiziges Projekt: eine direkte Schiffsverbindung von Hamburg nach Sylt. Die Schiffe sollten an einem extra erbauten Anleger festmachen, im damals noch gar nicht erschlossenen Hörnum. Und wie sollten die Passagiere nach Westerland gelangen? Auch daran dachten die Reeder und bauten eine **zweite Inselbahn.** 1901 wurde sie eingeweiht. Sieben Jahre später wurde dann auch der Norden an das Inselbahnnetz angebunden, eine Kleinbahn schaukelte durch die Dünen an Kampen vorbei bis nach List. So bekam der Ort seine Bahnhofstraße.

Nachdem **1927** der Bahnverkehr über den Hindenburgdamm floss, war die Munkmarsch-Bahn überflüssig geworden, ein Jahr später wurde sie eingestellt.

Trotz Wirtschaftskrise und Weltkrieg, die Inselbahnen fuhren tapfer weiter, wurden zu **Kriegszeiten** vom Militär sogar gehegt und gepflegt.

1949 listet eine Statistik 600.000 beförderte Gäste auf, die Fahrzeiten betrugen etwa 50 Minuten sowohl nach List als auch nach Hörnum.

Die **Züge** waren ein buntes Sammelsurium aus kleinen Triebwagen, Schienenbussen und altersschwachen Waggons. Aber sie fuhren, nur bei Überschwemmungen und Sandverwehungen in den Dünen gab's Zwangsstopps. Nicht selten wurden Fahrgäste aufgefordert, mitzuschieben oder den Sand wegzuschaufeln. Und an den End-

punkten wurde der Dünenexpress auf einer Drehscheibe wieder für die Rückfahrt in Position gebracht. Alles liebevolle und urige Erlebnisse.

Ende der 60er Jahre sah man die Inselbahn als nicht mehr zeitgemäß an, Busse waren schneller und flexibler. 1970 kam das Aus für die Inselbahn. Heute können Radfahrer auf den alten Trassen der Bahn weitab vom Autolärm nach List radeln, wenn sie wollen, bis zur Bahnhofstraße.

Inselbahn zwischen Westerland und Hörnum

Strandungen und Strandräuberei

Mein Schwager ist ein besonnener Mann, lässt sich nicht so schnell aus der Ruhe bringen, wägt seine Worte sorgfältig ab. Aber einmal rastete er doch aus, beschimpfte die Kurkartenkontrolleure als „Strandräuber". Dann setzte er noch eins drauf: „Früher habt ihr den Leuchtturm verdreht, damit die Schiffe auf Land gelockt werden ...", den Rest verschweigen wir lieber. Dabei ist diese Unterstellung natürlich an den Haaren herbeigezogen und völlig falsch – oder etwa doch nicht so ganz? Und dass man arme Überlebende, die sich mit letzter Kraft an den Strand retten konnten, kurzerhand totschlug – alles nur Gerüchte? Gesichert ist jedenfalls, dass es Strandräuberei gegeben hat, aber das wurde so nicht genannt.

Sprechen wir also von **Strandunfällen,** und die passierten und passieren an allen Küsten dieser Welt. Sylt stellt keine Ausnahme dar, über 200 Strandungen wurden seit 1788 protokolliert. Mit jedem Auflaufen eines Schiffes stellt sich sofort die Frage, was mit den Gütern zu geschehen habe. Besonders wenn die Besatzung das Unglück tragischerweise nicht überlebt.

Wenn also ein herrenloses Schiff am Strand lag, was war zu tun? Dann griff das **Recht des „Strandgangs",** sagten jedenfalls die eigenwilligen Friesen. Was man am Strand fand, das wurde eingesammelt und mitgenommen. So war es schon zu alten Zeiten, und niemand wollte sich davon abbringen lassen. Aber ganz so einfach war es dann doch nicht.

Seit 1241 galt das so genannte Jütische Recht, nach dem der **dänische König** die Strände für sich beanspruchte und folgerichtig alle angespülten Güter. Nun war der dänische König weit weg, und wer wollte es den Rantumer Fischern verdenken, wenn sie Funde am Strand eventuell nicht ins ferne Kopenhagen schickten.

1667 erließ *Herzog Christian Albrecht von Gottorf* (Herzogtum Schleswig) eine **neue Strandord-**

nung, die sich an dieser Erfahrung orientierte; er beanspruchte nur noch zwei Drittel. Den Rest sollten sich Landvogt, Strandvogt und das Bergungsteam teilen. So wurde es auch für Sylt bestimmt.

Die Umsetzung dieser Regelungen sollte ein **Strandvogt** überwachen. Das klappte mal besser, mal weniger, je nachdem, ob der Strandvogt sich loyaler dem König oder den Syltern gegenüber zeigte. Das war nicht immer einfach, immerhin lebte der Strandvogt unter den Menschen, die nach vermeintlichem Gewohnheitsrecht Strandgut einfach aufsammelten. Wollte er diesem Treiben Einhalt gebieten, musste er schon eine starke Persönlichkeit sein. *Lorenz Petersen Hahn* war eine, stellte sich kraft seiner Person, nicht seines Amtes erfolgreich gegen die Strandsammler. Einem anderen fehlte dieser Charakter, er sammelte genauso eifrig wie die anderen und wurde schließlich wegen Stranddiebstahls angeklagt, ebenfalls wie die anderen.

Mit jeder Schiffsstrandung waren auch immer menschliche Schicksale verbunden, **ertrunkene Seeleute.** Nicht selten trieben sie an die Sylter Strände ohne irgendwelche Papiere, protokolliert sind in der ersten Hälfte des letzten Jahrhunderts immerhin 78 angeschwemmte Leichen. 1854 wur-

119sy Foto: hjf

de speziell für diese unbekannten Toten ein kleiner Friedhof in Westerland angelegt, die „Heimstätte für Heimatlose". Innerhalb von 50 Jahren fanden 53 unbekannte Strandleichen hier eine letzte Ruhestätte, 1907 wurde dieser kleine Friedhof geschlossen, er war voll belegt. Noch heute liegt er recht unscheinbar neben den Betonbauten in der Käpt'n-Christiansen-Straße.

Wenn heute Strandgut angespült wird, greifen ganz profan die Vorschriften des BGB über Fundsachen. Wer also etwas Wertvolles am Strand findet, kann dies dem Fundbüro geben. Wenn sich nach einem Jahr niemand gemeldet hat, darf der Finder Ansprüche anmelden.

Diesen Umweg sind die Strandsammler noch nie gegangen, für sie war es ein klarer Fall: Der Strandgang ist frei, und alles Angespülte entsprechend frei verfügbar. Komisch nur, dass die stolzen Friesen heute den Zugereisten genau diesen freien Zugang nicht gestatten. **Kurtaxenpflichtiges Gebiet,** heißt das Zauberwort. Darauf, und nur darauf wollte mein Schwager mit seiner zugegeben derben Wortwahl hinweisen.

Die Kurtaxe – eine Polemik

Und dann wäre da noch die Kurtaxe, Meere von Tinte sind bereits vergossen worden, sowohl von schimpfenden Kritikern als auch von sich rechtfertigenden Kurdirektoren. Wer die jeweiligen Prospekte durchblättert, gewinnt den Eindruck, dass die kleineren Orte den größten **Rechtfertigungsdruck** haben. Vielleicht, weil das Kurangebot doch manchmal arg dünn ausfällt. Zitieren wir einmal: „Sie ist ein echtes Entgelt zur Finanzierung bestimmter Veranstaltungen und Leistungen, die für den Kurgast bereitgehalten und von der großen Mehrzahl auch gewünscht werden."

Wirklich? Will die große Masse wirklich im Lesesaal einer großen Kurhalle hocken und die örtliche Zeitung lesen? Dem Kurkonzert lauschen? Heilwasser schlucken? Ich wage zu behaupten: Nein. Am Strand liegen, sich die Sonne auf den Bauch brennen lassen und ein paar Mal baden, das sind die **Bedürfnisse des durchschnittlichen Urlaubers.** „Halt", schreien da die Kurdirektoren, „genau deshalb musst du ja zahlen, wir halten den Strand sauber und sorgen für Sicherheit." Ach so. Lustig ist nur, dass Nachbarländer wie Dänemark oder die Niederlande es ohne diese Abgabe schaffen, von den Mittelmeerländern ganz zu schweigen.

Was, wenn nun der Gast sagt, er wolle all die Kurangebote gar nicht nutzen, er wolle **nur baden.** Ist nicht, belehrt §3, Abs. 2 der Kurabgabesatzung: „Die Kurabgabe ist ohne Rücksicht darauf zu zahlen, ob und in welchem Umfang die öffentlichen Kur- und Erholungseinrichtungen benutzt werden." Eine Illustrierte bezeichnete die Kurtaxe mal als „moderne Strandräuberei", das hagelte vielleicht Proteste!

Ohne Kurtaxe kommt man nicht **an den Strand** – keine Chance! An allen Übergängen sitzen Kassierer in ihren Häuschen, lassen stoisch alle Beschimpfungen über sich ergehen und fordern gnadenlos „die Kurkarten, bidde!" Wer keine hat oder

120sy Foto: hjf

nur für einen Tag an den Strand will, zahlt auch – oder erst recht, nämlich 3,50 €, also mehr als ein Kur-Urlauber pro Tag.

Darf man angesichts dessen von „Eintrittsgeld" sprechen? Welche Kurvorteile genießt denn ein **Tagesgast** außer Sonne, Strand und Wellen? Eine Dusche vielleicht, einen Klobesuch möglicherweise, aber dafür drei Euro?

Aber Fortschritt allüberall, wie der Autor feststellen durfte. Samstag Mittag, Ankunft bei der Vermietungsagentur, Schlüssel abholen. Leider, leider müsse sie nun die Kurtaxe noch kassieren, so die nette Dame fast bedauernd. Sie – die Vermieter – seien jetzt mit der Kurverwaltung vernetzt und die hätten somit Zugriff auf die Daten der Gäste. Auf die Rückfrage des Autors, was man als Gast von einer Kurkarte im kalten Monat März denn hätte, kam die Antwort wie aus der Pistole geschossen: „Nichts!" Was man sich ja schon immer gedacht hatte.

044sch Foto: hjf

Wie viel beträgt denn nun die **Höhe der Kurtaxe?** Etwa 1,50 bis 3 € pro Tag und Person, Kinder zahlen immer weniger, wobei unterschiedlich definiert ist, wer noch ein Kind ist. Mal gilt dies bis 18 Jahre, mal bis 14 Jahre, mal bis 12. Eine Familie zahlt also schnell runde 100 Euro oder mehr in der Hochsaison für 14 Tage.

Kein Wunder, dass sich hartnäckig jenes Gerücht hält, das besagt, dass die Kurdirektoren einmal im Jahr die Vertreter des **Preußischen Landtages** hochleben lassen. Diese hatten 1893 verfügt, dass Gemeinden von Bade- und Kurorten Gebühren erheben dürfen, um Kureinrichtungen zu unterhalten. Seitdem wird gemurrt und gezahlt. Und anscheinend lohnt sich das ja, denn 1997 entschloss man sich in Eckernförde, die Kurtaxe wieder einzuführen, nachdem sich die Urlauber 20 Jahre lang abgabenfrei gesonnt hatten.

Die Kurtaxe stammt angeblich noch aus preußischer Zeit

Rechtzeitig zur Sommersaison 1998 preschte *Heide Simonis* vor, immerhin Ministerpräsidentin von Schleswig-Holstein. Sie sagte in einem Zeitungsinterview, dass es wünschenswert sei, die **Kurtaxe ersatzlos zu streichen.** An ihrer Stelle müsse ein gerechteres und preiswerteres System treten. Obendrein bezeichnete sie die Kurtaxe als ein sehr deutsches System – wohl allzu wahr! Sofort gab es Gegenwind, der Nordseebäderverband konterte, dass bislang kein Modell bekannt sei, dass ebenfalls 35,7 Millionen Euro in die Kassen bringe. So viel kam 1999 allein in Schleswig-Holstein zusammen.

Also ich hätte da ja einen Vorschlag. Wie wäre es, wenn statt der Kurtaxe ein **„Getränkecent"** eingeführt wird. Auf jedes an der Küste geleerte Glas Bier, Wein oder Korn 5 Cent draufschlagen. Einen Groschen, mehr nicht. Es merkt eh' niemand, es tut keinem weh und erfüllt auch seinen Zweck. Das Kind muss nur einen netten Namen bekommen, wie etwa „Schluck-Abgabe" oder „Trunk-Fünfer". Und das ganze dann verkaufen unter dem Motto „Trinken für einen guten Zweck!"

Wäre das gerechter? Nein, natürlich nicht, aber vielleicht lustiger. Außerdem: Es sollte doch wohl möglich sein, an der gesamten Küste während einer Saison 700 Millionen Gläser zu leeren, oder? Dann wären nämlich die 35,7 Mio. € durch Kurtaxen wieder drin. Also, auf geht's, es gibt viel zu tun, packen wir die Gläser an!

33,333 km – der Syltlauf

Da war er wieder, der Schlappschwanz. Die Rentner grinsten sich eins und lehnten sich peinlich berührt auf ihrer Parkbank zurück, schüttelten resigniert den Kopf. „Dat is nich so doll!", stellte einer mitleidig fest. Der Schlappschwanz blieb keuchend stehen. Holte japsend Luft. Stemmte die Hände in die Hüften. Rang hustend mit hochrotem Kopf um Fassung. Nein, doll war das wahrlich nicht. Schleppend, fast torkelnd schlich der Schlappschwanz davon.

Der Schlappschwanz war ich. Vor zwei Jahren. Damals hatte mich eine blöde Eingebung erwischt: „Mach mal wieder Sport!“ Na ja – warum nicht? Immerhin 20 Jahre Fußball gespielt, dann 13 Jahre fast nichts gemacht und nun so eine blöde Eingebung! Saublöde eigentlich! Trotzdem, die eingestaubten Sportschuhe vom Boden geholt und einfach mal losgetrabt. Aber nicht sehr weit, siehe oben. Die Anfänge waren grausam. Fit werden ist ja gut und schön, wenn man sich bloß nicht so anstrengen müsste. Hehehe! Und dann erst der Schweinehund, der bekannte innere! Laufen? Klar, aber nicht heute. Zu kalt, zu heiß, zu früh, zu spät, zu windig, zu irgendwas. Gäbe es eine Weltmeisterschaft im Ausreden-Erfinden, ich wäre uneinholbarer Champion geworden.

Und doch ... Immer wieder trabte ich los. Monate dauerte es, bevor es auch nur etwas besser wurde, etwas lockerer ging. Dann die erste Zäsur: Ein **Stadtlauf** lockte. Oh ja, mitmachen! Gleich über 10 Kilometer? Klar! Wenn schon, denn schon. Also noch mehr üben, man will sich ja nicht blamieren. Und los ging's. Flott mitgelaufen, nach knapp 46 Minuten im Ziel. Da kann man nicht meckern, fürs erste Mal. Zufriedenes Zurücklehnen. Was kommt wohl als nächstes?

Als nächstes kam das Gift. Zuerst ganz sachte tröpfelnd. Das schüttelte ich noch locker ab. Dann verdickte sich das Gift zu einem Rinnsal. Schoss immer öfter brodelnd durchs Gehirn. Schwoll schließlich an zu einem Rauschen, zu einem wispernden Sturm. Unablässig durch den Kopf fegend und ein einziges Wort formend. Erst zärtlich lockend, dann brutal fordernd: **Ma-ra-thon!** „Hah, ich doch nicht!“ wehrte ich ab, aber irgendwie halbherzig. Wurden die Trainingsrunden nicht merkwürdigerweise wie von alleine immer länger? Dann sagte es irgendwann „Knack". Es gab kein Halten mehr. Alle Dämme brachen. Das Gift verwandelte sich in ein wildes Raubtier. Es lauerte mir auf, beobachtete mich grinsend, dabei seine Pranken bleckend. Genau wissend, ich war infiziert. Und eines Tages sprang es mich an. Wild und ungestüm. Mit der Wucht eines Orkans fegte es in mein Innerstes. Hackte seine scharfen Krallen in mein Gemüt, verbiss sich in den hinterletzten Gehirnwindungen und fauchte mich wie rasend an: „Marathon, MARATHON, MA-RA-THON!" „Nein, nein!", wimmerte ich, „ich will nicht!" „Doch, doch!", brüllte das Raubtier, „doch, doch – du willst!"

Und ganz ehrlich: Im Prinzip wollte ich tatsächlich. Aber gleich einen ganzen, einen „echten" Marathon? Vielleicht zunächst erst mal mit einem Drei-Viertel-Lauf versuchen. Dazu bietet sich förmlich der Sylt-Lauf an, führt er doch über eine Distanz von exakt **33,333 Kilometern. Startpunkt ist Hörnum** im Inselsüden. Von dort geht es stramm immer geradeaus nach Norden. Erst durch Rantum, dann durch Westerland, schließlich wird Wenningstedt durchquert und Kampen passiert, bevor in **List das Ziel** erreicht ist. Mittlerweile ein Traditionslauf, der sich aus bescheidenen Anfängen gemausert hat zu einem echten Event, bei dem mittlerweile über 1000 Läufer an den Start gehen im kühlen Monat März. So auch ich. Hatte vorher eisern trainiert, nix mehr mit Ausreden-Weltmeister, und so. Möge niemand glauben, man könne mal so eben im Vorrübergehen einen Marathon herunterlaufen! Mein Respekt vor den 42 und-ein-paar-Zerquetschten wuchs gewaltig.

Aber auf Sylt sind's ja nur 33 und ein paar Zerquetschte, tröstete ich mich. Also los, ab nach Westerland.

Sonntag morgen gegen 8.30 Uhr. Diverse Trainingsanzüge und Sportlertaschen streben zum

ZOB. Von dort bringen Busse die Läufer nach Hörnum. Geht nicht anders, die Straße ist gesperrt. Ne Menge Fachgespräche im Bus. Mit spitzen Ohren und Pokerface-Gesicht à la „Bin schon ein Dutzend Mal hier gelaufen" lausche ich. Schnappe Wortfetzen auf: „New York war Klasse!" oder: „In Berlin bin ich Bestzeit gelaufen, Drei zwoundzwanzig." „In Hamburg hat's die beste Stimmung. Wenn du bei 35 durch Eppendorf kommst, ist's wie bei der Tour de France beim Gipfelanstieg." Ich wurde klein und kleiner, hänge aber den ganz Coolen raus.

9 Uhr Hörnum, Kurverwaltung. Noch eine Stunde. Rein ins Warme, Schutz suchen vor dem kalten Wind. Der Raum füllt sich. Jede Menge Athleten rücken an. Ziehen sich um, nesteln an ihren Sachen herum, klippen Startnummern fest. Die Klos im Keller sind umlagert, Aufgeregtheit liegt in der Luft.

9.30 Uhr. Die Meute zieht langsam Richtung Start. Der liegt knapp 2 Kilometer entfernt. Warmlaufen oder warm sitzen ist hier die Frage, soll heißen: zum Start laufen oder sich per Bus hinfahren lassen? Ich wähle die bequemere Variante, der kalte Wind pfeift mir zu stark.

10 Uhr, der **Startschuss.** Die Masse setzt sich in Bewegung, auf geht's.

Km 2. Hier werden die Läufer von der breiten Straße auf den schmalen Radweg geleitet. Es wird eng, wer einen langsameren Läufer vor sich hat, muss reichlich gewagt auf dem weichen Dünenboden überholen. Nicht schön.

Km 9, Rantum. Einige Urlauber applaudieren, andere gucken etwas verwundert. Kurz danach die erste Verpflegungsstelle. Haben Sie schon mal im Laufen getrunken? Gar nicht so leicht, das sage ich Ihnen!

Parkplatz Sansibar. Eine Frau schwenkt eisern eine schwere Kuhglocke, feuert so alle Läufer an. Auch nicht einfach, nehme ich mal an, das schwere Ding zu bewegen.

Campingplatz Westerland. Der Wind pfeift schräg von der Seite in den Rücken – bis jetzt. Nun müssen wir gute 100 Meter über den Parkplatz vor dem Camping laufen, voll gegen den Wind. Der bläst so stark, ich komme kaum voran. Zum Glück geht's nach 100 Metern wieder „normal" weiter.

Westerland, Hotel Miramar. „Bitte die Kurkarten!" flachst ein Läufer, wir werden nämlich auf die Promenade geleitet, laufen direkt an der Musikmuschel vorbei. Mit einem schönen Blick aufs Meer und viel Applaus geht's so bis zum Brandenburger Strand. Dort wieder weg vom Strand, rauf auf den Radweg nach Wenningstedt.

Km 17. „Bergfest" denke ich schnaufend kurz vor der Klinik.

Wenningstedt. Man glaubt es ja kaum, aber kurz bevor der Radweg in den Ort führt, geht es zwei kleinere Steigungen hoch. „Warte auf die Kampener Dünen!", mahnt ein Mitläufer, als ich leicht fluche.

Wenningstedt, Dorfteich. Auf der Straße steht eine 20, das Feld hat sich nun doch schon ganz beachtlich auseinandergezogen. Da ist sie wieder, die Kuhglocke.

Kampen. Den Nobelort streifen wir nur mal kurz. Auf der alten Bahntrasse geht es schnurstracks Richtung Dünen. Auweia, die Dünen! Schöööne laaanggezogene Steigungen, so richtig was Nettes nach 23, 24 Kilometern.

Kampener Dünen, irgendwo. Erneut schwenkt die Frau ihre Kuhglocke. Auch ne Leistung.

Km 28. Ein Vierertruppe läuft nebeneinander, versperrt mir den Weg. Ich imitiere eine Hupe: „Tröt-tröt, kann ich mal vorbei, Jungs?" Einer macht bereitwillig einen Schritt zur Seite, ein anderer ruft mir nach: „Wir sehen uns bei 32!" „Glaube ich nicht." antworte ich mutig.

List. Das Ortsschild wird bei etwa 30 erreicht. Zuvor geht es über die Hauptstraße. Die wird flexibel gesperrt. Nähert sich ein Läufer, stoppt die

Polizei den Verkehr, ist der Läufer durch, kann wieder gefahren werden.

Km 32. Noch einmal dieses Wechselspiel, rüber über die Straße, weiter gen Ziel.

Km 33. Einmal links abbiegen, 300 Meter geradeaus und dann rechts ab ins Ziel. Noch hundert Meter, da ist es mit mal wieder, mein Raubtier. Es zerrt, schubst, drängelt, quengelt. „Weiter, weiter, weiter!“ Mein Blick wird zum Tunnel. Ich suche Halt, grabsche zum Raubtier, erwische es nicht. Es wird klein und kleiner, verschwimmt, wird eins mit mir. Der Zielstrich, gemeinsam stolpern wir hinüber. Geschafft. **GESCHAFFT!** Die halbe Stadt klatscht. Tausende Raketen schießen in den Himmel, zünden ein gleißendes Feuerwerk. Ein Sternenregen prasselt auf mich herab – einzig und allein auf mich! Es tut mir leid, kein anderer Begriff trifft es besser: ein geiles Gefühl!

Auf der Rückfahrt im Bus träume ich von meinen Rentnern. Wie sie entspannt auf ihrer Parkbank sitzen und anerkennend nicken. Und gaaanz leise applaudieren.

Nachtrag: Mittlerweile hat sich der Autor auch an die „echte“ Marathonstrecke gewagt, sogar mehrfach schon.

Infos und Anmeldungen für Interessierte: www.syltlauf.de

Plattdüütsch

Das niederdeutsche Idiom war eine ganze Zeit lang (vom 13.–16. Jahrhundert) die vielleicht wichtigste Sprache zumindest in Nordeuropa, sie war Handelssprache der weitverzweigten Hanse. Die Hanse ging unter, die Sprache blieb erhalten, über Jahrhunderte sprach man in Norddeutschland Niederdeutsch. Hochdeutsch kam nur ganz langsam auf, natürlich zunächst in den Städten. Beschleunigt wurde diese Tendenz noch, seitdem die Kinder in den Schulen auf Hochdeutsch unterrichtet wurden. Hochdeutsch wurde Schriftsprache, dagegen sprachen die Handwerker, Seemänner und Kneipenhocker weiterhin Platt. Hochdeutsch wurde die „feinere" Sprache. In den Städten sprach man immer seltener Platt, in den Dörfern war und ist es noch größtenteils anders. Platt drohte langsam aber sicher auszusterben. Wie viele Menschen heute noch Platt sprechen, ist nicht bekannt.

Ein wenig Platt

Kennen Sie den: Zwei Fischer hocken am Tresen, schweigen sich an. Zum Nachbestellen werden nur zwei Finger gehoben – abwechselnd, weil, das ist ja gerecht. Nach ein paar Stunden sagt einer der beiden: „Tjaaaa, neeech!" Sagt der andere: „Wat sabbelst du bloß heut wieder so viel!" So sind sie oder besser gesagt, so sind sie auch, die Holsteiner, schweigsam und nicht aus der Ruhe zu bringen. Wenn sie dann aber mal reden, dann geht's vielfach noch **„op Platt".** Plattdeutsch ist an der Küste verbreitet, keine Frage, viel mehr in den Dörfern als in den Städten. In Lübeck, Kiel oder Eckernförde spricht die Jugend selten Platt, die Älteren sehr wohl. In den Dörfern sieht es noch anders aus, da wächst die Jugend sozusagen zweisprachig auf.

Platt ist keine schwere Sprache, sie drückt viele Sachverhalte knapp und bündig aus und sie klingt gemütlich, selbst derbe Beleidigungen werden auf Platt abgefedert. Wer zum ersten Mal an die Küste kommt und zwei Fischer Platt schnacken hört, wird wohl kaum etwas verstehen. Hier ein paar Tipps zum Mitschnacken: **„Moin, moin"** ist ein Allerweltsgruß, je weiter man nach Norden kommt, desto verbreiteter ist er als Guten-Tag-Ersatz. Zuerst stutzt man sicherlich, wenn kurz vor der Tagesschau jemand mit Moin grüßt, aber das spiegelt nur die Gelassenheit wieder. Und die drückt sich gern mit **„immer sutsche“** aus – schön ruhig, keine Panik, nicht herumstressen. In etwa so bewegt sich der Holsteiner. Das wäre schon mal ein guter Start in die Stimmungslage.

Holsteiner sind ruhige Genossen; wenn sie sich was zu sagen haben, dann meist ohne Schnörkel, eben direkt ins Gesicht. Auf Platt klingt das aber halb so schlimm, ein **„Schietbüdel“** wird nie übersetzbar sein, denn dann würde aus dem plattdeutschen Kosewort eine hochdeutsche Beleidigung, nämlich „Scheißbeutel“ – brrr, wie das klingt!

Hierzu passt eine reale Anekdote: 1994 beriet der Senat in Hamburg (ja, ja, so vornehm gediegen nennt sich das Parlament der Hansestadt) über einen Antrag auf Aufnahme des Plattdeutschen in die **Europäische Charta für Minderheitssprachen,** natürlich op Platt. Selten wurde bei einer Politikerdebatte so gelacht wie an diesem Abend, schenkelklopfend brüllten die Abgeordneten über Beiträge, wie: „De Hamborger Senoot un sien Beamten sitt dor mit ‘n breden Mors und kiekt nur to“ (Der Hamburger Senat und seine Beamten sitzen auf ihrem breiten Arsch und gucken nur zu). Das war selbst auf Platt nicht mehr fein genug, und unter feixendem Gelächter ermahnte der Sitzungspräsident den Sprecher zur Ordnung: „Mors, dat geiht nich!“ (Arsch, das geht nicht). Darauf der Sprecher: „Denn seg ik Achtersteven“ (Dann sag ich Hinterteil). Natürlich wurde der Antrag angenommen, einstimmig.

Wer in eine kleine Dorfkneipe kommt, hat manchmal nicht viel Auswahl an Sitzmöglichkeiten. Vielleicht sind alle Tische besetzt, vielleicht ist gerade noch ein Eckchen am Tresen frei. Egal wo man sich niederlässt, eine plattdüütsch-kurze Begrüßung muss sein. Dazu dreimal kurz auf den Tisch klopfen und einfach sagen **„Ik mok mol so“** (Ich mach mal so), das kürzt das Begrüßen ab, man muss nicht jedem einzeln die Hand geben, nicht lange „sabbeln" – und man wird sofort als Kenner ausgewiesen.

Zwei Sätze sind noch wichtig für das Überleben am Tresen: **„Gif mi noch'n Lütt un Lütt"** (Gib mir noch ein Kleines und einen Kurzen), gemeint ist ein kleines Bier und ein Schnaps. Der andere Satz lautet: **„Gif mi noch een ut de Buddel"** (Gib mir noch einen aus der (Schnaps) Flasche). Und wer aus guter Laune heraus eine Runde Schnaps ausgibt, der muss diesen „freigeben", also zum Trinken auffordern. Dazu genügt eigentlich „Prost", aber plattdeutscher wäre **„Nich lang schnacken – Kopp in Nacken",** Übersetzung überflüssig, oder?

Wer sich schon mal einstimmen will, kann es ja mal mit **Asterix** versuchen. Ein Abenteuer des streitbaren Galliers gibt es jetzt op Platt, der Titel: **De Törn för nix,** Original: Die Odyssee. Kleine Kostprobe: „Wi schrievt dat Johr 50 v. Chr. Heel Gallien is in Römsche Hand." Das kommt einem bekannt vor, nicht wahr? Und dann wären da ja noch die **Werner-Bücher.** Die Anarcho-Abenteuer der motorradfahrenden Langnase mit den vier Stoppelhaaren sind bis ins tiefste Bayern als Kult vorgedrungen. Werner, die unschlagbare Comicfigur, treibt seine Scherze mit der Polizei, seinen Saufkumpels und mit Meister Schurich, seinem alten Lehrherren. Der ist übrigens der einzige, der richtig Platt schnackt, bitte nicht Werners Jargon als Plattdeutsch auffassen, auch wenn Tass Kaff und Flasch Flens mittlerweile Umgangssprache sind, zumindest im Land zwischen den Deichen.

- **Buchtipp:** Nach der Lektüre des Sprechführers **„Plattdüütsch"** von Hans-Jürgen Fründt werden Sie nicht nur die Sprache, sondern auch die Mentalität der Norddeutschen besser verstehen. Erschienen ist dieses Buch in der Reihe Kauderwelsch im Reise Know-How Verlag.

123sy Foto: hjf

Anhang

Literaturhinweise

●*Carstensen, Peter:* **Das alte Sylt.** Bildband mit vielen historischen Aufnahmen. Ellert & Richter, Hamburg 1997.
●*Degen, Manfred:* **Sylt, der letzte knipst den Leuchtturm aus.** Sylter Spiegel, Westerland 1994.
●*Degen, Manfred:* **Sylt, eine Insel dreht ab.** Zwei Bände des bekannten Sylter Kabarettisten, der seine Heimat humorvoll und kritisch beleuchtet. Sylter Spiegel, Westerland 1994.
●*Gabbert, Karl-Wilhelm:* **Blutspur nach Sylt.** Zwei Mordfälle ereignen sich in Oldenburg im Umfeld von Frank Löwenau. Um Abstand zu gewinnen, reist er nach Sylt, aber da beginnen erst die Schwierigkeiten und der Protagonist steht plötzlich im Zentrum lebensgefährlicher Machenschaften. Unterhaltsamer Krimi mit viel Sylter Lokalkolorit. Schardt Verlag, Oldenburg 2003.
●*Grimm, Ingrid (Hrsg.):* **Der schönste Platz der Welt: Sylt.** Acht bekannte Autoren erzählen spannende Kurzgeschichten, die auf DER Insel spielen. Unterhaltsamer Lesespaß. rororo, Reinbek 2000.
●*Ingwersen, Jörn:* **Schafsköpfen.** Ein Krimi, der auf Sylt spielt. Der Held, ein ewiger-Verlierer-Typ findet einen Koffer voll Geld und handelt sich einen Haufen Ärger ein mit Typen, die den Ausverkauf der Insel verhindern wollen. Aufbau Verlag, Berlin 1996.
●*Ingwersen, Jörn:* **Falscher Hase.** Ein neuer Sylt-Krimi. Asche hat 'ne Pechsträhne. Erst schmeißt ihn seine Freundin raus, dann zerledert er einen fremden Lamborghini in den Dünen. Als er die geheimnisvolle Ose kennenlernt, glaubt er, dass sich sein Blatt wendet. Aber nun fangen die Probleme erst an. Aufbau Verlag, Berlin 2000.
●*Jensen, Silke:* **Das Sylt-Virus.** Einem Frankfurter Tierarzt fallen auf Sylt merkwürdig verendete Kühe auf, später wird er mit plötzlichen Todesfällen von Menschen konfrontiert. Ihm dämmert, dass es sich um eine neue, tödliche Virus-Krankheit handeln könnte. All seine Bemühungen, für Aufklärung zu sorgen, gehen ins Leere, die verschiedensten Interessengruppen spielen ihre eigenen Spiele. Niemand möchte etwas von einer möglichen Epidemie auf Sylt wissen. Und schließlich gerät der Tierarzt auch noch persönlich in Gefahr. Ullstein, München 2002.
●*Jessel, Hans:* **Das große Sylt-Buch.** Voluminöser Fotoband, der alle Facetten der Insel mit vielen Hintergrundinfos beleuchtet. Ellert & Richter, Hamburg 1996.
●*Kunz, Harry und Steensen, Thomas:* **Sylt Lexikon.** Ein optisch und inhaltlich hervorragend gemachtes Nachschlagewerk über die Insel. Von A wie Aal bis Z wie Zwergschwalbe wird kein Stichwort ausgelassen, bleibt keine Frage unbeantwortet. Hier finden Sie alles, was Sie schon immer mal über Sylt wissen wollten. Wer einmal anfängt zu blät-

tern, wandert unwillkürlich von einem Verweis zum nächsten. Die ideale Lektüre für alle Sylt-Fans. Wachholtz Verlag, Neumünster 2002.

● *Penzoldt, Ernst:* **Sommer auf Sylt.** Eine Liebeserklärung an die Insel in Form von Kurzgeschichten. Insel Verlag, Frankfurt 1992.

● *Scharbau-Seehusen, Gertrud und Seehusen, Henning:* **Sylt für Genießer, die feine Deftigkeit.** In diesem optisch und inhaltlich liebevoll gemachten Band stellen die Autoren 5 Sylter Spitzenrestaurants und deren Macher vor. Umgekehrt verraten die Köche etliche ihrer leckeren Rezepte. Ideal also zum engagierten Nachkochen zu Hause, oder zur Vorfreude auf einen Sylt-Urlaub. Verlag Wolfgang Hölker, Münster 1997.

Von den selben Autoren und in gleicher Aufmachung ist auch der Band: „Sylt für Genießer, sieben Hotels und eine Hütte“ Verlag Wolfgang Hölker, Münster 2001.

● *Schneefuß, Elke:* **Das rote Kliff.** Ende des 19. Jahrhunderts verlässt die schwangere Hanna von Lassen das elterliche Haus und reist zu ihren Großeltern auf Sylt. Dort bleibt sie mit ihrem Sohn Nicolai und baut sich ein neues Leben auf. Viele Jahre später trifft Nicolai ein junges Mädchen, von dem er fasziniert ist. Er ahnt nicht, dass Ingeborg seine Cousine ist. Spannend und unterhaltsam zugleich, führt die Autorin ihre Leser hautnah zurück in die Kaiserzeit und gewährt tiefe Einblicke in jene Epoche. Knaur, München 2003.

Sylt im Internet

- **www.sylt.de**
Infos zur ganzen Insel von der Sylt Marketing GmbH, u.a. auch mit der Möglichkeit, online zu buchen.

- **www.abc-sylt.de**
Viele Tipps, auch mit last minute-Angeboten

- **www.sylt-az.de**
Sylt von A bis Z mit vielen Tipps und vielen Adressen

- **www.sylt-wetter.de**
Acht WebCams zeigen das aktuelle Sylter Wetter

- **www.sylt-suche.de**
Infos zu Gastgebern, zum Einkaufen, zum Nightlife, aber auch aktuelle Sylt-Berichte

- **www.silke-von-bremen.de**
Silke von Bremen bietet Führungen über die ganze Insel oder zu einzelnen Orten an.

- **www.flughafen-sylt.de**
Hier findet man den aktuellen Flugplan nach und von Sylt.

- **http://gastgeber-sylt.de**
Über 300 Unterkunftsangebote zur ganzen Insel.

- **www.kuestenschutz.de**
Der Landschaftszweckverband informiert über den insularen Küstenschutz

- **www.reise-know-how.de**
Aktuelle Reisehinweise und -tipps nicht nur zu Sylt auf der Internetseite des Verlags.

•www.svg-busreisen.de
Alle Infos inklusive Fahrplan zum Busverkehr auf Sylt.

•www.sylter-terminboerse.de
Alle Termine der Insel, von der lokalen Dorfreinigung bis zum inselweiten Volksfest.

•www.kirche-auf-sylt.de
Infos zu den Kirchengemeinden, sowie Termine der einzelnen Gottesdienste.

•www.sylter-gastronomieguide.de
Übersicht zu Lokalen, Kneipen, Cafés, Restaurants und anderen Tresen-Einrichtungen

•www.syltlauf.de
Infos und Anmeldungsformular zum legendären Lauf über 33,333 km

•www.syltlinks.de
Hier finden Sie, was an dieser Stelle fehlt: über 750 Sylter Links.

HILFE!

Dieses Urlaubshandbuch ist gespickt mit unzähligen Adressen, Preisen, Tipps und Infos. Nur vor Ort kann überprüft werden, was noch stimmt, was sich verändert hat, ob Preise gestiegen oder gefallen sind, ob ein Hotel, ein Restaurant immer noch empfehlenswert ist oder nicht mehr, ob ein Ziel noch oder jetzt erreichbar ist, ob es eine lohnende Alternative gibt usw.

Unsere Autoren sind zwar stetig unterwegs und versuchen, alle zwei Jahre eine komplette Aktualisierung zu erstellen, aber auf die Mithilfe von Reisenden können sie nicht verzichten.

Darum: Schreiben Sie uns, was sich geändert hat, was besser sein könnte, was gestrichen bzw. ergänzt werden soll. Nur so bleibt dieses Buch immer aktuell und zuverlässig. Wenn sich die Infos direkt auf das Buch beziehen, würde die Seitenangabe uns die Arbeit sehr erleichtern. Gut verwertbare Informationen belohnt der Verlag mit einem Sprechführer Ihrer Wahl aus der über 170 Bände umfassenden Reihe „Kauderwelsch" (siehe unten).

Bitte schreiben Sie an: Reise Know-How Verlag Peter Rump GmbH, Osnabrücker Str. 79, D-33649 Bielefeld, e-mail: info@reise-know-how.de

Danke!

Kauderwelsch-Sprechführer – sprechen und verstehen rund um den Globus

Afrikaans • Albanisch • Amerikanisch - *American Slang, More American Slang,* Amerikanisch oder Britisch? • Amharisch • Arabisch - Hocharabisch, für Ägypten, Algerien, Golfstaaten, Irak, Jemen, Marokko, • Palästina & Syrien, Sudan, Tunesien • Armenisch • *Bairisch* • Balinesisch • Baskisch • Bengali • *Berlinerisch* • Brasilianisch • Bulgarisch • Burmesisch • Cebuano • Chinesisch - Hochchinesisch, kulinarisch • Dänisch • Deutsch - *Allemand, Almanca, Duits, German, Nemjetzkii, Tedesco* • *Elsässisch* • Englisch - *British Slang, Australian Slang, Canadian Slang, Neuseeland Slang*, für Australien, für Indien • Färöisch • Esperanto • Estnisch • Finnisch • Französisch - für Restaurant & Supermarkt, für den Senegal, für Tunesien, *Französisch Slang, Franko-Kanadisch* • Galicisch • Georgisch • Griechisch • Guarani • Gujarati • Hausa • Hebräisch • Hieroglyphisch • Hindi • Indonesisch • Irisch-Gälisch • Isländisch • Italienisch - *Italienisch Slang,* für Opernfans, kulinarisch • Japanisch • Javanisch • Jiddisch • Kantonesisch • Kasachisch • Katalanisch • Khmer • Kirgisisch • Kisuaheli • Kinyarwanda • *Kölsch* • Koreanisch • Kreol für Trinidad & Tobago • Kroatisch • Kurdisch • Laotisch • Lettisch • Lëtzebuergesch • Lingala • Litauisch • Madagassisch • Mazedonisch • Malaiisch • Mallorquinisch • Maltesisch • Mandinka • Marathi • Mongolisch • Nepali • Niederländisch - *Niederländisch Slang,* Flämisch • Norwegisch • Paschto • Patois • Persisch • Pidgin-English • *Plattdüütsch* • Polnisch • Portugiesisch • Punjabi • Quechua • *Ruhrdeutsch* • Rumänisch • Russisch • *Sächsisch* • *Schwäbisch* • Schwedisch • *Schwiizertüütsch* • *Scots* • Serbisch • Singhalesisch • Sizilianisch • Slowakisch • Slowenisch • Spanisch - *Spanisch Slang,* für Lateinamerika, für Argentinien, Chile, Costa Rica, Cuba, Dominikanische Republik, Ecuador, Guatemala, Honduras, Mexiko, Nicaragua, Panama, Peru, Venezuela, kulinarisch • Tadschikisch • Tagalog • Tamil • Tatarisch • Thai • Tibetisch • Tschechisch • Türkisch • Twi • Ukrainisch • Ungarisch • Urdu • Usbekisch • Vietnamesisch • Walisisch • Weißrussisch • *Wienerisch* • Wolof • Xhosa

Praxis – die handlichen Ratgeber

Wer in die Ferne schweift und seine Freizeit aktiv verbringt, braucht spezielle Informationen und Wissen, das in keiner Schule gelehrt wird.

Die Themenpalette der praktischen Ratgeberreihe: **Praxis** reicht von „Wildnis-Ausrüstung" über „Kartenlesen" bis hin zum „Schutz vor Naturkatastrophen".

Gemeinsam sind allen Büchern die anschaulichen und allgemeinverständlichen Texte. Praxiserfahrene Autoren schöpfen ihr Wissen aus eigenem Erleben und würzen ihre Bücher mit unterhaltsamen und teilweise kuriosen Anekdoten.

Als Frau allein unterwegs

Wildnis-Ausrüstung

Wildnis-Küche

Clever buchen – besser fliegen

GPS Outdoor-Navigation

Richtig Kartenlesen

Dschungelwandern

Wann wohin reisen?

Digitalfotografie unterwegs

Mountain-Biking

Gewalt/Kriminalität unterwegs

Vulkane besteigen/erkunden

Winterwandern

weitere Titel siehe Programmübersicht

Jeder Titel: 144–160 Seiten, 10,5 x 17 cm, Fadenheftung
Reise Know-How Verlag, Bielefeld

Alle Reiseführer auf einen Blick

Reisehandbücher
Urlaubshandbücher
Reisesachbücher
Rad & Bike

Afrika, Bike-Abenteuer
Afrika, Durch, 2 Bde.
Agadir, Marrakesch/Südmarok.
Ägypten individuell
Alaska ⇗ Canada
Algarve
Algerische Sahara
Amrum
Amsterdam
Andalusien
Apulien
Äqua-Tour
Argentinien, Uruguay, Paraguay
Athen
Äthiopien
Auf nach Asien!
Auvergne, Cevennen

Bahrain
Bali und Lombok
Bali, die Trauminsel
Bangkok
Barcelona
Berlin
Borkum
Botswana
Brasilien
Bretagne
Budapest
Bulgarien
Burgund

Cabo Verde
Canada West, Alaska
Canada Ost, USA NO
Chile, Osterinseln
China Manual
Chinas Norden
Chinas Osten
Cornwall
Costa Blanca
Costa Brava
Costa de la Luz
Costa del Sol
Costa Dorada
Costa Rica
Cuba

Dalmatien
Dänemarks Nordseeküste
Dominikanische Republik
Dubai, Emirat

Ecuador, Galapagos
El Hierro
Elsass, Vogesen
England – Süden
Erste Hilfe unterwegs
Europa BikeBuch

Fahrrad-Weltführer
Fehmarn
Florida
Föhr
Friaul, Venetien
Fuerteventura

Gardasee
Golf v. Neapel, Kampanien
Gomera
Gotland
Gran Canaria
Großbritannien
Guatemala

Hamburg
Hawaii
Hollands Nordseeins.
Holsteinische Schweiz
Honduras
Hongkong, Macau, Kanton

Ibiza, Formentera
Indien – Norden
Indien – Süden
Iran
Irland
Island
Israel, palästinensische Gebiete, Ostsinai
Istrien, Velebit

Jemen
Jordanien
Juist

Kairo, Luxor, Assuan
Kalabrien, Basilikata
Kalifornien, USA SW
Kambodscha
Kamerun
Kanada ⇗ Canada
Kap-Provinz (Südafrika)
Kapverdische Inseln
Kenia
Kerala
Korfu, Ionische Inseln
Korsika
Krakau
Kreta
Kreuzfahrtführer

Ladakh, Zanskar
Langeoog
Lanzarote
La Palma
Laos
Lateinamerika BikeBuch
Libyen
Ligurien
Litauen
Loire, Das Tal der
London

Madagaskar
Madeira
Madrid
Malaysia, Singapur, Brunei
Mallorca
Mallorca, Leben/Arbeiten

Reise Know-How

Mallorca, Wandern auf
Malta
Marokko
Mecklenb./Brandenb.: Wasserwandern
Mecklenburg-Vorpommern Binnenland
Mexiko
Mongolei
Motorradreisen
München
Myanmar

Namibia
Nepal
Neuseeland BikeBuch
New York City
Norderney
Nordfriesische Inseln
Nordseeküste NDS
Nordseeküste SLH
Nordseeinseln, Deutsche
Nordspanien
Normandie

Oman
Ostfriesische Inseln
Ostseeküste MVP
Ostseeküste SLH
Outdoor-Praxis

Panama
Panamericana, Rad-Abenteuer
Paris
Peru, Bolivien
Peru kompakt
Phuket
Polens Norden
Prag
Provence
Pyrenäen

Qatar

Rajasthan
Rhodos
Rom
Rügen, Hiddensee

Sächsische Schweiz
Salzburg
San Francisco
Sansibar
Sardinien
Schottland
Schwarzwald – Nord
Schwarzwald – Süd
Schweiz, Liechtenstein
Senegal, Gambia
Singapur
Sizilien
Skandinavien – Norden
Slowenien, Triest
Spaniens Mittelmeerküste
Spiekeroog
Sri Lanka
St. Lucia, St. Vincent, Grenada
Südafrika
Südnorwegen, Lofoten
Südwestfrankreich
Sydney
Sylt
Syrien

Taiwan
Tansania, Sansibar
Teneriffa
Thailand
Thailand – Tauch- und Strandführer
Thailands Süden
Thüringer Wald
Tokyo
Toscana
Transsib
Trinidad und Tobago
Tschechien
Tunesien
Tunesiens Küste
Türkei, Hotelführer

Uganda, Ruanda
Umbrien
USA/Canada
USA, Gastschüler
USA, Nordosten
USA – der Westen
USA – der Süden
USA – Südwesten, Natur u. Wandern
USA SW, Kalifornien, Baja California
Usedom

Venedig
Venezuela
Vereinigte Arabische Emirate
Vietnam

Wales
Warschau
Westafrika – Sahel
Westafrika – Küste
Wien
Wo es keinen Arzt gibt

Yukatan

Zypern

Edition RKH

Abenteuer Anden
Burma – Land der Pagoden
Durchgedreht
Finca auf Mallorca
Geschichten/Mallorca
Goldene Insel
Mallorca, Leib u. Seele
Mallorquinische Reise
Please wait to be seated!
Salzkarawane, Die
Südwärts Lateinamerika
Traumstr. Panamerikana
Unlimited Mileage

Praxis, KulturSchock

Praxis

(Auswahl, vollständiges Programm siehe Homepage)

Aktiv Algarve
Aktiv Andalusien
Aktiv Dalmatien
Aktiv frz. Atlantikküste
Aktiv Gardasee
Aktiv Gran Canaria
Aktiv Istrien
Aktiv Katalonien
Aktiv Marokko
Aktiv Polen
Aktiv Slowenien
Als Frau allein unterwegs
Australien: Reisen/Jobben
Australien: Outback/Bush
Bordbuch Südeuropa
Clever buchen/fliegen
Clever kuren
Drogen in Reiseländern
Fernreisen, Fahrzeug
Fliegen ohne Angst
Fun u. Sport im Schnee
Geolog. Erscheinungen
Gesundheitsurlaub in Deutschlands Heilthermen
GPS f. Auto, Motorrad
GPS Outdoor
Inline-Skaten Bodensee
Inline Skating
Islam erleben
Kanu-Handbuch
Konfuzianismus erleben
Kreuzfahrt-Handbuch
Küstensegeln
Maya-Kultur erleben
Mountain Biking
Mushing/Hundeschlitten
Orientierung mit Kompass und GPS
Paragliding-Handbuch
Reisefotografie
Reisefotografie digital
Respektvoll reisen
Richtig Kartenlesen
Safari-Handbuch Afrika
Selbstdiagnose unterwegs
Shoppingguide USA
Sicherheit/Bärengebiete
Spaniens Fiestas
Sprachen lernen
Transsib – Moskau-Peking
Trekking-Handbuch
Trekking/Amerika
Trekking/Asien Afrika
Tropenreisen
Unterkunft/Mietwagen
Verreisen mit Hund
Wandern im Watt
Wann wohin reisen?
Was kriecht u. krabbelt in den Tropen
Wein-Reiseführer Italien
Wein-Reiseführer Toskan
Wildnis-Ausrüstung
Wildnis-Küche
Wohnmobil-Ausrüstung
Wohnmobil-Reisen

KulturSchock

Afghanistan
Ägypten
Argentinien
Australien
Brasilien
China, VR/Taiwan
Cuba
Golf-Emirate, Oman
Indien
Iran
Islam
Japan
Jemen
Leben in fremden Kulturen
Marokko
Mexiko
Pakistan
Russland
Spanien
Thailand
Türkei
Vietnam

Wo man unsere Reiseliteratur bekommt:
Jede Buchhandlung der BRD, der Schweiz, Österreichs und der Benelux-Staaten kann unsere Bücher beziehen. Wer sie dort nicht findet, kann alle Bücher über unsere **Internet-Shops** bestellen. Auf den Homepages gibt es auch **Informationen** zu allen Titeln:

www.reise-know-how.de
www.reisebuch.de

Langfristige Sommerferienregelung

Bundesland	2004	2005
Baden-Württemberg	29.7.-11.9.	21.7.-3.9.
Bayern	2.8.-13.9.	n/a
Berlin	24.6.-4.8.	23.6.-3.8.
Brandenburg	24.6.-4.8.	23.6.-3.8.
Bremen	8.7.-18.8.	7.7.-17.8.
Hamburg	24.6.-4.8.	30.6.-10.8.
Hessen	19.7.-27.8.	18.7.-26.8.
Mecklenburg-Vorpommern	26.6.-6.8.	2.7.-12.8.
Niedersachsen	8.7.-18.8.	7.7.-17.8.
Nordrhein-Westfalen	22.7.-4.9.	28.7.-10.9.
Rheinland-Pfalz	19.7.-27.8.	18.7.-26.8.
Saarland	19.7.-28.8.	18.7.-27.8.
Sachsen	10.7.-20.8.	9.7.-19.8.
Sachsen-Anhalt	8.7.-18.8.	7.7.-17.8.
Schleswig-Holstein	28.6.-7.8.	4.7.-13.8.
Thüringen	8.7.-18.8.	7.7.-17.8.

Bundesland	2006	2007
Baden-Württemberg	27.7.-9.9.	19.7.-1.9.
Bayern	n/a	n/a
Berlin	6.7.-16.8.	12.7.-22.8.
Brandenburg	6.7.-16.8.	12.7.-22.8.
Bremen	13.7.-23.8.	5.7.-15.8.
Hamburg	6.7.-16.8.	12.7.-22.8.
Hessen	3.7.-11.8.	2.7.-10.8.
Mecklenburg-Vorpommern	8.7.-18.8.	14.7.-24.8.
Niedersachsen	13.7.-23.8.	5.7.-15.8.
Nordrhein-Westfalen	20.7.-2.9.	26.7.-8.9.
Rheinland-Pfalz	3.7.-11.8.	2.7.-10.8.
Saarland	3.7.-14.8.	2.7.-11.8.
Sachsen	15.7.-25.8.	7.7.-17.8.
Sachsen-Anhalt	13.7.-23.8.	5.7.-15.8.
Schleswig-Holstein	10.7.-19.8.	16.7.-25.8.
Thüringen	13.7.-23.8.	5.7.-15.8.

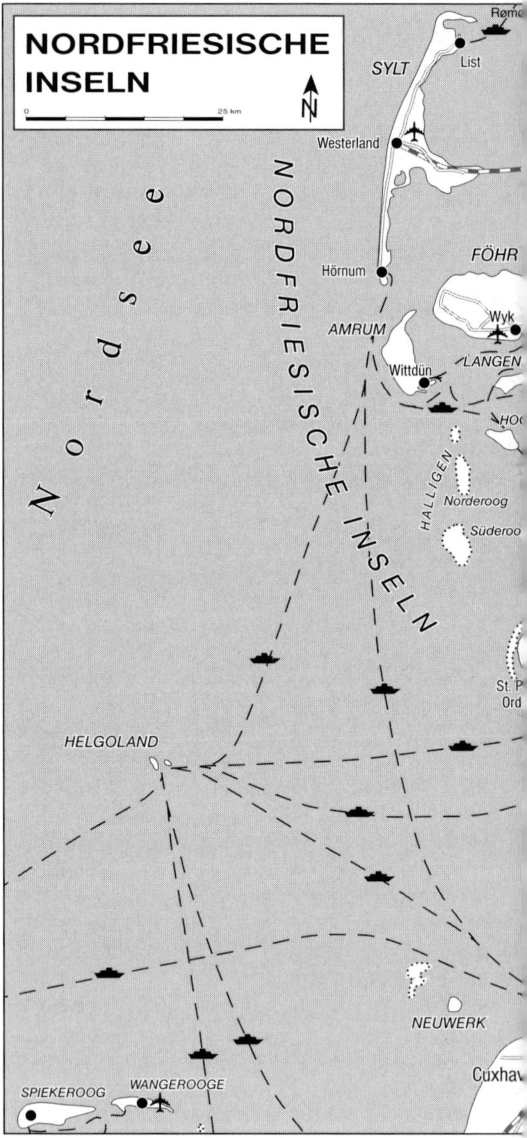
NORDFRIESISCHE INSELN
0
25 km
N
Nordsee
NORDFRIESISCHE INSELN
SYLT
List
Rømø
Westerland
Hörnum
FÖHR
Wyk
AMRUM
Wittdün
LANGEN
HO
HALLIGEN
Norderoog
Süderoo
St. P
Ord
HELGOLAND
NEUWERK
Cuxhav
SPIEKEROOG
WANGEROOGE

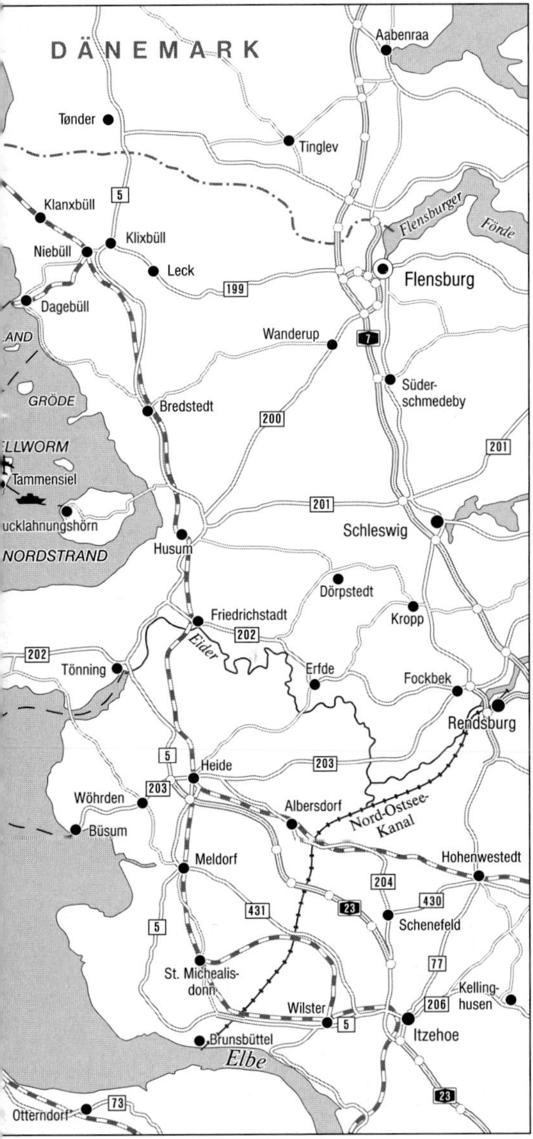
DÄNEMARK
Aabenraa
Tønder
Tinglev
5
Klanxbüll
Flensburger
Förde
Niebüll
Klixbüll
Leck
Flensburg
199
Dagebüll
Wanderup
7
Süder-
schmedeby
GRÖDE
Bredstedt
200
201
Tammensiel
201
Schleswig
NORDSTRAND
Husum
Dörpstedt
Kropp
Friedrichstadt
202
Eider
202
Tönning
Erfde
Fockbek
Rendsburg
5
Heide
203
203
Wöhrden
Albersdorf
Nord-Ostsee-
Kanal
Büsum
Meldorf
Hohenwestedt
204
430
431
23
Schenefeld
5
77
St. Michealis-
donn
Kelling-
husen
206
Wilster
5
Itzehoe
Brunsbüttel
Elbe
23
73
Otterndorf

Register

Der Autor

Hans-Jürgen Fründt (Jahrgang 1957) konnte noch nicht mal laufen, da reiste er schon das erste Mal nach Sylt – erzählen jedenfalls seine Eltern. Das frühkindliche Krabbeln in den Dünen von Hörnum muß prägend gewesen sein, denn als Schleswig-Holsteiner Jung zog es ihn immer wieder an die Küste, am liebsten nach Sylt. Aber dann war der Drang in die Ferne doch größer, er ging nach Madrid, wo er an der dortigen Universität Spanisch studierte. Durch mehrjährigen Aufenthalt in Spanien und Mittelamerika kam er schließlich zum Journalismus. Er schreibt seit 1983 Reportagen und Reiseführer, rund 30 Bände sind mittlerweile entstanden. Nachdem sein Hauptaugenmerk jahrelang auf Spanien, Mittelamerika und der Karibik lag, besinnt er sich nun verstärkt auf die heimatlichen Regionen. Und da darf ein Recherche-Besuch auf Sylt natürlich nicht fehlen.

Weitere Titel zu Zielen in Schleswig-Holstein: „Fehmarn", „Ostseeküste", „Nordseeküste" und „Holsteinische Schweiz".

124sy Foto: hjf

Kartenverzeichnis